e-fellows.net
wissen

inkl. E-Book

Der LL.M. 2023 kostenlos als E-Book herunterladen:
www.e-fellows.net/der-llm

Das E-Book steht kostenlos auf unserer Webseite zum Download bereit – auch für deine Freunde. Gib ihnen gerne den Link weiter, damit auch sie von unseren Informationen zu Studium und Berufseinstieg profitieren können.

Auf welchen Geräten kann man das E-Book lesen?

- iPad/iPhone: EPUB-Datei mit iBooks öffnen und lesen
- Laptop/Notebook/PC/Tablet: EPUB z. B. mit Adobe Digital Editions lesen, kostenloser Download unter: www.adobe.com/de/solutions/ebook/digital-editions/download.html
- E-Reader (außer Kindle): EPUB-Datei öffnen und lesen
- Kindle: MOBI-Datei öffnen und lesen. Auch EPUBs kann man z. B. mit dem Freeware-Tool Calibre in eine MOBI-Datei umwandeln.

Der LL.M. 2023

Nutzen, Zeitpunkt, Auswahl,
Bewerbung, Finanzierung

e-fellows.net
wissen

Stand: Februar 2023

Verlag: e-fellows.net GmbH & Co. KG

Reihenherausgeber: Dr. Michael Hies

Bandherausgebende:
Bernhard Güntner, Friederike Nusko, Karina Trautwein
marketing@e-fellows.net

Layout: Punkt 8 | Braunwald + Walter GbR
www.punkt8-berlin.de

Satz und Illustration: Lesotre®/Conceptual Brand Creation,
www.lesotre.de

Druck und Bindung: Neografia, 03655 Martin, Slowakei

Printed in Slovakia
Februar 2023

Bildnachweis: Titelbild: Studio Romantic – Adobe Stock; Fotos auf S. 9, 11 und 146–177 stammen von den jeweiligen Autor:innen. Logos, Fotos und Anzeigen ab S. 180 stammen von den jeweiligen Hochschulen und Unternehmen. S. 13: Krause/Blumenstock – Fotolia.com; S. 29: lassedesignen – Fotolia.com; S. 49: Tobias Machhaus – Fotolia.com; S. 67: Galina Barskaya – Fotolia.com; S. 111: Gina Sanders – Fotolia.com; S. 133: Karen Roach – Fotolia.com; S. 142: e-fellows.net; S. 143: juris, beck-online (oben), e-fellows.net (unten); S. 145: swissdoc – Fotolia.com; S. 179: pressmaster – Fotolia.com; S. 248, 249: e-fellows.net; sämtliche Grafiken und Illustrationen wurden umgesetzt von Yvonne Hagenbach (Lesotre®/Conceptual Brand Creation).

ISBN-13: 978-3-946706-90-8

Franziskanerstraße 14, 81669 München
Telefon: +49 89 23232-300, Fax: +49 89 23232-222
www.e-fellows.net

Inhalt

11 Vorwort
13 Die Autor:innen

15 1. Der LL.M. und andere postgraduale Qualifikationen im Vergleich
16 Der LL.M.
18 Der „Wert" des LL.M.
18 Wie wichtig sind Qualität und Reputation?
20 Vorteile des LL.M.: Formale und inhaltliche Qualifikation
21 Alternativen, die ebenfalls zu einem Titel führen
21 Andere Postgraduierten-Studiengänge
24 Alternative Promotion
25 Alternative Fachanwaltschaft
26 Kombinationsmöglichkeiten
26 Der LL.M. in Verbindung mit einer Promotion
27 Der LL.M. parallel zum Referendariat oder Beruf
28 Der LL.M. für Diplom- und Wirtschaftsjurist:innen
28 Der LL.M. für Nichtjurist:innen
29 Führen des Titels „LL.M."
30 Zusammenfassung

31 2. Grundentscheidungen bei der Auswahl eines LL.M.-Programms
32 Fünf Grundentscheidungen
32 LL.M. unter veränderten Bedingungen: Corona
33 Der Taught-LL.M. (LL.M. by Coursework)
35 Der LL.M. by Research
36 Inhaltliche Ausrichtung des LL.M.
37 Wahl des Studienlandes
37 LL.M. in Deutschland
38 LL.M. im Ausland
43 Vollzeit-, Teilzeit- oder Fernstudium
44 Der richtige Zeitpunkt für das LL.M.-Studium
44 Vor der Ersten Juristischen Prüfung (mit LL.B.)
45 Nach der Ersten oder Zweiten Juristischen Prüfung
48 Kosten
50 Zusammenfassung

51 3. Suche nach einem geeigneten LL.M.-Programm im Ausland
52 Der LL.M. im Ausland
53 Wahl des Sprach- und Kulturraums
58 Wahl der Universität
58 Anforderungen an Bewerber:innen
59 Rankings
62 Persönliche Aspekte bei der Entscheidungsfindung
63 Wahl des Programms
63 Anzahl und Zusammensetzung der Teilnehmenden eines Jahrgangs
64 Lehrpersonal und Ausstattung der Fakultät
65 Kursangebot und Flexibilität bei der Kurswahl
66 Zusammenstellung der Kurse
67 Prüfungen im LL.M.-Studium
68 Zusammenfassung

69 4. Erfolgreich bewerben um Studienplatz und Stipendien
70 Bewerbung um einen LL.M.-Studienplatz
71 Mindestvoraussetzungen für eine Bewerbung
78 Zusammenstellung der übrigen Bewerbungsunterlagen
84 Zeitmanagement
87 Zusage
87 Online-Bewerbung und Bewerbung über Partnerinstitute
88 Stipendien
89 Anforderungen der Stipendiengebenden
90 Bewerbung um ein Stipendium
94 Fazit
94 Beispieldokumente

113 5. Finanzierung des LL.M.-Studiums
114 Die Finanzierung eines LL.M. meistern
115 Finanzierung aus eigenen Mitteln
116 Finanzierung aus Drittmitteln
116 Finanzierung durch Stipendien
118 Finanzierung durch den Arbeitgeber
119 Finanzierung durch Kredite
122 Finanzierung durch (Auslands-)BAföG?
123 (Teil-)Erlass von Studiengebühren
124 Steuerliche Absetzbarkeit
124 Nach der Ersten Juristischen Prüfung
129 Vor der Ersten Juristischen Prüfung
130 Geltendmachung der entstandenen Kosten
130 Weitere steuerliche Gestaltungsmöglichkeiten
133 Zusammenfassung

135 6. Stipendienmöglichkeiten für LL.M.-Studierende
136 Stipendienangebote für das LL.M.-Studium
136 Informationen im Internet
137 Stipendienprogramme von Staat und Stiftungen
137 Förderprogramme der Fulbright-Kommission
138 Förderprogramm des DAAD
139 Stipendienprogramme der Studienstiftung des deutschen Volkes
140 Baden-Württemberg-STIPENDIUM für Studierende
140 Studienstipendien des Kölner Gymnasial- und Stiftungsfonds
141 Stipendien der Ranke-Heinemann Studienstiftung
142 Stipendien von Kanzleien
142 One Step AHEAD – das LL.M.-Stipendium von Gleiss Lutz
142 Walter-Oppenhoff-Stipendium von Oppenhoff & Partner

144 e-fellows.net – das Karrierenetzwerk
145 e-fellows.net – das Online-Stipendium

147 7. Erfahrungsberichte von LL.M.-Absolvent:innen
148 Der LL.M. als Pause vom Berufsleben – ein Jahr an der Harvard Law School
150 Getting ready for New York – Planung, Vorbereitung und Ausführung
152 University of California, Los Angeles – Wirtschaftsrecht und eine Stadt am Meer
154 Sonne, Strand und Top-Law School – ein Jahr an der USC in Los Angeles
156 Die Vereinten Nationen auf einem Campus
158 LL.M. in London – That's Just my Cup of Tea!
160 LL.M. in DC und Bar Exam in NY: What I wish I had known …
162 Bachelor (LL.B.) und Master (LL.M.) gleichzeitig? Das geht!
164 (M)ein Jahr in Cambridge voller Traditionen und neuer Erkenntnisse
166 Vier Jahreszeiten in Neuenglands Hauptstadt Boston
168 LL.M. an der McGill in Montréal: Multikulturelle Vielseitigkeit in Nordamerika
170 Ein Jahr in der Stadt der Engel – ein LL.M. in Los Angeles
172 LL.M. in Deutschland – „Loser-Abschluss" oder Karrieresprungbrett?
174 Ein Jahr auf der Countryside der Ivy League – Masterstudium an der Cornell Law School
176 Living in a Land Down Under – LL.M. in Australien (und online)
178 LL.M. – Made in China

● Online LL.M. available

181 8. Porträts von Hochschulen und Kanzleien
182 Northumbria University
184 University of the Pacific
186 Emory University
187 George Washington University ●
188 IE Law School
189 Institute for Law and Finance, Frankfurt
190 Loyola Law School
191 Northeastern University
192 Penn State Dickinson Law
193 Texas A&M University
194 Technische Universität Dresden
195 University of California – Los Angeles (UCLA)
196 Universität Würzburg
197 University of Colorado Law School
198 University of Miami
199 University of Minnesota
200 University of New Hampshire ●
201 University of Southern California ●
202 ARQIS Rechtsanwälte Partnerschaftsgesellschaft mbB
206 Cleary Gottlieb Steen & Hamilton LLP
210 Clifford Chance
214 CMS Deutschland
218 DLA Piper
222 Gibson, Dunn & Crutcher LLP
226 Kirkland & Ellis International LLP
230 Linklaters LLP
234 Milbank LLP
238 Noerr
242 Sidley Austin (CE) LLP
246 Taylor Wessing Partnerschaftsgesellschaft mbB

250 Weitere Titel der Reihe e-fellows.net wissen

e-fellows.net
Das Online-Stipendium und Karrierenetzwerk

Seit über 20 Jahren unterstützt e-fellows.net Studierende und Promovierende mit einem Stipendium und bringt sie ihrem Traumjob näher. Mentoringprogramme, Karriereveranstaltungen sowie Angebote für Praktika und Einstiegsjobs bieten einen direkten Draht in die Wirtschaft und garantieren den mühelosen Karrierestart. Zudem sind e-fellows.net-Stipendiat:innen dank kostenfreier Abos von Zeitungen und Zeitschriften, Zugriff auf fachspezifische Datenbanken und Fachbücher frei Haus immer einen Schritt voraus. In der exklusiven Online-Community und bei regelmäßigen Treffen in zahlreichen Unistädten tauschen sich Studierende untereinander aus. Jetzt informieren: www.e-fellows.net/Stipendiat-werden

e-fellows.net wissen
Die Buchreihe von e-fellows.net

Mit dieser Buchreihe informiert e-fellows.net über attraktive Berufsbilder und interessante Weiterbildungen, darunter das LL.M.-Studium, Berufsperspektiven für Jurist:innen, MINT-Frauen und Informatiker:innen sowie die Tätigkeit in einer Unternehmensberatung, im Investment Banking oder im Asset Management. Die Bücher bieten wertvolle Expertentipps und einen fundierten Überblick über die jeweilige Branche. Persönliche Erfahrungsberichte und ausführliche Unternehmensporträts potenzieller Arbeitgeber helfen bei der eigenen Entscheidungsfindung. Weitere Informationen zu den einzelnen Titeln der Reihe **e-fellows.net wissen** finden Sie auf S. 250–251.

Vorwort

Liebe LL.M.-Interessierte,

die Faszination vieler Science-Fiction Filme liegt im Eintauchen in neue Welten. Dieses Merkmal trifft auch auf ein LL.M.-Studium zu. Es eröffnet neue Welten, von der Auseinandersetzung mit ausländischen Rechtsgebieten über die Erweiterung des sprachlichen Horizonts bis hin zum Kennenlernen anderer kultureller Kontexte. Das Gute dabei ist, dass ein LL.M.-Studium nicht wie im Film rein fiktional ist, sondern Realität werden kann. Das Expertenbuch *Der LL.M. 2023* möge dabei dienlich sein.

Kapitel 1 diskutiert den Wert eines LL.M.-Abschlusses und setzt ihn in Beziehung zu anderen postgradualen Qualifikationen. Welche Grundentscheidungen bei der Wahl eines Programms zu treffen sind, erläutert Kapitel 2. Daran anknüpfend regt Kapitel 3 zum Nachdenken über Variablen wie Sprachraum, Universität und Zusammenstellung der Kurse an. Nachdem Sie diese Fragen für sich beantwortet haben, unterstützt Sie Kapitel 4 bei der Bewerbung, indem es Tipps zu Unterlagen und Zeitmanagement gibt. Wege, ein LL.M.-Studium finanziell stemmen zu können, zeigt Ihnen Kapitel 5 auf. Hier schließt sich Kapitel 6 mit der Vorstellung von Stipendienmöglichkeiten an.

Was mich besonders freut: Für die neue Ausgabe des Expertenratgebers konnten 16 herausragende LL.M.-Absolvent:innen dafür gewonnen werden, in Kapitel 7 in persönlichen Erfahrungsberichten die Fragen nach Zeitpunkt, Universität und Fianzierung zu erörtern. Die Alumni berichten von LL.M.-Erfahrungen in Australien, China, Deutschland, Großbritannien, Italien, Kanada und den USA. Dabei erfahren Sie mehr über sokratische Lehre, Cold Calling, take home exams und frat house parties.

Die LL.M.-Alumni thematisieren darüber hinaus die Themen Bar Exam und Online LL.M.-Studium. Nicht zuletzt die Corona-Pandemie hat virtuelles Studieren in den Fokus gerückt. *Der LL.M. 2023* greift dies auf und enthält nun auch im redaktionellen Teil Informationen dazu sowie Hinweise zu Online-Angeboten in Kapitel 8, den Porträts international renommierter Law Schools. Kapitel 9 beschließt das Expertenbuch mit Porträts, in denen sich hochkarätige Großkanzleien als Arbeitgeber vorstellen.

Fazit: Die Faszination eines LL.M.-Studiums liegt darin, dass Sie nicht nur neue Welten erleben, sondern auch neue persönliche und berufliche Perspektiven erschließen.

Wenn Sie top Law Schools und namhafte Kanzleien persönlich treffen und sich exklusive Messe-Stipendien bis zu 40.000 Dollar sichern möchten, seien Ihnen die *e-fellows.net LL.M. Days* ans Herz gelegt: www.e-fellows.net/llm.

Das Karrierenetzwerk und Online-Stipendium e-fellows.net fördert sehr gute Studierende, Referendar:innen und Doktorand:innen. Bewerben Sie sich schnell und unkompliziert. Mehr dazu finden Sie auf Seite 144.

Eine informative und inspirierende Lektüre von *Der LL.M. 2023* wünscht Ihnen

Friederike Nusko
Marketing-, Produkt- und Projektmanagerin bei e-fellows.net

Die Autor:innen

Steffi Balzerkiewicz, Master of International Taxation (UNSW), Jahrgang 1976, Steuerberaterin und Rechtsanwältin in Berlin. Ihr Studium erfolgte in Potsdam, Berlin und Sydney. Sie wurde durch ein DAAD-Stipendium gefördert und ist Autorin verschiedener steuerrechtlicher Fachbeiträge.

Martin Heckelmann, Prof. Dr. iur., LL.M. (Cornell), Jahrgang 1976. Sein Studium absolvierte er in Berlin und Ithaca, New York, als Stipendiat der Studienstiftung des deutschen Volkes und der Fulbright Commission. Prof. Dr. Martin Heckelmann ist Autor verschiedener Fachbeiträge und tritt regelmäßig als Referent auf Fachveranstaltungen auf.

Daniel Voigt, Dr. iur., MBA (Durham), Jahrgang 1977, ist Rechtsanwalt und Partner bei CMS Hasche Sigle in Frankfurt a. M. Dr. Daniel Voigt studierte in Berlin, Düsseldorf und Durham. Er war Stipendiat des Evangelischen Studienwerkes Villigst und ist Autor verschiedener Fachbeiträge.

1. Der LL.M. und andere postgraduale Qualifikationen im Vergleich

von Dr. Daniel Voigt, MBA (Durham)

16 Der LL.M.
18 Der „Wert" des LL.M.
18 Wie wichtig sind Qualität und Reputation?
20 Vorteile des LL.M.: Formale und inhaltliche Qualifikation
21 Alternativen, die ebenfalls zu einem Titel führen
21 Andere Postgraduierten-Studiengänge
24 Alternative Promotion
25 Alternative Fachanwaltschaft
26 Kombinationsmöglichkeiten
26 Der LL.M. in Verbindung mit einer Promotion
27 Der LL.M. parallel zum Referendariat oder Beruf
28 Der LL.M. für Diplom- und Wirtschaftsjurist:innen
28 Der LL.M. für Nichtjurist:innen
29 Führen des Titels „LL.M."
30 Zusammenfassung

Der LL.M.

Mit dem erfolgreichen Abschluss des Studiums der Rechtswissenschaften stehen Absolvent:innen viele Wege der Weiterqualifikation offen. Eine naheliegende – aber keineswegs die einzige – Möglichkeit ist ein LL.M.-Aufbaustudium. LL.M. steht für Master of Laws und kommt vom lateinischen Legum Magister. Gemeint ist damit ein Aufbaustudium mit Schwerpunkt Rechtswissenschaften. Auch Programme, die zu anderslautenden Abschlusstiteln wie zum Beispiel dem M.C.L. (Master of Comparative Law) führen, werden im Folgenden in die Darstellung einbezogen, da es sich um mit einem LL.M.-Studium vergleichbare Aufbaustudiengänge handelt. Um es vorwegzunehmen: Grundsätzlich können alle Nachwuchsjurist:innen ein LL.M.-Studium absolvieren, auch wenn sie schlechtere Noten haben. Einige, aber nicht alle Universitäten verlangen Mindestpunktzahlen. Wenn man diese nicht vorweisen kann, kann man auf die Angebote anderer Universitäten ausweichen.

Angesichts der fast unüberschaubaren Angebote ist es nicht einfach, das LL.M.-Programm zu finden, das den persönlichen Interessen und Plänen am besten entspricht. Schon bei einer ersten Suche im Internet findet man in den USA über 170 (siehe www.llm-guide.com/schools/usa) und in Großbritannien über 110 Hochschulen (siehe study-uk.britishcouncil.org) mit LL.M.-Studiengängen. Die weitere Recherche zeigt, dass die britischen Hochschulen rund 1.000 LL.M.-Programme anbieten, die sich in Ausrichtung, Dauer und Studienmodus unterscheiden, 30 davon allein am Queen Mary College der University of London. Auch in Deutschland gibt es mittlerweile zahlreiche LL.M.-Studiengänge[1]. Wer noch weitere Postgraduierten-Programme (z. B. MBA-Studiengänge) in seine Suche einbezieht, hat die Wahl zwischen mehreren Tausend Angeboten weltweit. Entscheidend für die Auswahl sollte das Ziel sein, das man mit der Weiterqualifikation erreichen will. „Den" LL.M. gibt es nicht, sondern nur das zu den jeweiligen Interessen der Absolvent:innen passende Programm. Hilfreich ist es, die Programme zur besseren Übersicht nach Kriterien wie Kursschwerpunkte, Studienmodus, Studienkosten, Studienland oder Studienort einzuteilen.

Um das passende Programm zu finden, sollten sich Interessierte in Anbetracht der Fülle der Angebote und ihrer Details nicht nur frühzeitig informieren, sondern auch systematisch an die Auswahl herangehen. Die Ausbildungszeitschriften *Jura, JuS* und *JA* berichten regelmäßig über LL.M.-Studiengänge[2]. Sie sind in jeder Universitätsbibliothek vorhanden und bieten einen guten Einstieg in das Thema. Es ist wichtig, sich über die Chancen zu informieren, die gerade ein LL.M.-Studium bietet, und auch Alternativen oder Kombinationsmöglichkeiten in die eigenen Überlegungen einzubeziehen. Erst wenn man die spontan favorisierte Möglichkeit mit Alternativen verglichen hat, kann man sich seiner Entscheidung sicher sein. Der zusätzliche Aufwand bei der Entscheidungsfindung zahlt sich später garantiert aus.

---

1 Eine Übersicht findet sich unter https://www.azur-online.de/ll-m-programme/, abgerufen am 26.09.2022.

2 Peter JuS 2001, 102; von Freeden JuS 2002, 1039; Fenner Jura 1995, 17

Der Master of Laws ist der von Jurist:innen am häufigsten gewählte Postgraduierten-Abschluss. Dahinter verbirgt sich ein meist knapp einjähriges Aufbaustudium mit rechtswissenschaftlichem Schwerpunkt, das nicht nur zum Abschluss LL.M., sondern auch zu Abschlüssen wie dem M.C.L. (Master of Comparative Law) oder dem Master of Arts in Criminology führen kann. Die abweichende Bezeichnung sagt nichts über die Wertigkeit des Titels aus: Die renommierte Oxford University zum Beispiel verleiht ihren Absolvent:innen den Titel eines M.Jur. (Magister Juris). Auch wenn diese Studiengänge zu anderen Abschlüssen führen, handelt es sich de facto um LL.M.-Studiengänge im Sinne von Postgraduierten-Studiengängen mit rechtswissenschaftlichem Schwerpunkt.

Wie finde ich den richtigen LL.M.?

1. Entscheidungsgrundlage klären: Warum ein LL.M.?
2. Die richtigen Studienoptionen finden
3. Das richtige Programm aussuchen
4. Erfolgreich bewerben
5. Finanzierung sicherstellen

Fünf Schritte zur Wahl des richtigen LL.M.-Programms

Der „Wert" des LL.M.

Der „Wert" des LL.M. hängt maßgeblich vom gewählten Programm und natürlich von Absolvent:innen selbst ab. Ein LL.M. kann die Chancen der Absolvent:innen auf dem Arbeitsmarkt verbessern. Nach Ansicht des Bundesfinanzhofs sind die Chancen, „den erstrebten Arbeitsplatz zu erhalten" mit einem LL.M. sogar „erheblich verbessert".[3] Viele Arbeitgeber legen Wert auf Zusatzqualifikationen; deren Bedeutung dürfte auch weiter steigen. Denn mit der Einführung universitärer Schwerpunktprüfungen als Teil des Ersten Staatsexamens ist die Zahl der Absolvent:innen mit Prädikatsexamen deutlich gestiegen. Absolvent:innen können und müssen sich deswegen vielleicht in Zukunft unter anderem stärker über Zusatzqualifikationen abheben. Hinweise auf eine steigende Bedeutung sind auch die zunehmende Zahl an LL.M.-Programmen. Ein LL.M. kann bei Bewerbungen zudem ein weniger geglücktes Examen aufwerten.

Auch finanziell kann sich ein LL.M.-Titel beim Berufseinstieg lohnen. Bei einigen Kanzleien schlägt sich dieser in einem höheren Einstiegsgehalt nieder. Während ein erhöhtes Einstiegsgehalt früher oft schematisch nach dem Vorhandensein einer Zusatzqualifikation gewährt wurde, erfolgt aktuell häufig eine individuelle Gesamtwürdigung der Kandidat:innen. Bei dieser kann sich ein LL.M. auch positiv auf das offerierte Gehalt auswirken.

Klar ist aber auch: Der LL.M. ist eine Zusatzqualifikation, die die berufsqualifizierenden Abschlüsse ergänzt. Daher setzen Arbeitgeber einen LL.M.-Abschluss regelmäßig nicht für eine Einstellung voraus. Ein LL.M.-Abschluss dient Arbeitgebenden eher als Nachweis dafür, dass die Absolvent:innen über den Tellerrand geschaut und sich weiterentwickelt haben – auch fachlich. Primäres Auswahlkriterium für eine Einstellung ist ein LL.M. nicht.

Wie wichtig sind Qualität und Reputation?

Angesichts der stetig wachsenden Zahl von LL.M.-Angeboten und -Absolvent:innen kommt es zunehmend auf die Qualität des LL.M.-Programms an. Einen Titel zu erwerben ist relativ einfach, Qualität und langfristigen Nutzen zu sichern dagegen sehr schwierig. Nur bei überzeugender Qualität des LL.M.-Programms werden sich Absolvent:innen durch ihre Titel positiv von ihren Mitbewerbenden abheben und selbst langfristig vom LL.M.-Studium profitieren.

Die Auswahl eines qualitativ überzeugenden Programms sollte daher mit einer gewissen Mühe und Sorgfalt erfolgen. Universität und Studienland spielen neben der Qualität des Programms eine gleichermaßen wichtige Rolle. Den Namen der Universität tragen Absolvent:innen schließlich ein Leben lang im Titel. Der Ruf der Universität oder Fakultät allein ist aber keine Garantie dafür, dass das gewählte Programm ebenfalls gut ist. Selbst an renommierten Universitäten sind LL.M.-Programme häufig „Massenprogramme" mit manchmal mehr als 400 Teilnehmenden.

3 BFH/NV 2004, S. 32 f.

Hat eine Universität wissenschaftlich einen herausragenden Ruf, weil Koryphäen des Fachs dort Professor:innen sind, heißt das nicht, dass diese Professor:innen in dem gewählten Programm auch lehren. Gerade im angloamerikanischen Bereich gibt es sogenannte Research Professors, die in der Lehre kaum in Erscheinung treten.

LL.M.-Interessierte müssen natürlich ihre Ausgangsbedingungen und finanziellen Ressourcen berücksichtigen. Einige Universitäten erwarten Mindestpunktzahlen für die Zulassung zu ihren Programmen. Programme bekannter Universitäten sind außerdem häufig teurer als Programme unbedeutenderer, ohne dass letztere inhaltlich schlechter sein müssen. Für deutsche Kanzleien ist der Ruf einer Universität zwar oft weniger wichtig als für Kanzleien in den USA oder in Großbritannien, aber man kann davon ausgehen, dass auch in Deutschland Bewerbende mit einem LL.M.-Abschluss von einer Spitzenuniversität eine bessere Ausgangsposition haben als Absolvent:innen einer weniger renommierten Universität.[4]

Der Aufwand bzw. die Kosten für den Besuch eines LL.M.-Programms einer renommierten Universität dürften sich dabei im Regelfall lohnen. Denn ein prestigeträchtiger Universitätsname ist auch Indiz für eine gewisse Mindestqualität des Programms und damit für eine ernsthafte juristische Weiterqualifikation. Zudem kann es auch förderlich sein, auf die häufig sehr gut gepflegten Alumni-Netzwerke solcher Universitäten zurückgreifen zu können. Allerdings sollten Kandidat:innen nicht allein das Renommee einer Universität zum Entscheidungskriterium machen, sondern gerade angesichts des finanziellen Aufwands das erstrebte LL.M.-Programm auf seine Inhalte und die Qualität prüfen. Näheres zur Auswahl von Universität und Programmen findet sich in Kapitel 3.

Wer nach dem LL.M.-Studium den oft schwierigen Berufseinstieg im Gastland plant, sollte besonders auf den Ruf der Universität achten. Hilfreiche Tipps finden sich im zweiten Kapitel unter „LL.M. im Ausland“/„Berufseinstieg im Gastland“.

Wählt man ein Programm mit geringen inhaltlichen Anforderungen, besteht auch die Gefahr, dass dieser LL.M. bei Arbeitgebern als eine Art besserer Sprachnachweis gesehen wird. Als Sprachkurs ist der LL.M. aber nicht geeignet und auch zu teuer. In diesem Fall lässt sich der LL.M. unter Umständen weder als Bonus im Lebenslauf noch als Argument bei Gehaltsverhandlungen einsetzen. Im Idealfall sollte ein LL.M. Zusatzkenntnisse vermitteln, die mit Blick auf das angestrebte Tätigkeitsfeld weiterhelfen. Ein LL.M. in internationaler Schiedsgerichtsbarkeit kann beispielsweise das Wissen und die Kontakte vermitteln, die einen beruflichen Einstieg in diesen Bereich in Kanzleien oder mit Schiedsverfahren betrauten Organen erleichtern.

TIPP: Soll der LL.M. vor allem im Hinblick auf die berufliche Perspektive genutzt werden, empfiehlt sich eine sehr sorgfältige Auswahl des Programms. Nur dann wird man mit dem LL.M. nicht nur zusätzliche Kenntnisse erwerben, sondern diese auch einem potenziellen Arbeitgeber überzeugend darstellen können.

4 Vgl. Göthel/Sandmann, *Jura* 2000, S. 605. Von „leuchtenden Augen der Personalchefs“ zu sprechen, dürfte übertrieben sein, so aber Capital, 8/88, S. 192 f., zitiert nach Erwin, *JuS* 2001, S. 1241 unter Fn. 1 m.w.N.

Vorteile des LL.M.: Formale und inhaltliche Qualifikation

Neben einem LL.M. gibt es eine Reihe weiterer Qualifikationsmöglichkeiten. Davon führen einige allerdings formal nicht zu Abschlüssen, die zum Tragen eines Titels berechtigen. Der mit dem LL.M.-Studium erworbene Titel kann bei einer späteren beruflichen Tätigkeit zur Außendarstellung (etwa auf der Visitenkarte) verwendet werden und wird deswegen von einigen Kanzleien zusätzlich vergütet.

Zu den juristischen Weiterbildungsmöglichkeiten, die nicht zu einem Titel führen, zählen unter anderem Legal Certificates oder Legal Diplomas, bei denen man einen bis zu sechsmonatigen Kurs besucht und hierfür eine Art Teilnahmebescheinigung (Certificate, Diploma) erhält. Wenn man insbesondere Auslandserfahrung sammeln will, können Auslandsstationen im Referendariat, Auslandspraktika oder Auslandssemester (beispielsweise über Erasmus+) interessant sein.

Auch inhaltlich können sich Legal Certificates, Praktika oder Auslandssemester nicht mit einem LL.M. messen. Ein umfassender Einblick in ein fremdes Rechtssystem ist mit Praktika und Auslandsstationen in der Regel allenfalls begrenzt möglich. Diese Art von Auslandsaufenthalten lässt meist nur geringe Einblicke in das ausländische Rechtssystem zu und ist zum umfassenden Spracherwerb häufig zu kurz. Dies gilt auch für die Kontakte zu Land und Leuten. Ein Erasmus-Jahr dagegen gewährt aufgrund seiner Länge schon einen besseren Einblick. Allerdings kann es sich inhaltlich nicht mit einem LL.M.-Programm messen. Ein LL.M.-Programm ist auf die Bedürfnisse und Kenntnisse von Postgraduierten zugeschnitten und setzt auf einem höheren Niveau an. Der Kenntniszuwachs ist deshalb im Regelfall größer.

Begrenzt gilt dies auch für die zunehmend häufiger anzutreffenden internationalen Jurastudiengänge, bei denen ein Teil des Studiums verpflichtend im Ausland zu absolvieren und häufig auch eine in Umfang und Anforderungen beachtliche Abschlussarbeit anzufertigen ist. Hier sind die Anforderungen höher, und der Lerneffekt ist typischerweise größer als bei reinen Auslandssemestern. Dennoch gilt auch hier, dass man fachlich stärker profitiert, wenn man bereits die Erste Juristische Prüfung abgelegt und sichere Kenntnisse des deutschen Rechts hat. Bei entsprechender Programmauswahl vermittelt der LL.M. Wissen, das mit Auslandsaufenthalten während des Studiums oder des Referendariats normalerweise nicht erworben werden kann. Gleiches gilt für Studiengänge, die mit Legal Certificates abschließen. Sie gestatten wegen ihrer meist kurzen Dauer nur einen begrenzten Einblick in das betreffende Rechtsgebiet.

Fazit: Der persönliche Wert eines LL.M. ist für alle ein anderer. Für die berufliche Weiterentwicklung aber kommt es langfristig vor allem auf die Qualität des gewählten Programms an.

Alternativen, die ebenfalls zu einem Titel führen

Neben dem LL.M. gibt es Qualifikationsmöglichkeiten, die ebenfalls zu einem Titel führen und in ihrer Wertigkeit deswegen prinzipiell mit einem LL.M.-Abschluss vergleichbar sind.

Andere Postgraduierten-Studiengänge

Die Entscheidung zwischen einem LL.M. und nicht rechtswissenschaftlichen Aufbaustudiengängen hängt vor allem von der persönlichen Perspektive ab. Der LL.M. dient im Allgemeinen zur Vertiefung der rechtlichen Kenntnisse. Er ist daher vor allem für die klassischen juristischen Berufe wie die Anwaltstätigkeit von Vorteil. In Bewerbungen wird er von Kanzleien grundsätzlich gern gesehen. Neben dem Titel lässt er auf Spezialkenntnisse schließen, die Arbeitgeber für die Außendarstellung und die praktische Arbeit nutzen kann. Gleichzeitig ist für Jurist:innen der Aufwand für einen LL.M. etwas geringer als für Aufbaustudiengänge mit nicht juristischem Schwerpunkt. Denn selbst wenn die inhaltliche Ausrichtung des LL.M. neue Rechtsbereiche umfasst, kann man auf sein juristisches Handwerkszeug zurückgreifen, was die Einarbeitung erleichtert.[5] Bei Studiengängen nicht juristischer Ausrichtung müssen ungewohnte fachfremde Aufgaben gelöst werden, auf die das juristische Studium in der Regel nicht vorbereitet.

Eine gezielte Vorbereitung auf das LL.M.-Studium ist nicht notwendig, da es sich typischerweise an Teilnehmende ohne oder mit geringen Vorkenntnissen im jeweiligen Rechtsgebiet richtet. Das sichere Beherrschen der Unterrichtssprache wird allerdings vorausgesetzt und muss meist nachgewiesen werden. Wer diesen Anforderungen zu Programmbeginn noch nicht gerecht wird, kann in vielen Fällen an studienbegleitenden Sprachkursen teilnehmen.

Die Entscheidung für Alternativen zum LL.M., etwa für einen Master of Business Administration (MBA) oder einen politikwissenschaftlich ausgerichteten Master of International Relations, kann zu einer breiteren Qualifikation führen und eine berufliche Perspektive auch außerhalb der klassischen juristischen Tätigkeit eröffnen. Wer beispielsweise eine Tätigkeit für eine internationale Organisation vor Augen hat, wird einen Master of International Relations in Erwägung ziehen. Trotz des größeren Aufwands bei der Einarbeitung in ein neues Fachgebiet sollten Studieninteressierte, die ihre berufliche Perspektive verbreitern wollen, daher Alternativen zum LL.M. in ihre Entscheidung einbeziehen. Auf einige ausgewählte Alternativen wird im Folgenden hingewiesen.

---

5 Die Umstellung auf ein fremdes Rechtssystem ist aber dennoch nicht zu unterschätzen, vgl. Hartmann, *JuS* 2003, S. 309 f.; ders., *Jura* 2003, S. 356 ff.

Master of Business Administration

Eine Alternative ist der Master of Business Administration (MBA). Er vermittelt fundierte Kenntnisse der Volks- und Betriebswirtschaftslehre mit einem besonderen Fokus auf Management-Themen, Praxisbezug und internationaler Ausrichtung. Der MBA richtet sich an Absolvent:innen aller Fachbereiche, die für ihre berufliche Weiterentwicklung Wirtschaftskenntnisse benötigen, vor allem auch an potenzielle Führungskräfte. Für Jurist:innen bietet der MBA die Möglichkeit, sich für eine wirtschaftlich ausgerichtete Tätigkeit in Unternehmen zu qualifizieren, aber auch, sich generell wirtschaftliche Kenntnisse anzueignen. Allerdings ist der MBA in der Regel deutlich kostenintensiver als ein LL.M. und dauert in einigen Ländern bis zu zwei Jahre. Der Vorteil eines MBA liegt im Erwerb von Wirtschafts- und insbesondere Management-Kenntnissen. Diese sind für viele Tätigkeiten entweder Voraussetzung oder als Hintergrundwissen nützlich. Ein typischer MBA ist praxisorientiert und vermittelt häufig Kontakte zu potenziellen Arbeitgebern. Man muss bereit sein, sich in fremde und für manch eine:n auch unangenehme Gebiete wie die Buchhaltung einzuarbeiten. Für eine juristische Tätigkeit ist der MBA nur in den Rechtsgebieten unmittelbar anwendbar, bei denen es auf ein tieferes Verständnis wirtschaftlicher Zusammenhänge ankommt, wie etwa im Bereich Mergers & Acquisitions.

Universitäten bieten zunehmend auch die Möglichkeit, juristische und betriebswirtschaftliche Inhalte im Rahmen eines LL.M.-Studiums miteinander zu verbinden. Die Entscheidung zwischen LL.M. oder MBA wird dementsprechend teilweise relativiert, da ökonomische Grundkenntnisse in gewissem Umfang auch im Rahmen eines LL.M.-Programms erlangt werden können. Allerdings kann der Besuch einiger wirtschaftlich geprägter Kurse nicht mit dem Kenntnisstand nach Absolvierung eines MBA-Programmes und dem nach außen sichtbaren Titel eines MBA verglichen werden. Wer sich nicht ausschließlich juristisch fortbilden, aber gleichzeitig auch keinen reinen MBA absolvieren möchte, kann auf gemischte Programme zurückgreifen. Der LL.M. in International Business Law der IE Law School oder der LL.M. in Law and Economics der Queen Mary University verknüpfen beide Disziplinen, ohne dass wie bei Dual-Degree-Programmen die Dauer des Studiums ein Jahr überschreitet.

Viele Universitäten – gerade US-amerikanische – bieten die Möglichkeit, Kurse ihrer jeweiligen Business School zu besuchen. Hier gilt es aber vorab zu klären, ob an den Klausuren teilgenommen werden darf und ob die hierbei eventuell erworbenen Credits für den Erwerb des LL.M. genutzt werden können. Eine separate Bescheinigung für die erfolgreiche Teilnahme an den Business-Kursen wird es üblicherweise nicht geben. Eine Ausnahme bildet hier die University of Pennsylvania, die das Wharton Business and Law Certificate verleiht.

Master of International Relations

Eine weitere Option kann ein Master of International Relations sein. Es handelt sich dabei um ein Programm mit stark politikwissenschaftlicher Ausrichtung. Angesprochen werden vor allem Interessierte, die eine Tätigkeit in internationalen Organisationen oder allgemein in der Politik anstreben. Der Vorteil liegt in der klaren Fokussierung auf ein bestimmtes Tätigkeitsfeld. Für Jurist:innen kann der Master of International Relations ein Qualifikationsnachweis für eine (häufig fachfremde) Tätigkeit mit politischem Bezug sein. Dauer und Kosten derartiger Programme sind oft mit denen eines

LL.M. vergleichbar. Die einseitige Ausrichtung des Master of International Relations kann jedoch auch ein Nachteil sein, da die erworbenen Kenntnisse außerhalb des angestrebten Tätigkeitsfelds nur in geringem Umfang genutzt werden können.

Master of Finance

Der Master of (International) Finance ist ein Wirtschaftsstudium, das im Gegensatz zum MBA einen klaren Fokus auf Finanzierungsfragen, beispielsweise beim Unternehmenskauf, hat. Er eignet sich für Personen, die Interesse am Bank- und Finanzrecht haben, wirtschaftliche Entscheidungen, etwa im Vorfeld eines M&A-Projekts, verstehen möchten und sich vorstellen können, beispielsweise für (Investment-)Banken oder im Bankrecht zu arbeiten. Bezüglich Dauer und Kosten ist er ebenfalls mit dem LL.M. vergleichbar. Der Vor- und gleichzeitige Nachteil des Master of Finance besteht in der klaren Fokussierung. Im Gegensatz zu einem Master of International Relations lässt sich das vermittelte Wissen spezifischer für bestimmte Rechtsgebiete nutzen. Im Unterschied zum MBA vermittelt der Master of Finance nur einen Ausschnitt wirtschaftlicher Kenntnisse und ist damit weniger flexibel einsetzbar.

Master of Taxation

Ein Master of Taxation ist ein Postgraduierten-Studium mit steuerrechtlichem Schwerpunkt. Es umfasst steuerlich relevante Aspekte aus Wirtschaft und Recht. Hinsichtlich der Dauer und der Kosten gibt es kaum Unterschiede zum LL.M. Genau wie der Master of Finance dient der Master of Taxation ebenfalls einer klaren Spezialisierung – mit den bereits geschilderten Vor- und Nachteilen. Absolvent:innen können das erworbene Wissen nicht nur in Kanzleien, sondern auch in Wirtschaftsprüfungsgesellschaften oder Unternehmen einsetzen.

Master of Public Administration

Eine andere Möglichkeit zur Weiterqualifizierung ist der Master of Public Administration. Er ist inhaltlich das angloamerikanische Pendant zu dem, was in Deutschland unter dem Begriff Verwaltungswissenschaft bekannt ist. Vermittelt werden Kenntnisse im Management öffentlicher Institutionen. Der Master of Public Administration richtet sich an Personen, die am öffentlichen Recht und an einer Laufbahn im Öffentlichen Dienst interessiert sind. Dauer und Kosten eines solchen Programms sind mit denen eines LL.M. vergleichbar. Die Vor- bzw. Nachteile des Master of Public Administration liegen ebenfalls in der oben ausgeführten Ausrichtung auf ein abgegrenztes Tätigkeitsfeld.

Dual-Degree-Programme

In den letzten Jahren werden zunehmend Dual-Degree-Programme angeboten. Dabei handelt es sich um Programme, die zu einem Doppelabschluss führen oder bei denen der zu erwerbende Abschluss während des Programms von den Absolvent:innen bestimmt werden kann.

Einige Programme ermöglichen es, innerhalb von zwei Jahren sowohl den LL.M. als auch den MBA zu erwerben (z. B. am American University Washington College of Law und der Université de Fribourg). Es handelt sich typischerweise um Kooperationsprogramme, die gemeinsam von juristischen und wirtschaftswissenschaftlichen Fakultäten angeboten werden. Dadurch soll ein Ineinandergreifen von juristischen und wirtschaftlichen Fragestellungen gewährleistet werden. Eine Kombination aus wirtschaftlichen und rechtlichen Teilgebieten findet sich auch beim Master of Law and Business der Bucerius Law School. Absolvent:innen sollten bei Dual-Degree-Programmen neben der häufig längeren Dauer solcher Programme abwägen, inwieweit ein Doppelabschluss für die später angestrebte Tätigkeit erforderlich oder hilfreich ist. Zudem sollten kombinierte Programme mit den für sich alleinstehenden LL.M.- und MBA-Programmen verglichen werden, bei denen Erfahrung an unterschiedlichen Universitäten und in verschiedenen Ländern gesammelt werden kann.

Vor allem in Deutschland werden Master-Studiengänge angeboten, die man entweder mit einem MBA oder einem LL.M. abschließen kann (z. B. an der Dresden International University und an der Westfälischen Wilhelms-Universität Münster). Solche Programme stehen typischerweise neben Jurist:innen auch Wirtschaftswissenschaftler:innen offen. Sowohl MBA- als auch LL.M.-Anwärter:innen besuchen anfänglich dieselben Kurse. Erst zu einem fortgeschrittenen Zeitpunkt im Studium wird ein Schwerpunkt im rechtlichen oder wirtschaftlichen Bereich gesetzt. Diese Schwerpunktsetzung ist für die spätere Titelerlangung maßgeblich. Solche Programme werden insbesondere in den Gebieten mit großer Nähe zur Wirtschaft, zum Beispiel im Steuer- oder Unternehmensrecht, angeboten. Die Wahl eines solchen Weges bietet sich für Interessierte an, die sich zu Studienbeginn noch nicht auf einen rechtlichen oder wirtschaftlichen Schwerpunkt festlegen können oder wollen. Ihre Flexibilität ist ein Vorteil dieser Programme. Sie ermöglicht den Erwerb eines breiten Basiswissens. Nachteil dieser Flexibilität mag sein, dass wegen der anfänglich breiteren Aufstellung das Programm nicht die gleiche Tiefe wie herkömmliche Programme erreicht und eine Spezialisierung damit unter Umständen schwerer erzielt werden kann. Da diese Programme eine relativ neue Erscheinung sind, lässt sich derzeit schwer einschätzen, ob sie sich langfristig halten und ihren Absolvent:innen den erhofften Mehrwert bringen werden.

Alternative Promotion

Vielfach wird die Promotion als Alternative zu einem LL.M. gesehen. Die häufig gestellte Frage „Promotion oder LL.M.?“ lässt sich jedoch nicht eindeutig beantworten. Die Meinungen hierzu sind sehr unterschiedlich. In einigen Kanzleien wird der Doktortitel bevorzugt, in anderen ein LL.M. Manchmal wird auch beides erwartet. Für eine wissenschaftliche Tätigkeit ist der Doktortitel nach wie vor zwingend, lediglich im Ausland kann eine wissenschaftliche Karriere in Ausnahmefällen ohne Promotion möglich sein. Wer nur einen der beiden Abschlüsse anstrebt, sollte abgesehen von seinen persönlichen Präferenzen folgende Argumente berücksichtigen:
Einerseits dauert eine Doktorarbeit in der Regel länger als ein LL.M. Die Gefahr, die Energie zu verlieren oder gar zu scheitern, ist daher bei der Promotion deutlich größer. Das Risiko, bei einem LL.M. durchzufallen, ist dagegen normalerweise sehr gering. Sprachkenntnisse werden durch eine Promotion in der Regel nicht erworben. Allerdings besteht die Möglichkeit, als sogenannter Visiting Scholar einen Forschungsaufenthalt an einer Universität im Ausland zu absolvieren. Der finanzielle Aufwand ist für eine Doktorarbeit meist geringer, da keine hohen Studiengebühren anfallen. Durch die längere Dauer der Promotion kann man aber häufig erst später eine berufliche Tätigkeit aufnehmen und verdient während der Promotion weniger als schon früher ins Berufsleben eingestiegene LL.M.-Absolvent:innen – oder gar nichts. Dieser

Verdienstausfall kann bei wirtschaftlicher Betrachtung zu vergleichbaren Kosten von LL.M. und Promotion führen. Bei einer Promotion bewegt sich der:die Doktorand:in aber in dem ihm:ihr bekannten fachlichen und persönlichen Umfeld. Anders als beim LL.M. wird er:sie nicht aus dem vertrauten Recht herausgerissen, was den Einstieg in das Referendariat erleichtern kann. Bei einer Promotion ist, anders als für einen Vollzeit-LL.M. im Ausland, keine Umstellung der Lebensverhältnisse mit dem damit verbundenen hohen Aufwand nötig. Eine Promotion erfordert auch keine so umfangreiche Bewerbung wie ein LL.M. – die für viele angehende Promovenden schwierige Themenkonkretisierung bei einer Dissertation kostet jedoch häufig viel Zeit. Unabhängig davon, wie man sich hier zunächst entscheidet, kann das Versäumte immer noch nachgeholt werden. Später im Leben ist man jedoch eventuell weniger flexibel (Familie, feste Arbeitsstelle etc.).

Alternative Fachanwaltschaft

Wer mindestens die Erste Juristische Prüfung hinter sich hat, kann auch den theoretischen Teil der Ausbildung zur Fachanwältin oder zum Fachanwalt absolvieren. Dieser Teil der Ausbildung umfasst in der Regel einen Lehrgang von 120 Stunden. Einzelheiten sind in der Fachanwaltsordnung (FAO) geregelt.

TIPP: Wegen des überschaubaren zeitlichen Umfangs wird Referendar:innen zum Besuch eines Fachanwaltslehrgangs häufig Sonderurlaub gewährt. Der Fachanwaltslehrgang kann daher gut während des Referendariats absolviert werden. Die genauen Voraussetzungen für einen Sonderurlaub müssen bei der zuständigen Ausbildungsstelle erfragt werden.

Der Vorteil des Besuchs eines Fachanwaltslehrgangs liegt in der starken Praxisorientierung und der überschaubaren Investition von Zeit und Geld. Er bietet sich daher besonders für Berufstätige an, die schwerpunktmäßig im Rechtsgebiet des Lehrgangs tätig sind. Aus dem beschränkten Umfang ergibt sich aber, dass der Fachanwaltslehrgang nicht in dem Maße Kenntnisse vermitteln kann wie ein LL.M.-Programm mit vergleichbarem Schwerpunkt. Auch Kenntnisse einer anderen Sprache und Kultur werden nicht erworben. Um den Fachanwaltstitel später führen zu dürfen, müssen zusätzlich in der praktischen Anwaltstätigkeit erworbene Kenntnisse im betreffenden Rechtsgebiet nachgewiesen werden. Wer sich hinsichtlich des angestrebten Tätigkeitsfelds noch nicht sicher ist, läuft Gefahr, den Titel nicht führen zu können, falls er:sie später in einem ganz anderen Rechtsgebiet arbeiten sollte. Ein Fachanwaltslehrgang kann relativ einfach zu jedem Zeitpunkt des beruflichen Werdegangs besucht werden. Viele Kanzleien fördern die Teilnahme an solchen Lehrgängen. Daher liegt es nahe, den Fachanwalt nicht als Alternative zum LL.M. zu begreifen, sondern als eine zusätzliche (eventuell spätere) Option beruflicher Fortbildung.

Kombinationsmöglichkeiten

Die mit dem LL.M. erworbene Qualifikation kann über das konkret gewählte Programm hinaus weiterentwickelt bzw. parallel zu anderen Projekten betrieben werden.

Der LL.M. in Verbindung mit einer Promotion

Der LL.M., beziehungsweise das dort erworbene Wissen, kann als Grundlage für eine spätere Doktorarbeit genutzt werden. Die Hauptvorteile dieser Vorgehensweise liegen in einem verminderten Zeitaufwand für das Promotionsvorhaben und in der Tatsache, dass Absolvent:innen tiefere Kenntnisse eines ausländischen Rechtssystems direkt vor Ort erworben haben. Zudem hilft der zwischenzeitliche Besuch eines LL.M.-Programms oft, das Promotionsvorhaben konkret in ein Konzept zu fassen. Um einen LL.M. tatsächlich als Grundlage für die Promotion nutzen zu können, sollte man schon vor Beginn des LL.M.-Programms eine ungefähre Vorstellung vom Dissertationsthema haben. Der Schwerpunkt einer (deutschen) Promotion liegt – von Ausnahmen wie dem Völker- und Europarecht abgesehen – im deutschen Recht. Selbst wenn man ein Thema rechtsvergleichend bearbeiten möchte, sollte es schon vor Beginn des LL.M. so umrissen sein, dass die Abschlussarbeit des LL.M. hierauf abgestimmt werden kann.

TIPP: Manche Professor:innen reagieren mittlerweile mit einer gewissen Zurückhaltung auf diese Vorgehensweise. Wer an einer solchen Kombination interessiert ist, sollte nachfragen, wie seine:ihre Doktormutter oder sein:ihr Doktorvater dazu steht und welche Anforderungen er:sie stellt, wenn LL.M.-Inhalte teilweise in die Doktorarbeit übernommen werden.

Man sollte im Blick behalten, dass die Qualitätsstandards einer Promotion und einer LL.M.-Abschlussarbeit sehr unterschiedlich sein können. In einer Promotion werden beispielsweise meist höhere Anforderungen an den Umfang der Bearbeitung eines Problems gestellt. Man sollte das während des LL.M.-Studiums erworbene Wissen daher eher als Grundlage für eine Neubearbeitung nutzen.

Werden Promotion und LL.M. nacheinander absolviert, kostet dies natürlich mehr Zeit. Promotion und LL.M. gar parallel voranzutreiben, ist kräftezehrend. Wer das versucht, läuft Gefahr, das LL.M.-Studium nicht optimal nutzen bzw. den Aufenthalt im fremden Land nicht wie geplant genießen zu können. Wer diese Doppelbelastung dennoch auf sich nehmen will, sollte dies bei der Auswahl des LL.M.-Programms berücksichtigen. Teilzeitprogramme oder Fernstudiengänge räumen die meisten Freiheiten und damit Möglichkeiten zur zeitlichen Verbindung mit einer Promotion ein.

Der LL.M. parallel zum Referendariat oder Beruf

Ein LL.M. kann praktisch zu jedem Zeitpunkt des beruflichen Werdegangs absolviert werden. Damit ist es möglich, parallel zum Referendariat oder zur beruflichen Tätigkeit einen LL.M. zu erwerben. Der Vorteil dieser Vorgehensweise liegt vor allem in der Zeitersparnis. Man muss kein zusätzliches Jahr in den LL.M. investieren oder die berufliche Tätigkeit unterbrechen. Allerdings ist bei einem solchen Vorgehen immer eine Doppelbelastung gegeben, die viel Kraft kostet. Es besteht die Gefahr, dass sowohl berufliche und private Interessen als auch der LL.M. darunter leiden. Die Vereinbarkeit hängt wesentlich vom Studienmodus und der inhaltlichen Ausrichtung des Programms ab. Ein Vollzeitstudium - wenn auch „nur" in Deutschland - ist neben dem Referendariat oder Beruf sicher nur in Ausnahmefällen und mit erheblicher Anstrengung möglich. Wer dies erwägt, sollte sehr sorgfältig planen. Bei einem Teilzeit- oder Fernstudium ist die Belastung in der Regel geringer und die Vereinbarkeit mit anderen Tätigkeiten eher möglich. Bei einer Kombination von Referendariat und LL.M. sollte bei der Wahl der Ausbildungsstation darauf geachtet werden, dass für das LL.M.-Studium noch genug Raum bleibt.

TIPP: Bewertungen des Umfangs einzelner Stationen bzw. der zeitlichen Beanspruchung durch einzelne Ausbildende halten häufig die Personalräte der Referendar:innen oder auch Repetitor:innen bereit.

Bestimmte Stationen können mit einem minimalen Aufwand bewältigt werden. Dabei besteht allerdings die Gefahr, dass die Möglichkeiten des Referendariats nicht optimal genutzt werden.

Werden Referendariat und LL.M. parallel absolviert, sollte auf eine zeitlich versetzte Anordnung geachtet werden. Das LL.M.-Programm sollte idealerweise während des ersten Jahres des Referendariats auslaufen, um eine Kollision der jeweiligen Prüfungsvorbereitungsphasen zu vermeiden. Bei einer Kollision besteht allerdings in vielen Bundesländern die Möglichkeit, für die Teilnahme an einem LL.M.-Programm das Referendariat durch die Beantragung von Sonderurlaub zeitweise zu unterbrechen. Vorteil dieser Vorgehensweise ist, dass eine Doppelbelastung vermieden wird. Nachteil dieser Option ist, dass das Referendariat hierdurch unterbrochen wird und bereits erworbenes Wissen zu einem späteren Zeitpunkt aufgefrischt werden muss. Es besteht auch kein Anspruch auf Sonderurlaub; seine Gewährung liegt im Ermessen der Ausbildungsbehörde. Sonderurlaub wird grundsätzlich nur im Anschluss an die Beendigung einer Referendariatsstation gewährt. Kandidat:innen, die ein solches Vorgehen erwägen, sollten frühzeitig mit der zuständigen Ausbildungsbehörde Kontakt aufnehmen, um abzustimmen, ob das möglich ist.

Der LL.M. für Diplom- und Wirtschaftsjurist:innen

In den letzten Jahren hat sich die juristische Ausbildung verändert. Hochschulen bilden in zunehmendem Maße nicht nur „Einheitsjurist:innen" mit dem Ziel der Ersten Juristischen Prüfung aus, sondern auch Diplom- und Wirtschaftsjurist:innen. Auch für diese Absolvent:innen können Zusatzqualifikationen wie ein LL.M. für Berufseinstieg und Karriere hilfreich sein. Allerdings müssen Diplom- und Wirtschaftsjurist:innen im Hinblick auf die von ihnen angestrebten Tätigkeitsfelder kritisch prüfen, ob das in LL.M.-Programmen vermittelte Wissen für die eigene Tätigkeit von Nutzen sein kann und auch von Arbeitgebern entsprechend honoriert wird. Auch für Diplom- und Wirtschaftsjurist:innen kann ein LL.M. die Chancen auf dem Arbeitsmarkt verbessern und sich positiv auf das Gehalt auswirken. Hierzu liegen dem Autor keine Erfahrungswerte vor. Dennoch dürften für ambitionierte Diplom- und Wirtschaftsjurist:innen vor allem Programme im Ausland interessante Perspektiven eröffnen.

Der LL.M. für Nichtjurist:innen

Ein LL.M.-Studium steht nicht nur Jurist:innen offen. Die Zulassungsvoraussetzungen vieler Universitäten setzen nicht zwingend einen juristischen Abschluss für eine Zulassung zu einem LL.M.-Programm voraus, sondern verlangen „nachgewiesene juristische Kenntnisse". Diese mit einem juristischen Abschluss nachzuweisen ist am einfachsten. Doch auch wer Rechtswissenschaften im Nebenfach oder etwa im Rahmen eines Studiums der Betriebswirtschaftslehre mit entsprechender Schwerpunktsetzung studiert hat, kann einen solchen Nachweis erbringen. Nichtjurist:innen sollten sich sorgfältig überlegen, ob ein LL.M. für sie eine geeignete Zusatzqualifikation darstellt. Zum Beispiel für Politikwissenschaftler:innen mag ein völkerrechtlich ausgerichteter LL.M. durchaus interessante Inhalte vermitteln. Im Regelfall dürften juristische Kenntnisse und juristische Abschlüsse für die Karrierewege von Nichtjurist:innen im Vergleich zu anderen Zusatzqualifikationen, wie etwa einem MBA oder einem auf eine nicht juristische Tätigkeit vorbereitenden Aufbaustudiengang, weniger sinnvoll sein. Der LL.M. ermöglicht Nichtjurist:innen auch keinen Einstieg in eine Jurist:innen vorbehaltene Tätigkeit wie etwa den Anwaltsberuf.

Führen des Titels „LL.M."

Hat man das Master-Studium mit Erfolg absolviert, möchte man dies verständlicherweise auch nach außen hin zeigen. Der LL.M. ist ein akademischer Grad, dessen unbefugtes Führen gemäß § 132a StGB strafbewehrt ist. Die Befugnis zur Titelführung richtet sich nach den einzelnen Landeshochschulgesetzen, von denen die meisten in Bezug auf ausländische akademische Grade kürzlich reformiert und inhaltlich angeglichen wurden. Folgende Grundregeln sind zu beachten, ersetzen aber nicht den Blick in das jeweils maßgebliche Landesrecht.[6]

- Das Studium muss tatsächlich und an einer anerkannten Hochschule absolviert worden sein (keine „Titelmühle").
- Eine behördliche Genehmigung zur Titelführung ist entbehrlich.
- Titel sind grundsätzlich in der verliehenen Form zu führen (wahlweise „LL.M." oder „Master of Laws").
- Wer den Titel außerhalb der EU erworben hat, muss die Universität mitnennen. Bei einem im Vereinigten Königreich erworbenen LL.M. muss seit dem Austritt Großbritanniens aus der EU auch in der Titelnennung die Universität mitgenannt werden. Es dürfen aber übliche Abkürzungen verwendet werden. Folglich wäre es falsch, nach einem Studium an der New York University seine Visitenkarte mit „Max Mustermann, LL.M." zu bedrucken. Demgegenüber wäre „Max Mustermann, LL.M. (NYU)" ebenso zulässig wie „Max Mustermann, LL.M. (New York University)".

Exemplarisch ein Auszug aus der entsprechenden Vorschrift des Hochschulgesetzes von Nordrhein-Westfalen:
§ 69 Abs. 2 Hochschulgesetz NRW: „Von einer staatlichen oder staatlich anerkannten Hochschule in Deutschland oder in einem anderen Mitgliedstaat der Europäischen Union einschließlich der Europäischen Hochschulen in Florenz und Brügge sowie der Päpstlichen Hochschulen in Rom verliehene Hochschulgrade sowie entsprechende staatliche Grade können im Geltungsbereich dieses Gesetzes in der verliehenen Form geführt werden. Ein sonstiger ausländischer Hochschulgrad, der auf Grund einer Prüfung im Anschluss an ein tatsächlich absolviertes Studium von einer nach dem Recht des Herkunftslandes anerkannten Hochschule ordnungsgemäß verliehen wurde, kann in der verliehenen Form unter Angabe der verleihenden Institution geführt werden. Die verliehene Form des Grades kann bei anderen als lateinischen Schriftarten in die lateinische Schrift übertragen werden; ferner kann die im Herkunftsland zugelassene oder, soweit keine solche besteht, die dort nachweislich allgemein übliche Abkürzung geführt sowie eine wörtliche Übersetzung in Klammern hinzugefügt werden. Die Sätze 2 und 3 gelten für ausländische staatliche und kirchliche Hochschulgrade entsprechend. Eine Umwandlung in einen entsprechenden inländischen Grad ist ausgeschlossen."

---

6 § 34a I BerlHG, § 22 I HessHG, Art. 68 I BayHSchG, § 37 I LHG (BW), § 30 I BbgHG, § 64b BremHG, § 69 I HmbHG, § 42 I LHG M-V, § 10 I NHG, § 69 II HG (NRW), § 31 II HochSchG (Rh.-Pf.), § 68 I SHSG, § 44 I SächsHSFG, § 19 II HSG LSA, § 57 I HSG (SH), § 53 I ThürHG.

Zusammenfassung

Die meisten Jurist:innen stellen sich in ihrem Werdegang einmal der Frage nach einer Zusatzqualifikation. Die Antwort solle sorgfältig abgewogen und möglichst informativ getroffen werden. Ein erster Schritt ist festzustellen, welche Zusatzqualifikationen es gibt. Dabei ist der LL.M. neben der Promotion die bekannteste Möglichkeit. Wer eine Zusatzqualifikation erwägt, sollte die verschiedenen Möglichkeiten mit seinen Vorstellungen und Zielen abgleichen. Der LL.M. mag mittlerweile eine „klassische" Zusatzqualifikation sein, die einzige ist er nicht. Bei sorgfältiger Planung kann er auch mit anderen Zielen, wie der Promotion, sinnvoll verbunden werden. Entscheidend ist die informierte Entscheidung nach Wägung aller Alternativen.

2. Grundentscheidungen bei der Auswahl eines LL.M.-Programms

von Dr. Daniel Voigt, MBA (Durham)

32 Fünf Grundentscheidungen
32 LL.M. unter veränderten Bedingungen: Corona
33 Der Taught-LL.M. (LL.M. by Coursework)
35 Der LL.M. by Research
36 Inhaltliche Ausrichtung des LL.M.
37 Wahl des Studienlandes
37 LL.M. in Deutschland
38 LL.M. im Ausland
43 Vollzeit-, Teilzeit- oder Fernstudium
44 Der richtige Zeitpunkt für das LL.M.-Studium
44 Vor der Ersten Juristischen Prüfung (mit LL.B.)
45 Nach der Ersten oder Zweiten Juristischen Prüfung
48 Kosten
50 Zusammenfassung

Fünf Grundentscheidungen

Hat man sich für ein LL.M.-Studium entschieden, muss man im nächsten Schritt fünf wesentliche Entscheidungen zur Gestaltung des Studiums treffen.

Welche Studienart soll gewählt werden? Welche inhaltliche Ausrichtung soll das Programm haben (allgemein oder speziell ausgerichtet)? Zu welchem Zeitpunkt, in welchem Land und in welchem Modus (Voll- oder Teilzeit bzw. Fernstudium) soll es absolviert werden? Diese Entscheidungen sind untrennbar miteinander verknüpft. Persönliche Präferenzen und Möglichkeiten sprechen für bestimmte Kombinationen. Auch die Kosten sind ein wichtiger Faktor.

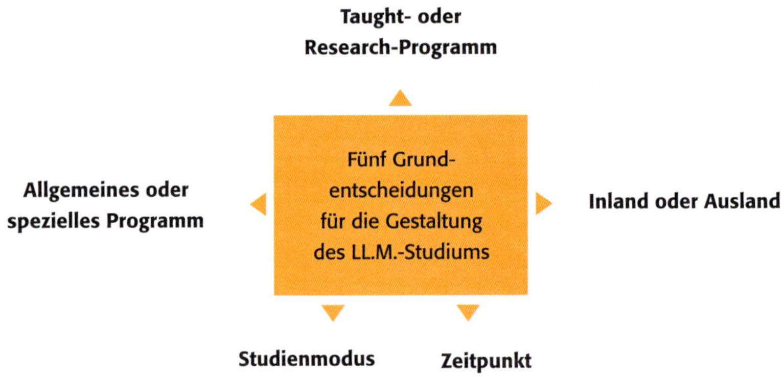

Grundentscheidungen für die Gestaltung des LL.M.-Studiums

LL.M. unter veränderten Bedingungen: Corona

Corona hat sich auch auf das LL.M.-Studium ausgewirkt. Diese Auswirkungen werden noch andauern. Teilweise konnten Studierende LL.M.-Studien nicht (vor Ort) beginnen und Programme sind weitgehend auf virtuelle Veranstaltungen umgestellt worden. Hygienebeschränkungen in Gastländern und an Universitäten sind nach wie vor zu beachten. Studierende sollten zunächst für sich feststellen, ob sie die Voraussetzungen für die Einreise und das Studium vor Ort erfüllen. An einzelnen Universitäten, z. B. Yale, gilt eine Impfpflicht für Studierende und Personal. Viele der Universitäten haben eigene Seiten im Hinblick auf Covid-19 eingerichtet, die regelmäßig aktualisiert werden. Es empfiehlt sich, diese Seiten sowie die des Auswärtigen Amtes bezüglich der möglichen Einreisebeschränkungen im Blick zu behalten. Aktuell scheinen die meisten Universitäten wieder vorsichtig Präsenzunterricht zulassen. Ergänzend kann auch ein Blick auf das Gesundheitssystem im Gastland wie auch auf die Reichweite des Schutzes der eigenen Krankenversicherung hilfreich und beruhigend sein. Letztlich muss jede:r Studierende für sich entscheiden, ob er:sie sich unter veränderten Bedingungen im Gastland wohlfühlt. Veränderungen im Programmablauf vor Ort sollten bei der Entscheidung mit einbezogen werden, und man sollte in der Lage sein, flexibel auf diese zu reagieren.

Der Taught-LL.M. (LL.M. by Coursework)

Grundsätzlich muss man zwischen zwei Arten des LL.M. unterscheiden: dem Taught-LL.M. und dem LL.M. by Research. Für den Taught-LL.M. ist auch die Bezeichnung „LL.M. by Coursework" gebräuchlich.

Die überwiegende Anzahl der angebotenen LL.M.-Programme sind sogenannte Taught-Programme. Der Taught-LL.M. ist ein konventionelles Studium, das auf Vorlesungen basiert und je nach Universität durch Tutorien und weitere Veranstaltungen ergänzt wird.

Der Vorteil eines solchen Studienaufbaus liegt darin, dass Teilnehmende systematisch in die Thematik bzw. das jeweilige Rechtssystem eingeführt werden. Das gewählte Gebiet wird konsequent erschlossen, und die enge fachliche Begleitung durch die Dozierenden trägt zum Lernerfolg bei. Allerdings sind LL.M.-Studierende – auch wenn es umfangreiche Wahlmöglichkeiten gibt – an die angebotenen Kurse grundsätzlich gebunden und können meist nur den Inhalt ihrer Abschlussarbeit frei wählen.

Obligatorisch wären im Rahmen eines vorgegebenen Curriculums eines auf Europarecht ausgerichteten LL.M.-Programms etwa Kurse zu den europäischen Grundfreiheiten. Im weiteren Verlauf des Studiums könnten dann Vertiefungsveranstaltungen, z. B. zum Schwerpunkt Dienstleistungsfreiheit, gewählt werden, mit denen in Tiefe und Umfang eine ganz andere Durchdringung der Materie erreicht werden kann. Üblicherweise müssen beim Taught-LL.M. kursbegleitend kürzere schriftliche Hausarbeiten (Assignments) zu bestimmten Themen erstellt und Klausuren (Exams oder Finals) geschrieben werden. Zum Teil werden auch Präsentationen von den Kursteilnehmenden verlangt. Das Programm endet meist mit einer Abschlussarbeit (Dissertation) von unterschiedlichem Umfang. Normalerweise ist eine Arbeit von 20.000 bis 30.000 Wörtern erforderlich, die in der zwei- bis dreimonatigen Bearbeitungsphase gut zu bewältigen ist. An manchen Universitäten kann die Abschlussarbeit auf das ganze Jahr ausgedehnt werden und hat den Charakter einer umfassenden kursbegleitenden Arbeit. Es gibt jedoch auch Universitäten, an denen der Titel allein durch die Leistungsnachweise der besuchten Kurse erworben wird. Wer also Wert auf eine Abschlussarbeit legt, sollte sich vorher genau informieren, ob das gewählte Programm mit einer solchen endet.

Der Aufbau der Programme kann aber sehr unterschiedlich sein. Ein typisches Kursprogramm sieht wie nachfolgend dargestellt aus. Die Mindestanzahl der aus den Elective Modules zu belegenden Kurse hängt von den Vorgaben des Programms ab. Üblicherweise werden in Elective Modules angebotene Kurse teilweise nur in Abhängigkeit von einer bestimmten Mindeststudierendenzahl angeboten.

	Course Title
Optional Modules:	
Introductory Module	Introduction to Legal Systems Introduction to IP Introduction to Economics Introduction to Competition Law
Required Modules:	
Basic Module	European Patent Law U.S. Patent Law European Copyright Law U.S. Copyright Law Legal Research and Writing
Elective Modules/One Exam per Module:	
1. Seminar	IP and Cometition Law Advanced Topics in IP
2. Selected Patent Law Topics	Patent Law in Practice Protection of Biotechnological Inventions Pharmaceuticals and IP
3. Selected Copyright Law Topics	Copyright Law in Practice Copyright and Computer Programs IP and the Creative Industries Internet Law
Elective Modules/One Ecam per Course:	
1. Advanced Patent Law Module	Asian Patent Laws Patent Licensing Patent Law in Practice
2. Advanced Copyright Law Module	Copyright Law in Practice Copyright and Computer Programs IP and the Creative Industries
3. Advanced Trademark Law Module	Protection of Geographical Indications Trademark Law in Practice IP in Global Legal Orders
4. IP and Competition Law Module	Patent Licensing Competition Law in Emerging Markets Competition Law in Practice
5. IP Law in Practice	Patent Law in Practice Copyright Law in Practice
6. Innovation Management	Theoretical and Economic Foundations of IP Innovation Policy

	Course Title
7. IP and Technology	Software Patents Protection of Biotechnological Inventions
8. IP Licensing Module	Patent Licensing Privacy, Publicity and Personality
9. Thesis Preparation	Asian Patent Laws Patent Licensing

Modularer Aufbau eines Taught-LL.M. am Beispiel des LL.M. „Intellectual Property and Competition Law" des Munich Intellectual Property Law Center[1]

Der LL.M. by Research

Der LL.M. by Research unterscheidet sich vom Taught-LL.M. durch die Art des Studiums: Ohne Vorlesungsbesuch erarbeiten die Studierenden zusammen mit einer Tutorin oder einem Tutor eine unabhängige Forschungsarbeit. Dazu muss man nicht Muttersprachler:in sein, solide Sprachkenntnisse sind ausreichend. Viele Universitäten erwähnen den LL.M. by Research nicht im Informationsmaterial – am besten fragt man beim Fachbereich nach, ob diese Möglichkeit des LL.M.-Studiums an der jeweiligen Universität besteht. Viele Universitäten bieten auch eine Kombination zwischen einem Taught-LL.M. und der Research-Variante an. Studierende besuchen dann ein halbes Jahr lang Kurse und fertigen im zweiten Halbjahr ihre Forschungsarbeit an. Deutsche Universitäten bieten den LL.M. by Research allerdings – zumindest soweit aktuell ersichtlich – noch nicht an.

Den Forschungsschwerpunkt des LL.M. by Research kann man in Absprache mit dem inhaltlichen Angebot der Universität weitgehend selbst bestimmen. Der Umfang der Forschungsarbeit ist im Vergleich zur Abschlussarbeit eines Taught-LL.M. deutlich größer, da sie meist die einzige Prüfungsleistung darstellt, für die dann schließlich auch der Titel verliehen wird. Exams oder Assignments müssen in diesem Fall nicht abgelegt bzw. angefertigt werden.

Bei konkreten Vorkenntnissen oder besonderem Forschungsinteresse kann ein LL.M. by Research interessant sein. Der Vorteil dieser Programmvariante liegt in der großen Gestaltungsfreiheit. Man kann seinen Interessen nachgehen und ein Thema in erheblichem Umfang vertiefen. Man muss sich nicht mit Inhalten befassen, die einen nicht interessieren. Doch das Modell birgt auch Nachteile: Eine gezielte Einführung ins Thema findet nicht statt, und die Einarbeitung erfolgt im Wesentlichen in Eigeninitiative. Die Anbindung an die Universität und andere Studierende ist deutlich geringer als bei Taught-Programmen.

1 Die gesamte Übersicht auf https://www.miplc.de/llm-ip/curriculum/course-list/, abgerufen am 06.10.2022.

TIPP: Ein LL.M. by Research bietet sich insbesondere für diejenigen an, die entweder bereits promovieren oder eine Promotion auf dem LL.M. aufbauen wollen. Gerade weil die Forschungsarbeit des LL.M. by Research umfangreicher ist, ergeben sich gute Kombinations- und Finanzierungsmöglichkeiten.

Die Studienbedingungen eines LL.M. by Research können sich von denen eines Taught-LL.M. unterscheiden, vor allem im Hinblick auf Zugangsvoraussetzungen, Prüfungsleistungen, finanzielle Fragen oder Nutzung der Ressourcen der Universität. Hierüber sollte man sich im Vorfeld gut informieren.

Inhaltliche Ausrichtung des LL.M.

Vor allem bei den Taught-Programmen kann im zweiten Schritt zwischen zwei Programmausrichtungen gewählt werden. Allgemein ausgerichtete Programme, die beispielsweise in ein fremdes Rechtssystem einführen, enden mit dem Abschluss LL.M. Speziell ausgerichtete Programme, die sich inhaltlich auf ein bestimmtes Rechtsgebiet konzentrieren, führen zu Abschlüssen wie dem LL.M. in European Law, LL.M. in Maritime Law oder LL.M. in Commercial Law. Die Bandbreite an Spezialprogrammen ist mittlerweile enorm groß und umfasst selbst ausgefallene Interessengebiete. Die Mehrzahl der Programme kann dem Zivilrecht zugeordnet werden, ein LL.M.-Studium im öffentlichen Recht (z. B. Europarecht) oder Strafrecht (z. B. Wirtschaftsstrafrecht) ist aber auch möglich und sinnvoll. Mit der Teilnahme an einem allgemeinen Programm erschließen sich die Kursteilnehmenden in der Regel ein neues – zumeist ausländisches – Rechtsgebiet. Die speziell ausgerichteten Programme dienen vor allem dem Aufbau oder der Vertiefung einer Spezialisierung in einem bestimmten Teilgebiet des Rechts.

Welche Richtung man einschlägt, hängt im Wesentlichen davon ab, wie konkret die eigene berufliche Planung bereits ist. Ein allgemein ausgerichtetes Programm ist in dieser Hinsicht flexibel. Es kann dazu genutzt werden, zunächst breitere Kenntnisse aufzubauen und sich in diesem Rahmen über die eigenen Interessen klar zu werden. In der zweiten Hälfte des Programms ist im Rahmen der Kursauswahl auch eine begrenzte Schwerpunktsetzung auf ein bestimmtes Rechtsgebiet möglich. Eine Spezialisierung ist dann von Vorteil, wenn man beabsichtigt, in einem bestimmten Bereich tätig zu werden. Wer sich beispielsweise mit einem LL.M. in Real Estate Law für eine Tätigkeit im privaten Baurecht bewirbt, kann auf besondere Rechtskenntnisse in dieser Materie verweisen und den künftigen Arbeitgebern möglicherweise leichter von seinen Qualitäten auf diesem Gebiet überzeugen. Andererseits hilft ein so spezieller LL.M. zum Beispiel bei einer Bewerbung für eine Tätigkeit im gewerblichen Rechtsschutz eher nicht weiter.

Der Aspekt der Spezialisierung sollte aber, verglichen mit der allgemeinen Ausbildung, nicht überbewertet werden. Die getroffene Entscheidung ist nicht endgültig. Mit jedem LL.M. kann man auf besondere Kenntnisse in einem bestimmten Rechtsgebiet und die Bereitschaft zur Weiterqualifikation verweisen. Die mit der Wahl einer bestimmten Programmausrichtung getroffene inhaltliche Festlegung kann, muss aber nicht richtungsweisend sein.

Wahl des Studienlandes

Die Wahl des Studienlandes ist häufig nicht einfach. Zunächst muss man sich grundsätzlich entscheiden, ob man in Deutschland bleiben oder ins Ausland gehen will. Dabei sind die jeweiligen Besonderheiten der LL.M.-Programme in Deutschland gegenüber den Programmen im Ausland zu berücksichtigen. Eine allgemeine Aussage, ob ein in Deutschland erworbener LL.M. besser oder schlechter ist als ein im Ausland absolvierter, lässt sich nicht treffen. Dies ist zu sehr von den persönlichen Interessen und Möglichkeiten abhängig, weshalb an dieser Stelle nur einige Hinweise zur Entscheidungsfindung gegeben werden.[2]

LL.M. in Deutschland

LL.M.-Programme gibt es nicht nur im Ausland, sondern mittlerweile in stetig wachsender Zahl auch in Deutschland. Schon eine kurze Suche fördert 90 LL.M.-Programme zutage (vgl. www.llm-guide.com/germany). Jährlich kommen neue hinzu.

Gerade bei neu eingeführten Programmen lassen sich Qualität und künftige Wertschätzung schwer beurteilen, da noch keine Erfahrungswerte existieren. Um die Qualität einschätzen zu können, sollten sich Interessierte bei neuen Programmen genau über Kursinhalte, Dozierende und sonstige Details informieren.

Einige Programme richten sich ausschließlich an „Foreign Graduates“ und damit an Interessierte, die ihren Abschluss im Ausland erworben haben. An deutschen Universitäten für inländische Studierende konzipierte Programme werden insbesondere mit spezieller Ausrichtung, starkem Praxisbezug oder im Teilzeitmodus angeboten.

Allgemein lässt sich sagen: Ein deutscher LL.M. ist eine fachliche Sonderqualifikation mit tendenziell steigendem Wert. Die Ausbildung ist in der Regel praxisbezogen, und die erworbenen Kenntnisse lassen sich unmittelbar in der Arbeitswelt verwenden. Der LL.M. kann damit gut der beruflichen Weiterentwicklung dienen.

TIPP: Da viele deutsche LL.M.-Programme einen hohen Praxisbezug haben und als Teilzeitstudien angeboten werden, empfehlen sie sich vor allem für Berufstätige. Sie sind eine gute Alternative zum eher unpersönlichen Fernstudium. Die Belastung ist in der Regel mit dem Beruf gut zu vereinbaren, da die Präsenzpflichten nicht allzu umfangreich sind.

Die Kosten für ein LL.M.-Programm in Deutschland sind deutlich geringer als im angloamerikanischen Raum. Zwar steigen die Studiengebühren auch hierzulande, liegen aber derzeit noch deutlich unter denen englischer oder amerikanischer Universitäten. Zudem fallen Zusatzausgaben wie die Kosten für einen Umzug ins Ausland weg. Nachteil eines LL.M.-Studiums in Deutschland ist, dass die Unterrichtssprache überwiegend Deutsch ist und die Kursteilnehmenden zum großen Teil Deutsche sind. Die mit dem Studium im Ausland einhergehende Erweiterung des persönlichen Horizonts durch internationale Kontakte und fremde Kultureinflüsse sowie die Ver-

---

2 Vgl. zur Thematik auch Gräber, *Jura* 2005, S. 285 ff.

besserung von Sprachkenntnissen lassen sich in Deutschland nur in geringem Umfang verwirklichen. Zur Vorbereitung auf eine international ausgerichtete Tätigkeit (etwa in einer internationalen Großkanzlei) eignet sich die Teilnahme an einem LL.M.-Programm im eigenen Land daher nur bedingt. Dies gilt bis zu einem gewissen Maß auch für deutsche LL.M.-Programme, bei denen Englisch Unterrichtssprache ist, weil das gesamte Umfeld weiterhin deutsch ist. Viele Arbeitgeber legen aber gerade auf die bei einem ausländischen LL.M. erworbenen Sprach- und Kulturkenntnisse Wert.

Einige deutsche LL.M.-Programme sind länderübergreifend organisiert. So kann man auch mit einem deutschen LL.M.-Programm durch ein Auslandssemester Auslandserfahrung sammeln. Ein Beispiel für einen solchen länderübergreifenden LL.M. ist das EULISP-LL.M.-Programm der Leibniz Universität Hannover.

Allerdings: Sprachkenntnisse lassen sich natürlich auch noch zu einem späteren Zeitpunkt erwerben, beispielsweise durch eine Stage in einer Partnerkanzlei. Dies ist aber nicht in allen Kanzleien möglich und setzt oft voraus, dass man sich beruflich bewährt hat. Auch kann dann nicht immer das Wunschland gewählt werden, weshalb man bei der Entscheidung für ein deutsches LL.M.-Programm immer auch Alternativen des Fremdsprachenerwerbs im Blick behalten sollte.

LL.M. im Ausland

Die Teilnahme an einem LL.M.-Programm im Ausland erweitert neben den Rechtskenntnissen vor allem den Horizont. Ein neues Land, eine andere Kultur, die Internationalität der Kursteilnehmenden und schließlich das Vertiefen der Fremdsprachenkenntnisse sind ebenso wichtige Faktoren für die persönliche Entwicklung wie der veränderte Blickwinkel auf die eigene Herkunft. Die persönliche Weiterentwicklung kann zwar nicht in Zahlen gemessen werden, aber im Hinblick auf das Auftreten und die Umgangsformen wirkt sich eine Auslandserfahrung häufig positiv aus.

TIPP: Ein Studium im Ausland ist vor allem im Vollzeitmodus sinnvoll. Nur so lassen sich Internationalität und Kultur des Landes wirklich erfahren. Mit Teilzeit- oder Fernstudiengängen werden vor allem fachliche Kenntnisse erworben. Sprachkenntnisse können zwar theoretisch in vergleichbarem Maß wie bei einem Vollzeitstudium erworben werden, dies ist jedoch in der Praxis nicht immer der Fall.

TIPP: Das Argument, ein LL.M.-Programm mit internationalen Kursteilnehmenden gestatte weniger Kontakt zur lokalen Bevölkerung, trifft nur beschränkt zu. Es liegt letztlich am Studierenden, Kontakte außerhalb seines Kurses herzustellen, etwa über die Sportangebote seiner Universität. Im Übrigen kann gerade die Internationalität der Teilnehmenden sehr bereichernd sein.

Ausländische LL.M.-Programme sind fachlich nicht zu unterschätzen. Außerdem kann man durch die interkulturelle Weiterbildung spätere Kolleginnen und Kollegen aus anderen Kulturkreisen möglicherweise besser verstehen – nicht nur sprachlich, sondern auch kulturell. Das ist eine wichtige Voraussetzung für die von Arbeitgebern gern gesehene interkulturelle Kompetenz.

Kritiker:innen sprechen ausländischen LL.M.-Abschlüssen häufig den praktischen Nutzen ab, da sich die erworbenen Rechtskenntnisse nicht immer ohne Weiteres auf das deutsche Recht übertragen lassen. Absolvent:innen, die im internationalen Recht tätig werden wollen, erleichtert der Einblick in das ausländische Recht aber durchaus ihre künftige Tätigkeit. Sie lernen durch das Studium, sich in ein fremdes Rechtssystem einzuarbeiten. Gerade im angloamerikanischen Raum öffnen die Kenntnisse eines bestimmten Rechtskreises die Türen zu weiteren. Außerdem führt die Auseinandersetzung mit einer anderen Rechtsordnung zu einem differenzierten Blick auf das eigene Rechtssystem. Dies hängt aber ganz entscheidend von der Ausrichtung und der Qualität des besuchten Programms ab. Die sorgfältige Auswahl lohnt sich deshalb unbedingt! Nur ein hochklassiges LL.M.-Studium im Ausland vermittelt Wissen, das auch in Deutschland gut angewendet werden kann. Ein LL.M. etwa mit dem Schwerpunkt Finanzrecht oder internationale Schiedsgerichtsbarkeit kann sich als hilfreich beim Einstieg in die gewünschte berufliche Tätigkeit erweisen. Wer im LL.M.-Gastland oder anderweitig international arbeiten will, hat kaum eine andere Wahl, als für sein LL.M-Studium ins Ausland zu gehen. Gerade größere Kanzleien setzen gute englische Sprachkenntnisse schon beim Berufseinstieg voraus. Zusätzliche Sprachen werden eher als Plus angesehen, können jedoch fundierte Englischkenntnisse nicht ersetzen.

Berufseinstieg im Gastland

Ein LL.M.-Studium kann die Chance verbessern, im Gastland tätig zu werden. Der LL.M.-Abschluss ist allerdings nicht mit der Zulassung zum Rechtsanwalt vor Ort gleichzusetzen. Ein Einstieg in die anwaltliche Tätigkeit erfordert weitere Schritte und ist generell als schwierig einzustufen. Näheres hierzu findet sich im Karriereratgeber *Perspektive Jura* aus der Reihe e-fellows.net wissen.

In den von vielen LL.M.-Studierenden als Studienland gewählten USA endet die klassische juristische Ausbildung nach drei Jahren mit dem Juris Doctor (J.D.).[3] Der J.D. ist mit einem Bachelor vergleichbar und darf deshalb trotz seiner irreführenden Bezeichnung nicht mit einem Doktorgrad verwechselt werden. Der Doktortitel wird in den USA abgekürzt mit S.J.D./D.J.S./J.S.D. (Doctor of Juridical Science). Der J.D. ist für amerikanische Studierende Zugangsvoraussetzung zu einem LL.M.-Programm und die typische Grundvoraussetzung für eine Erstanstellung als First-Year-Associate. Auch LL.M.-Absolvent:innen können einen Einstieg in Kanzleien versuchen, haben wegen der weniger ausgeprägten Rechtskenntnis jedoch meist geringere Chancen als Absolvent:innen mit dem J.D. Diese Möglichkeit dürfte nur guten Absolvent:innen des LL.M. offenstehen. Mit einem Bar Exam erhöhen sich die Chancen wiederum. Eine Rolle spielt hier häufig auch, ob Absolvent:innen schon das Assessorexamen haben.

Um den Status eines Attorney at Law zu erwerben und sich in den USA Rechtanwältin oder Rechtsanwalt nennen zu dürfen, muss man zusätzlich zum LL.M. noch das Bar Exam ablegen. Nähere Informationen bietet die American Bar Association unter www.americanbar.org. Das Bar Exam wird an zwei Tagen abgelegt. Es können zwei Prüfungsteile unterschieden werden. An einem Tag wird das Multistate Bar Exam durchgeführt. Geprüft wird das Einheitsrecht der Bundesstaaten. Es besteht aus

3 Göthel/Sandmann, *Jura* 2000, S. 605. Eine umfassende Darstellung des Rechtsstudiums in den USA gibt Rakowski, *JuS* 2000, S. 525 ff.

200 Multiple-Choice-Fragen aus den Bereichen Torts, Contracts, Constitutional Law, Criminal Law, Real Property, Evidence und Federal Civil Practice and Procedure. Am anderen Tag wird das einzelstaatliche Recht des jeweiligen Bundesstaates geprüft. Auch dieser Prüfungsteil lässt sich typischerweise in zwei Teile untergliedern. Einerseits sind fünf Essays zu verfassen, andererseits fünfzig Multiple-Choice-Fragen zu beantworten (vgl. unter www.nybarexam.org).[4] Die Zulassungsvoraussetzungen variieren je nach Bundesstaat.[5] Für ausländische Kandidat:innen sind sie zum Beispiel beim New York Bar günstig, wo derzeit ein ausländisches Studium der Rechte sowie ein in den USA erworbener LL.M. ausreichen.[6] Da der LL.M. aber an einer von der American Bar Association anerkannten Law School absolviert werden muss, sollte unbedingt auf die Qualität des Programms geachtet werden. Des Weiteren ist zu beachten, dass der Ruf einer Universität in den USA einen wesentlich höheren Stellenwert als in Deutschland besitzt und somit für einen eventuell angestrebten späteren Zugang zum amerikanischen Arbeitsmarkt besonders zu berücksichtigen ist. Zur Einschätzung des Rufs können unter anderem Rankings herangezogen werden. Die Besonderheiten und die Aussagekraft von Rankings sowie weitere Kriterien zur Universitätsauswahl werden in Kapitel 3 näher erläutert.

In der Regel ist für das Bar Exam eine intensive Vorbereitung von rund zwei Monaten erforderlich. Da die LL.M.-Programme nicht explizit auf das Bar Exam ausgerichtet sind, müssen auch LL.M.-Absolvent:innen eine entsprechende Vorbereitung durchlaufen. Sie sollten dabei die vorstehend beschriebenen Prüfungsanforderungen[7] und den Prüfungsstil mit den Inhalten Ihres LL.M.-Programms abgleichen und darauf aufbauend eine gezielte Vorbereitung auf das Bar Exam in Betracht ziehen. Bestimmte Kurse sind für eine Zulassung verpflichtend zu belegen. Hierüber sollten Absolvent:innen sich genau informieren. Zur Vorbereitung werden spezielle Bar Review Courses von verschiedenen Anbietern offeriert. Weitere Informationen finden sich auf den Internetseiten dieser Anbieter, z. B. www.barbri.com oder www.mybarprep.com. Der vorausgehende Besuch eines LL.M.-Programms erleichtert das anschließende Ablegen des Bar Exams – gerade wenn inhaltlich gewisse Übereinstimmungen mit den Anforderungen des Bar Exams bestehen. In jedem Fall sollte man beachten, dass das Bar Exam zwangsläufig weitere Kosten verursacht, etwa für die oben genannten Bar Review Courses, und dass man als LL.M.-Absolvent:in auch mit erfolgreich absolviertem Bar Exam in den USA nicht zwangsläufig beruflich Fuß fassen kann. Die Kosten für das Bar Exam bewegen sich dabei im Rahmen von 5.000 bis 6.000 US-Dollar. Dieser

4 Eine Übersicht sowie frühere Essayfragen und -antworten (Past Exam Essay Questions with Sample Candidate Answers) zum New York Bar Exam finden sich im Internet unter: www.nybarexam.org/ExamQuestions/ExamQuestions.htm; abgerufen am 26.09.2022.

5 Eine beispielhafte Übersicht anhand des Staates New York findet sich im Internet unter: www.nybarexam.org/Eligible/Eligibility.htm; abgerufen am 26.09.2022.

6 Eine detaillierte Auflistung der genauen Kriterien und Fristen für Bewerber:innen mit ausländischem Rechtsstudium findet sich im Internet unter: www.nybarexam.org/Foreign/ForeignLegalEducation.htm; abgerufen am 26.09.2022.

7 Zu den Voraussetzungen für die Zulassung und Anforderungen der jeweiligen Staaten: siehe z. B. unter www.ncbex.org/publications/bar-admissions-guide/; abgerufen am 26.09.2022.

Betrag entspricht 5.185 bis 6.221 Euro[8] und umfasst die Kosten für die Vorbereitung (Bar Review Course), Zulassung und Prüfung, nicht aber die Lebenshaltungskosten für etwa drei weitere Monate. Insgesamt kann in Abhängigkeit von der jeweiligen Stadt oder Region mit Kosten in Höhe von rund 10.000 US-Dollar (entspricht ca. 10.113 Euro) gerechnet werden.

TIPP: Hat man sich für einen LL.M. in den USA entschieden, empfiehlt es sich, das Bar Exam von vornherein in die Überlegungen mit einzubeziehen. Die zusätzliche Vorbereitungszeit sollte man beispielsweise bei der Dauer von Mietverträgen und der finanziellen Kalkulation berücksichtigen. Informationen zu den Kosten bietet das jeweils zuständige Bar Examination Office, das man über die Website der American Bar Association findet[9].

In England und Wales ist der LL.M.-Titel ebenfalls nicht mit der Zulassung zur Anwältin oder zum Anwalt gleichzusetzen.[10] Dort wird immer noch weitgehend zwischen den Barristers, die die gerichtliche Vertretung übernehmen, und den Solicitors, die anwaltlich beraten, unterschieden[11] – trotz Liberalisierungstendenzen in jüngerer Zeit, weshalb es mittlerweile auch Solicitors in zunehmendem Maße möglich ist, Mandanten vor Gericht zu vertreten. Der Weg zum Solicitor führt grundsätzlich über ein dreijähriges Studium der Rechte, an das sich für ein Jahr (oder für zwei Jahre in Teilzeit) der Legal Practice Course anschließt. Die Kursgebühren hierfür betragen zwischen 8.500 und 15.000 britische Pfund, d. h. zwischen 9.427 und 16.635 Euro.[12] Danach muss eine mit dem Referendariat entfernt vergleichbare zweijährige praktische Zeit als Trainee Solicitor in einer Kanzlei absolviert werden.

Um Zugang zum Legal Practice Course zu erhalten, kann man alternativ zum dreijährigen Studium der Rechte auch im Anschluss an ein beliebiges Studium einen einjährigen Kurs besuchen, der mit dem Common Professional Certificate abschließt. Ein LL.M.-Abschluss eröffnet diesen Weg in der Regel nicht. Bis zum Herbst 2021 bestand für zugelassene Anwältinnen und Anwälte aus dem Ausland noch die Möglichkeit, ohne Universitätsabschluss oder Berufserfahrung im englischen Recht den Titel des Solicitor über die Qualified Lawyers Transfer Scheme zu erwerben. Seit Herbst 2021 führt die Solicitors Regulation Authority (SRA) ein neues Prüfungssystem ein, die sogenannte Solicitor Qualifying Examination (SQE). Dieses besteht aus zwei Prüfungsteilen, dem SQE 1 und SQE 2. Das SQE 1 ist eine theoretische Prüfung der Rechtskenntnisse. Das SQE 2 ist ein praktischer Prüfungsteil, in dem z. B. Mandantengespräche nachgestellt werden. Bei Bestehen von SQE 1 und SQE 2 folgt eine Phase

---

8 Stand 2022, Umrechnung zu den im September 2022 geltenden Wechselkursen.

9 Siehe www.americanbar.org , abgerufen am 06.10.2022.

10 Zum Berufsrecht in Großbritannien ausführlich Bohlander, *AnwBl.* 1993, S. 309 ff. (Einleitung), S. 361 ff. (Barristers), S. 594 ff. (Solicitors and Foreign Lawyers); Darstellung bei Wörlen, *JA* 2006, S. 78 ff.; Hingst, *Jura* 2004, S. 716 ff. m.w.N. Das Verfahren in Schottland weicht von dem in England und Wales ab.

11 Ausführlich zu den Anforderungen im Einzelnen: Wörlen, *JA* 2006, S. 78 ff.; Hingst, *Jura* 2004, S. 716 ff. m.w.N.

12 Stand 2022, Umrechnung zu den im September 2022 geltenden Wechselkursen.

einer zweijährigen QWE (Qualified Work Experience). Wer als Ausländer:in an dem Verfahren teilnehmen will, muss einen Abschluss vorweisen, der der in England dem für den Legal Practice Course geforderten Abschluss entspricht. Voraussetzung ist ein Abschluss des Niveau 6 des Europäischen Qualifikationsrahmens (EQR) oder höher. Das deutsche Staatsexamen erfüllt diese aufgrund der Einstufung als Abschluss auf Niveau 7 des EQR. Bestimmte Prüfungsbestandteile sind dann gegebenenfalls auch nicht mehr abzulegen. Eine weitere Voraussetzung zur Zulassung als Solicitor ist das Absolvieren einer zweijährigen Qualifying Work Experience (QWE), diese ist nicht zwingend in einem Block abzulegen. Diese Voraussetzung besteht nicht für sogenannte Qualified Lawyers (zugelassene Anwälte mit einem juristischen Abschluss auf Niveau 6 des EQR oder höher). Für die Prüfungen gibt es Vorbereitungskurse. Die Kosten für die Prüfungen und die Vorbereitungskurse belaufen sich auf zwischen 7.700 und 14.700 britische Pfund, d. h. je nach Wechselkurs zwischen 8.540 und 16.303 Euro.[13]

Wer als deutsche Anwältin oder deutscher Anwalt drei Jahre vor Ort im englischen Recht beraten hatte, konnte bisher ganz ohne weitere Prüfung als Solicitor zugelassen werden. Seit dem Brexit werden keine weiteren Anträge auf Zulassung als Former Registered European Lawyers (REL) oder als Solicitor über den Integrationsweg mehr angenommen.[14] Die SRA[15] setzt sich immer noch dafür ein, dass im Fall des Hard Brexit Regelungen geschaffen werden, die EU-Anwältinnen und Anwälte weiterhin erlauben, Ausnahmen von der Qualified Lawyers Transfer Scheme zu beantragen. Wer sich für die Zulassung als Solicitor interessiert, sollte die Entwicklungen in diesem Bereich aufmerksam verfolgen.

Es gibt noch weitere Möglichkeiten, im Ausland zu arbeiten. Absolvent:innen mit LL.M.-Abschluss können, wenn sie sich bewährt haben, bei größeren Kanzleien eine Versetzung in das ehemalige Gastland erreichen und auf diese Weise dort eine berufliche Tätigkeit aufnehmen. In Deutschland zugelassene Rechtsanwältinnen und -anwälte können sich grundsätzlich in anderen europäischen Ländern niederlassen und umgekehrt.[16] Absolvent:innen, die im Anschluss an das LL.M.-Programm ein Praktikum oder Ähnliches im Gastland planen, erhöhen mit dem LL.M. ihre Chance auf eine Anstellung. Für Staaten außerhalb der EU sollte man sich dabei schon im Vorfeld genau über Visum und Arbeitserlaubnis informieren. Häufig wissen die Ansprechpersonen in Unternehmen oder Organisationen, was zu beachten ist.

---

13 Stand 2022, Umrechnung zu den im September 2022 geltenden Wechselkursen..

14 https://www.sra.org.uk/solicitors/guidance/uks-exit-eu-implementation-period-beyond/, abgerufen am 27.09.2022.

15 Die SRA hat hierzu Guidelines veröffentlicht unter www.sra.org.uk/solicitors/guidance/european-lawyers-practising-uk/; abgerufen am 26.09.2022.

16 Vgl. Richtlinie 89/48 EWG vom 21.12.1988 über die Anerkennung von Hochschuldiplomen. Siehe hierzu auch das Gesetz über die Tätigkeit europäischer Rechtsanwälte in Deutschland (EuRAG).

Vollzeit-, Teilzeit- oder Fernstudium

Bei LL.M.-Programmen gibt es im Wesentlichen drei Studienarten: das klassische Vollzeitstudium (Full-time), das Teilzeitstudium (Part-time) und das Fernstudium (Distance Learning). Programminhalt und Abschluss sind bei allen drei Arten praktisch identisch. Allerdings bestehen im Kurs- und Lernverlauf gravierende Unterschiede, und es gilt selbst zu entscheiden, welcher Studienmodus am besten zur persönlichen Situation passt.

Das klassische Vollzeitstudium hat den Vorteil der kurzen Dauer von meist einem Jahr. Es bietet darüber hinaus die vor Ort verfügbaren umfangreichen Ressourcen einer Universität, intensiven Kontakt zu anderen Kursteilnehmenden, Internationalität und die Vertiefung von Sprachkenntnissen, falls man im Ausland studiert. Gerade diese persönlichen Entwicklungsmöglichkeiten dürften für viele Absolvent:innen ein wichtiger Anreiz für ein LL.M.-Studium im Ausland sein und werden auch von Arbeitgebern geschätzt. Weitere Vorzüge eines Vollzeitstudiums liegen im intensiven Lernprozess und in der gleichzeitigen Belegung verschiedener Fächer, was das Verknüpfen der neuen Kenntnisse erleichtert. Allerdings stehen diesen Vorzügen höhere Studiengebühren und Lebenshaltungskosten gegenüber. Kursteilnehmende müssen außerdem ihr Leben umstellen und werden vorübergehend aus dem deutschen Recht „herausgerissen".

Teilzeitstudiengänge sind insbesondere für berufstätige LL.M.-Studierende oder auch für Kandidat:innen, die parallel eine Promotion anstreben, eine Alternative. Zudem sind die Studiengebühren im Vergleich zum Vollzeitstudium häufig geringer und können über die gesamte Kursdauer gestreckt werden. Auf der anderen Seite dauert ein Teilzeitstudium natürlich länger als ein Vollzeitstudium, in der Regel anderthalb bis zwei Jahre, je nach Umfang der Fächerbelegung aber auch noch länger. Die Belastung ist insgesamt nicht geringer, sondern verteilt sich über einen längeren Zeitraum, das Studium und die Kontakte zu anderen Teilnehmenden sind weniger intensiv, und im Ausland lässt sich ein Teilzeitstudium nur mit zusätzlichem Reiseaufwand bewältigen. Unabhängig von diesen grundlegenden Erwägungen ist ein LL.M. neben dem Beruf oder parallel zu einer sonstigen Tätigkeit immer eine Herausforderung. Es gilt, sich auf eine möglicherweise erhebliche Belastung sowohl in der beruflichen Tätigkeit als auch im LL.M.-Programm einzustellen. Es kann z. B. sein, dass berufliche Belastungsspitzen und Prüfungsvorbereitungen im LL.M.-Programm zusammenfallen und sich nur teilweise vermeiden lassen. Absolvent:innen sollten daher sorgfältig die Vereinbarkeit eines Teilzeit-LL.M. mit ihren anderen Tätigkeiten prüfen.

Wer sowohl den Reise- als auch den Umstellungsaufwand minimieren will, hat die Option eines kompletten Fernstudiums – auch an ausländischen Universitäten. Das Fernstudium ist in der Regel am flexibelsten ausgerichtet und erlaubt das Schieben einzelner Module. Fernstudiengänge werden häufig sowohl in Vollzeit als auch in Teilzeit angeboten, weshalb sie sich auch für Berufstätige eignen. Ein Fernstudium kann im Einzelfall auch länger als zwei Jahre dauern. Die Kosten sind im Vergleich zu den beiden anderen Studienformen geringer, zumindest spart man Ausgaben für Reisen und Umzüge. Der Nachteil ist: Die Möglichkeit, neben der Wissensvermittlung Kontakte zu knüpfen oder Sprachkenntnisse zu vertiefen, ist mangels direkten Kontakts zu anderen Kursteilnehmenden oder Dozierenden deutlich weniger gegeben als bei den anderen Modi.

Der richtige Zeitpunkt für das LL.M.-Studium

Ein LL.M.-Studium kann generell zu drei Zeitpunkten begonnen werden: vor der Ersten Juristischen Prüfung, nach der Ersten Juristischen Prüfung und nach der Zweiten Juristischen Staatsprüfung. Immer mehr deutsche Hochschulen gehen dazu über, Studierenden bei erfolgreichem Ablegen aller universitären Prüfungen im Rahmen eines rechtswissenschaftlichen Studiums bereits vor der Ersten Juristischen Prüfung den Titel Bachelor of Laws (LL.B.) zu verleihen. Dies dürfte die in der Vergangenheit eher seltene Option eines LL.M.-Studiums vor dem Ersten Staatsexamen leichter umsetzbar machen. Es bleibt abzuwarten, ob zukünftig mehr Studierende diese Möglichkeit ergreifen.

Vor der Ersten Juristischen Prüfung (mit LL.B.)

Die Teilnahme an einem LL.M.-Programm schon während des Studiums und vor der Ersten Juristischen Prüfung war bisher die Ausnahme – aber ein gangbarer Weg. Einige deutsche Universitäten versuchen, auch LL.M.-Programme in ihren Studienplan zu integrieren und mit entsprechenden Aufenthalten an Partneruniversitäten zu kombinieren. Ein LL.M. kann auf diese Weise als integraler Bestandteil eines deutschen Jurastudiums erworben werden. Auch können Kandidaten mittlerweile ein LL.M.-Studium im Anschluss an ein Bachelor-Studium anstreben. Im Gegensatz zu anderen Master-Programmen setzen LL.M.-Programme traditionell gerade nicht auf einem bestimmten (Bachelor-)Abschluss einer Universität auf. Sie stehen grundsätzlich allen Interessierten mit einem ersten Universitätsabschluss in Rechtswissenschaften offen.

Dementsprechend akzeptieren wegen der jüngeren Entwicklung im Rahmen des Bologna-Prozesses einige deutsche Universitäten bereits einen Bachelor-Abschluss als Zugangsvoraussetzung (z. B. die Westfälische Wilhelms-Universität Münster oder die FernUniversität Hagen). Gleiches gilt für einen Abschluss als Diplom-Jurist:in. Andere deutsche Universitäten wie die Düsseldorf Law School hingegen bestehen offenbar weiterhin auf einer abgelegten Ersten Juristischen Prüfung. Bei ausländischen LL.M.-Programmen ist als Zulassungsvoraussetzung für die Teilnahme in der Regel ein Foreign Equivalent eines Universitätsabschlusses des Gastlandes erforderlich. In der Vergangenheit mussten Bewerber:innen aus Deutschland grundsätzlich eine Erste Juristische Prüfung vorweisen, da Bachelor- oder Diplomabschlüsse in Rechtswissenschaften in Deutschland noch weitgehend unbekannt waren. Mittlerweile erlangen Kandidat:innen aber auch an einigen deutschen Hochschulen vor der Ersten Juristischen Prüfung einen Abschluss in Form eines Bachelor of Laws (LL.B.). Dieser Abschluss wird studienbegleitend verliehen oder ist der im Studium angestrebte Abschluss. Mit seiner zunehmenden Verbreitung in Deutschland wird immer häufiger eine Zulassung zum LL.M.-Studium grundsätzlich bereits mit einem LL.B. möglich. Informationen zu den Möglichkeiten von LL.B.-Absolvent:innen finden sich im Karriereratgeber *Perspektive Jura* aus der Reihe e-fellows.net wissen. LL.B.-Absolvent:innen sollten prüfen, inwieweit ein LL.M.-Programm beim Erreichen der von ihnen angestrebten beruflichen Ziele hilfreich sein kann.

Den Interessierten ist zu empfehlen, sich an der jeweiligen Universität nach den Voraussetzungen für einen vergleichbaren Studienabschluss als Zulassungskriterium zu informieren. Schon bisher haben einige - vor allem englische - Universitäten für deutsche Studierende eine Ausnahme gemacht und diese vor der Ersten Juristischen Prüfung zum LL.M.-Studium zugelassen. Je überzeugender die bisherigen Studienleistungen waren, desto eher dürfte die Bereitschaft zur Zulassung auch vor der Ersten Juristischen Prüfung bestehen. Renommierte Universitäten stehen solchen Anfragen allerdings bisher meist eher reserviert gegenüber.

Eine solch frühe Teilnahme an einem LL.M.-Programm ist nur für Personen sinnvoll, die entweder ein ohnehin geplantes Auslandsjahr mit einem Titel abschließen wollen oder sich ihrer fachlichen Interessen schon sicher sind. Andernfalls besteht die Gefahr, dass das LL.M.-Programm inhaltlich nicht optimal genutzt werden kann. Kandidat:innen sollten zudem sorgfältig überlegen, wie sich die Teilnahme an einem LL.M.-Programm im Anschluss an einen LL.B.-Abschluss mit der Vorbereitung auf die Erste Juristische Prüfung vereinbaren lässt. Ein Auslandsaufenthalt relativ dicht vor dem angestrebten Prüfungstermin kann eine zielgerichtete Vorbereitung stören und einen neuen Anlauf bei der Erarbeitung des prüfungsrelevanten Wissens erforderlich machen.

TIPP: Wer eine frühe Teilnahme an einem LL.M.-Programm erwägt, kann in diesem Stadium häufig keine Verknüpfung mit einer Promotion herstellen, da die Entwicklung eines konkreten Promotionsvorhabens zu diesem Zeitpunkt eher unrealistisch ist.

Nach der Ersten oder Zweiten Juristischen Prüfung

Mit der Ersten und natürlich erst recht mit der Zweiten Juristischen Prüfung erfüllen Absolvent:innen in jedem Fall formal die Voraussetzungen für die Zulassung zu einem LL.M.-Programm. Die Aufnahmechancen sind zu beiden Zeitpunkten in etwa gleich. Bewerber:innen mit dem Zweiten Staatsexamen werden gegenüber Bewerber:innen mit Erstem Staatsexamen im Regelfall nicht bevorzugt. Welches Examen man bei der Bewerbung vorweisen kann, sollte deswegen kein Entscheidungskriterium für die Wahl des Zeitpunkts sein. Es lässt sich in der Regel auch im Vorfeld nicht herausfinden, ob die angestrebte Universität im Einzelfall Assessor:innen bevorzugt. Die steuerliche Absetzbarkeit der Studiengebühren spielt für die Wahl des Zeitpunkts keine Rolle mehr. In beiden Fällen ist die Möglichkeit einer steuerlichen Berücksichtigung grundsätzlich gegeben. Die Entscheidung hängt also im Wesentlichen von der persönlichen Situation und den eigenen Präferenzen ab.

LL.M. im Anschluss an die Erste Juristische Prüfung

Nach der Ersten Juristischen Prüfung bietet sich die Teilnahme an einem LL.M.-Programm zur Überbrückung von Wartefristen auf das Referendariat an.

In vielen Bundesländern müssen Absolvent:innen der Ersten Juristischen Prüfung - abhängig von ihrer Examensnote - bis zu einem Jahr und länger auf einen Referendarsplatz warten. Diese Zeit lässt sich mit einem LL.M.-Studium gut überbrücken. Man kann sich schon früh über die Wartezeiten in einzelnen Bundesländern informieren, um den LL.M. entsprechend einplanen zu können.

TIPP: Die meisten LL.M.-Programme beginnen im September/Oktober. Auf der südlichen Halbkugel (z. B. in Neuseeland, Australien, Südafrika) beginnt das Universitätsjahr jedoch im Februar/März. Manche Universitäten bieten sogar einen Programmstart zu beiden Zeitpunkten an. Ein „versetztes" Einsteigen in ein Programm kann nach Rücksprache mit der jeweiligen Universität gegebenenfalls auch individuell ermöglicht werden. Wer im Winter seine Erste Juristische Prüfung ablegt, kann damit bei entsprechender Landesauswahl ohne großen Zeitverlust ein LL.M.-Studium beginnen.

Ein LL.M.-Studium ermöglicht vielen Absolvent:innen, Abstand vom Prüfungsstress zu bekommen, weitere Erfahrungen zu sammeln und sich Klarheit über persönliche und berufliche Perspektiven zu verschaffen. Zudem wird die deutsche Juristenausbildung unterbrochen und mit anderen Erfahrungen kontrastiert. Für viele Absolvent:innen führt dies zu einer gesteigerten Umstellungsflexibilität, die für das Referendariat und die Bearbeitung praktischer Fälle hilfreich sein kann. Wer den LL.M.-Titel vor dem Referendariat erworben hat, kann sich direkt mit dieser Zusatzqualifikation bewerben, was den Berufseinstieg nach dem Zweiten Staatsexamen erleichtert. Hinzu kommt, dass sich für ein Auslandsstudium nach der Ersten Juristischen Prüfung breitere Fördermöglichkeiten bieten als für die Aufnahme des Studiums nach der Zweiten Juristischen Staatsprüfung: Eine DAAD-Förderung beispielsweise ist nur möglich, wenn die Erste Juristische Prüfung nicht länger als fünf Jahre zurückliegt. Auch bei Vorliegen der Zweiten Juristischen Staatsprüfung ist dabei auf den Zeitpunkt des Erwerbs des Ersten Staatsexamens abzustellen.

Viele Studierende fühlen sich im Hinblick auf ein LL.M.-Studium im Anschluss an die Erste Juristische Prüfung unsicher, weil sich der Erfolg im Ersten Examen schwer abschätzen lässt und sie sich die Option eines Wiederholungsversuchs offenhalten möchten. Dennoch lohnt sich eine frühzeitige Bewerbung für ein LL.M.-Programm. Denn eine große Zahl von Universitäten räumt einmal angenommenen Bewerber:innen die Möglichkeit ein, den Studienbeginn um ein Jahr zu verschieben. Eine Änderung der Planung ist also häufig möglich, und die Unsicherheit bezüglich der Note der Ersten Juristischen Prüfung muss kein Grund sein, auf eine frühzeitige Bewerbung zu verzichten.

Eine Bewerbung mit den an der Universität erworbenen Leistungsnachweisen ist normalerweise möglich, Examensnoten können nachgereicht werden. Bei einer Bewerbung nach der Zweiten Juristischen Staatsprüfung zählen allein die Examensnoten. Manche Universitäten erteilen bereits aufgrund der im Studium erworbenen Scheine eine feste Zusage, andere knüpfen die endgültige Zulassung an eine bestimmte Examensnote (Conditional Offer).[17]

---

17 Hanschmann, *JuS-Magazin* 1/2008, S. 12 f. abrufbar unter rsw.beck.de/rsw/upload/JuS/Jus_Magazin_1-2008.pdf.

TIPP: Unter Umständen ist eine Bewerbung mit den im Studium erworbenen Scheinen günstiger. Diese Leistungsnachweise sind oft besser als die Examensnote und werden von der Universität für die Annahme-Entscheidung zunächst zugrunde gelegt. Fällt das Prüfungsergebnis weniger gut aus als erwartet, hat die Universität entweder schon eine feste Zusage erteilt oder man kann, sollte man zunächst nur ein Conditional Offer bekommen haben, gegenüber der Universität noch einmal mit den Scheinen argumentieren.

LL.M. im Anschluss an die Zweite Juristische Staatsprüfung

Examensabsolvent:innen, die nicht auf einen Referendarsplatz warten müssen, können mit ihren frischen Examenskenntnissen direkt ins Referendariat einsteigen und das LL.M.-Studium erst nach der Zweiten Juristischen Staatsprüfung in Angriff nehmen. Dies bietet einen nicht zu unterschätzenden Vorteil für das Referendariat. Die im Studium erworbenen Kenntnisse des materiellen Rechts sind auch hier von großer Bedeutung, vor allem wird man für die Dauer des LL.M.-Studiums nicht komplett aus dem deutschen Recht und seiner aktuellen Entwicklung „herausgerissen". Wenn man vor dem Referendariat sowohl LL.M. als auch Promotion plant, wird der Beginn des Referendariats natürlich deutlich hinausgezögert.

Für ein LL.M.-Studium im Anschluss an die Zweite Juristische Staatsprüfung spricht, dass ein späterer Berufseinstieg im Gastland erleichtert wird. Das Referendariat ist bereits absolviert, was auch psychologisch vorteilhaft sein kann. Wer bereits nach deutschem Recht Anwalt ist, wird bei einem möglichen Einstellungsgespräch häufig mit anderen Augen gesehen. Kandidat:innen mit einer Einstiegsperspektive im Gastland sollten daher für den LL.M. eher bis nach der Zweiten Juristischen Staatsprüfung warten. Allerdings werden Absolvent:innen nach dem Zweiten Staatsexamen und einer praxisorientierten Ausbildung im Referendariat möglicherweise größere Schwierigkeiten haben, sich wieder an Hörsäle und den akademischen Unterrichtsbetrieb zu gewöhnen. Auch besteht die Gefahr, dass sich in der Zeit des LL.M.-Studiums die Situation auf dem Arbeitsmarkt für Jurist:innen verschlechtert. Umso wichtiger ist die Wahl eines qualitativ guten LL.M.-Programms, um die beruflichen Möglichkeiten selbst in ungünstigen Zeiten zu optimieren.

Ein Nachteil eines Hinauszögerns des LL.M.-Studiums bis nach der Zweiten Juristischen Staatsprüfung ist, dass nach dem Zweiten Examen der Berufseinstieg lockt. Viele werden mit zunehmendem Alter unflexibler für größere Projekte wie ein Auslandsstudium. Absolvent:innen mit der Zweiten Juristischen Staatsprüfung müssen häufig auch die Interessen ihrer Familien oder Partner:innen sowie weitere Verpflichtungen berücksichtigen. Dies kann die (späte) Entscheidung für ein Studium im Ausland erschweren. Um dennoch einen LL.M.-Titel zu erlangen, sind in diesem Fall Teilzeit- oder Fernstudiengänge mögliche Alternativen.

Kosten

Der Plan, ein LL.M.-Studium aufzunehmen, scheitert selten an der Finanzierung. Dennoch ist es nicht sinnvoll, ein Programm auszuwählen, dessen Finanzierung die eigenen Ressourcen übersteigt. Man sollte deswegen frühzeitig seinen Finanzbedarf feststellen und die Finanzierung des Studiums planen.

Größter Kostenpunkt können – müssen aber nicht – die Studiengebühren sein. Sie sind vom Studienland und von der jeweiligen Universität abhängig. In den USA sind sie in der Regel am höchsten, dort können gute und renommierte LL.M.-Programme mehrere Zehntausend Euro Studiengebühren kosten. In Großbritannien sind die Studiengebühren damit verglichen relativ niedrig. Ein LL.M.-Programm kann dort auch vergleichsweise geringe Studiengebühren erfordern (so etwa bei der University of Southampton oder der University of Aberdeen), wobei es natürlich auch in Großbritannien teurere Programme gibt. In Deutschland sind die Studiengebühren für LL.M.-Programme in der Regel (noch) überschaubar. Mit einem Gesamtbetrag unter 4.000 Euro kann jedoch nur in Einzelfällen kalkuliert werden.[18] Die Kosten teurerer Studiengänge können aber auch hierzulande im fünfstelligen Bereich liegen. Die Gebühren sind in den letzten Jahren stark gestiegen und erreichen zum Teil bereits internationales Spitzenniveau. Eine Teilnahme am Programm der Bucerius Law School für einen Master of Law and Business (MLB) kostet derzeit beispielsweise 22.000 Euro Studiengebühren. Teilnehmende können das Programm auch mit einem LL.M. abschließen.[19] Auch die Kosten für ein Studium in Neuseeland sind für deutsche Studierende gestiegen.

Neben den Studiengebühren müssen LL.M.-Studierende ihre Lebenshaltungskosten abdecken. Die Kalkulation der Lebenshaltungskosten für ein LL.M.-Studium im Ausland ist schwierig. Ein guter Anhaltspunkt – aber auch nicht mehr – ist für viele Länder eine Größenordnung von 1.000 Euro Lebenshaltungskosten pro Monat. Die derzeit steigende Inflation wird zu einer Erhöhung der Lebensunterhaltungskosten führen und sollte miteingeplant werden.

TIPP: Viele Universitäten bieten auf ihren Internetseiten oder in Infomaterialien Hinweise zu den im jeweiligen Land bzw. in der jeweiligen Stadt normalerweise anfallenden Lebenshaltungskosten. Wer bereits konkret ein Land oder sogar schon eine Stadt im Blick hat, kann dieses Informationsangebot zur individuellen Kostenkalkulation nutzen. Weitere Informationen zu Lebenshaltungskosten[20] bieten die Kulturvertretungen des Gastlandes, wie zum Beispiel das British Council.

---

18 Vgl. https://www.llm-studium.de/programme?filters%5Bcost%5D=4500, abgerufen am 06.10.2022.

19 Weitere Informationen hierzu unter: https://www.law-school.de/international/education/master-of-law-and-business/academics/accreditation, abgerufen am 27.09.2022.

20 Die Europäische Kommission bietet auf ihrer Internetseite einen Überblick der Lebenshaltungskosten in den europäischen Ländern; abrufbar unter ec.europa.eu/eures/main.jsp?countryId=UK&acro=living&lang=de&parentId=0; abgerufen am 26.09.2022.

Als dritten Kostenfaktor muss man für ein LL.M.-Studium im Ausland Ausgaben für Flugtickets, Visum, ärztliche Atteste, Sprachtests und vieles mehr berücksichtigen. Diese Kosten sind vom gewählten Land abhängig und sehr unterschiedlich.

Die folgende grobe Kostenschätzung soll einen Eindruck von den für ein LL.M.-Studium im Ausland zu veranschlagenden Kosten geben. Auch innerhalb eines Landes können erhebliche Unterschiede auftreten.

USA: Yale University

Studiengebühren	67.108 USD/69.156 Euro
Lebenshaltungskosten	24.490 USD/25.237 Euro
Sonstiges	4.800 USD/4.946 Euro
Gesamt	**96.398 USD/99.339 Euro**

Südafrika: University of Cape Town

Studiengebühren	81.280 ZAR/4.631 Euro
Lebenshaltungskosten	232.808 ZAR/13.265 Euro
Sonstiges	23.800 ZAR/1.356 Euro
Gesamt	**337.888 ZAR/19.252 Euro**

UK: Oxford University

Studiengebühren	35.080 GBP/39.970 Euro
Lebenshaltungskosten	22.080 GBP/25.158 Euro
Sonstiges	1.800 GBP/2.051 Euro
Gesamt	**58.960 GBP/67.179 Euro**

UK: University of Dundee

Studiengebühren	19.900 GBP/22.674 Euro
Lebenshaltungskosten	11.000 GBP/12.533 Euro
Sonstiges	1.755 GBP/2.000 Euro
Gesamt	**32.655 GBP/37.207 Euro**

Kostenschätzung für LL.M.-Programme im Ausland

Die in der Tabelle dargestellten Kosten können sich stetig verändern. Die Universitäten stellen häufig solche Übersichten auf ihren Webseiten zur Verfügung und passen diese auch regelmäßig an.

TIPP: Mit dem Austritt des Vereinigten Königreichs aus der EU dürfen britische Universitäten nunmehr von Studierenden aus EU-Ländern dieselben Studiengebühren verlangen wie von Studierenden aus Drittländern. Die Gebühren sind damit teilweise doppelt so hoch wie vor dem Austritt. Zudem entfällt der Zugang für EU-Bürger:innen zu der britischen Studienfinanzierung. Hinzukommt ein nicht zu unterschätzender bürokratischer Mehraufwand. Für einen Studienaufenthalt von mehr als sechs Monaten ist ein Studentenvisum erforderlich.[21] Dessen Beantragung kostet 363 Pfund, und man benötigt eine „Confirmation of Acceptance for Studies" von der jeweiligen Gastuniversität. Gegebenenfalls fällt auch eine Gebühr von 470 Pfund für den Zugang zum britischen Gesundheitssystem an. Die Britische Einwanderungsbehörde verlangt darüber hinaus, dass Studierende nachweisen, ihre Lebensunterhaltskosten in den ersten Monaten ihres Aufenthaltes decken zu können. Dafür werden 1.334 Pfund pro Monat kalkuliert, wenn der:die Studierende direkt in London studiert und 1.023 Pfund, wenn der Studienort außerhalb Londons liegt. Der Nachweis, sprich das Vorhandensein der entsprechenden Summe im Voraus, muss maximal für neun

21 Siehe https://www.azur-online.de/studium/das-ll-m-studium-in-uk-wird-teurer/, abgerufen am 06.10.2022.

Monate erbracht werden.[22] Für Studierende aus Deutschland besteht insoweit der Vorteil, dass sie als sogenannte „low risk applicants“ eingestuft werden und den Nachweis der Finanzierung nur auf Nachfrage erbringen müssen.[23]

Zusammenfassung

Ein Studium sollte gut geplant werden, damit es die eigenen Vorstellungen trifft und den größtmöglichen Nutzen für die jeweilige Person und deren Perspektive erzielt. Dazu empfiehlt sich eine systematische Vorgehensweise, um wesentliche Grundentscheidungen bei der Auswahl eines Programmes zu treffen. Dies hilft, die fast unendlich vielen Gestaltungsmöglichkeiten abzuschichten. Wichtige Fragen sind die nach Art, Inhalt, Zeitpunkt, Ort und Modus des Studiums. Die Klärung dieser Fragen verobjektiviert die Entscheidungsfindung in wichtigen Eckpfeilern.

---

22 https://www.gov.uk/student-visa/money, abgerufen am 06.10.2022.

23 Weitere Informationen hierzu unter: www.britishcouncil.de/studium-uk/eu-austritt-informationen-fuer-studierende, abgerufen am 06.10.2022.

3. Suche nach einem geeigneten LL.M.-Programm im Ausland

von Prof. Dr. Martin Heckelmann

52 Der LL.M. im Ausland
53 Wahl des Sprach- und Kulturraums
58 Wahl der Universität
58 Anforderungen an Bewerber:innen
59 Rankings
62 Persönliche Aspekte bei der Entscheidungsfindung
63 Wahl des Programms
63 Anzahl und Zusammensetzung der Teilnehmenden eines Jahrgangs
64 Lehrpersonal und Ausstattung der Fakultät
65 Kursangebot und Flexibilität bei der Kurswahl
66 Zusammenstellung der Kurse
67 Prüfungen im LL.M.-Studium
68 Zusammenfassung

Der LL.M. im Ausland

Hat man sich für eine bestimmte Art von Programm im Ausland entschieden, stellt sich die Frage, in welchem Land und an welcher Universität man studiert. Am besten geht man in mehreren Schritten vor und legt zunächst den Kulturraum fest, in dem man studieren möchte. Im Anschluss daran sollte man definieren, welche Eigenschaften die Universität aufweisen sollte. Es folgt ein Abgleich mit den infrage kommenden Instituten, an dessen Ende eine Liste von bis zu 15 Universitäten stehen sollte. Nun gilt es, die Programme dieser Universitäten zu vergleichen und auf Übereinstimmungen mit den eigenen Interessen zu überprüfen. Fällt die Auswahl auch dann noch schwer, hilft meist eine tabellenförmige Aufstellung der Vor- und Nachteile der einzelnen Programme.

Bei der Recherche nach dem passenden Angebot ist darauf zu achten, dass ein Teil der LL.M.-Programme jedenfalls in Europa noch auf den Master-Abschluss aufbaut, ein anderer Teil aber bereits mit einem Bachelor-Abschluss belegt werden kann. Hintergrund ist, dass bis vor einigen Jahren die LL.M.-Programme noch überwiegend ein Staatsexamen voraussetzten, mittlerweile aber die Studiengänge in der Europäischen Union gemäß dem Bologna-Prozess auf Bachelor- und Master-Programme umgestellt werden. Der LL.M. reiht sich auch in Deutschland zunehmend in die Riege der anderen Master-Programme ein. Im angelsächsischen Raum stand der LL.M. schon immer für das, was hierzulande der Master ist, und folgt traditionell direkt dem Bachelor-Studium. Insbesondere in den USA ist es aber für Einheimische nicht besonders attraktiv, einen LL.M. zu absolvieren. Als Rechtsanwältin oder Rechtsanwalt startet man möglichst jung und unmittelbar im Anschluss an den Bachelor (J.D.). Angehende Wissenschaftler:innen lassen den LL.M. typischerweise aus und nehmen als nächsten Schritt gleich den Ph.D. in Angriff. Vermehrt können in Deutschland LL.M.-Programme beobachtet werden, die auf Betriebswirt:innen und andere Nicht-Jurist:innen zugeschnitten sind. Der LL.M.-Titel wird hier an Wirtschaftsjurist:innen oder Steuerexpert:innen verliehen, die später in Unternehmen beispielsweise als Vertragsmanager:in oder Personaler:in eingesetzt werden, aber auch bei Wirtschaftsprüfungen, Steuerberatungen oder in der Insolvenzverwaltung, und sich z. B. über die Steuerberaterprüfung weiterqualifizieren.

Wenn man die Zulassungsvoraussetzungen der Hochschule problemlos erfüllt, hat man an dieser Stelle sein LL.M.-Programm bereits gefunden. Wer sich an sehr begehrten Hochschulen bewirbt, muss dagegen mehr Geduld aufbringen. Insbesondere an den traditionellen Universitäten in Europa und Amerika konkurrieren nicht selten 20 bis 50 Bewerbende um einen Platz. Die zunächst entmutigend erscheinende Zahl relativiert sich jedoch, wenn man bedenkt, dass sich viele Interessierte gleichzeitig an mehreren Universitäten bewerben und am Ende natürlich nur jeweils einen Platz annehmen können. Anhand der oben angesprochenen Kriterien sollte man daher eine sinnvolle Auswahl an Universitäten treffen, denen man seine Bewerbung schickt.

TIPP: In der Praxis hat sich eine Zahl von drei bis sechs Bewerbungen als günstig erwiesen. Dadurch werden die Kosten (Materialkosten und Bewerbungsgebühren) und der Zeitaufwand für die Bewerbungen in eine vernünftige Relation zum Risiko einer Ablehnung gesetzt. Dabei sollte man sich bei mindestens einer Universität bewerben, mit deren Zusage man in jedem Fall rechnen kann. Dann steht nur noch der Studienort in Frage, nicht aber das Vorhaben des LL.M.-Studiums als solches.

Wahl des Sprach- und Kulturraums

Am Anfang steht die Entscheidung, in welchem Land man seinen LL.M.-Titel erwerben will. Kulturelle Interessen können hier ebenso ausschlaggebend sein wie die Karrierechancen.

In Bezug auf ein LL.M.-Studium genießen bestimmte Länder bei Arbeitgebern eine höhere Wertschätzung als andere. Außerhalb Deutschlands sind etwa die Vereinigten Staaten, Großbritannien und Kanada sehr beliebt. Die Gründe hierfür liegen nicht nur darin, dass man in diesen Ländern seine Englischkenntnisse professionalisieren kann. Die USA und Großbritannien verfügen auch über die ältesten und renommiertesten Schulen (wobei Deutschland und der Rest der Welt in den vergangenen Jahren freilich aufgeholt haben). Zudem wickelt Deutschland einen Großteil seines internationalen Geschäfts und seiner internationalen Beratungstätigkeit mit Investoren aus den drei genannten Ländern ab. Mit einem amerikanischen oder englischen LL.M.-Titel verbindet ein wirtschaftsrechtlich orientierter Arbeitgeber daher oft die Erwartung, dass Absolvent:innen Gelegenheit hatten, sich mit der Geschäftskultur und der Rechtspraxis der entsprechenden Mandant:innen vertraut zu machen.

Da solide englische Sprachkenntnisse für deutsche Arbeitgeber eine große Rolle spielen[1], stellen englischsprachige Länder wie Australien, Südafrika und Neuseeland ebenfalls eine bedeutende Gruppe von LL.M.-Anbietern dar. Indessen kann auch ein LL.M. in einem skandinavischen, osteuropäischen oder asiatischen Staat von großem Reiz für Bewerbende wie auch Arbeitgeber sein.

Deutsche Unternehmen und Kanzleien sind längst in Ländern wie China, Japan, Indien, Brasilien und Mexiko angekommen und suchen nach Jurist:innen, die sich durch Landeskenntnisse von ihren Kolleginnen und Kollegen abheben. Hier kann der LL.M. einen entscheidenden Vorsprung im Bewerbungsverfahren darstellen.

Außerdem bietet ein Auslandsstudium die Chance, mit einer fremden Kultur in Berührung zu kommen und hiervon in persönlicher Hinsicht zu profitieren. Dabei können zum Beispiel die kulturellen Besonderheiten eines Landes, dessen Geschichte und Gesellschaftsstruktur oder landschaftliche Reize individuelle Bedeutung erlangen. Eindrucksvoll ist in diesem Zusammenhang z. B. der Bericht von Timo Knäbe (*JuS*-Magazin 2008, Heft 5, S. 10 ff.), der nach 25 Jahren der erste nichtafrikanische LL.M.-Student an der University of Daresalam in Tansania war. Interessant ist auch der Bericht von Oliver Kerpen über das LL.M.-Studium in Peking, dessen Vorlesungen ausschließlich als Blockveranstaltungen am Wochenende stattfanden (*JuS*-Magazin 2009, S. 13).

Darüber hinaus eröffnen nicht englischsprachige Länder die Möglichkeit, gleich zwei Fremdsprachen zu erlernen. Während auch chinesische oder japanische Professor:innen ihre LL.M.-Vorlesungen meist auf Englisch halten, können im Alltag die Kenntnisse der Landessprache vertieft werden. Besonders interessant kann ein

---

1 Nach der inzwischen schon etwas älteren Ansicht einer Personalberaterin ziehen zumindest internationale Großkanzleien den im Ausland erworbenen LL.M. dem deutschen LL.M. vor (*JuS* 2011, Heft 4, S. XLIV).

LL.M.-Studium in einem ausgefalleneren Land für denjenigen sein, der sich im späteren Berufsleben auf den internationalen Kontakt mit eben diesem Land spezialisieren will oder sogar bereits geschäftliche Verbindungen dorthin unterhält. Dass man in Nischen sehr erfolgreich sein kann, gilt nicht nur für Unternehmen, sondern auch für Bewerber:innen. Leider können zu LL.M.-Programmen außerhalb der USA und Großbritannien nur wenige belastbare allgemeine Aussagen getroffen werden. Hier müssen Bewerber:innen die stark variierenden Bedingungen der Universitäten selbst recherchieren.[2] Etabliert sind selbstverständlich auch LL.M.-Programme in Europa. Sie sollten auf jeden Fall in Betracht gezogen werden, wenn Bewerber:innnen später im öffentlichen Sektor arbeiten möchten oder sich für gemeinschaftsrechtliche Materien (z. B. Beihilferecht) interessieren. Großes Renommee genießen das Europakolleg Brügge, das Europäische Hochschulinstitut in Florenz und natürlich die Université Paris Panthéon-Sorbonne. Dank der Fördertätigkeit der Deutsch-Französischen Hochschule gibt es eine ganze Reihe deutsch-französischer Kooperationen. In diesem Zusammenhang zu erwähnen ist auch das Frankreich-Programm des Justizministeriums Nordrhein-Westfalen zur Ausbildung deutscher Rechtsreferendarinnen und Rechtsreferendare in Paris – ein jeweils im März und Oktober eines jeden Jahres stattfindendes Seminar (*JuS* 2014, Heft 1, S. 26; www.rechtsreferendare-frankreich.nrw.de).

Informationen für die USA, China, Australien und Neuseeland bieten die privaten Websites www.in-usa-studieren.de, www.studieren-in-china.de und www.freemover.net.

Während beim ausländischen LL.M. eher die Förderung der Sprachkenntnisse im Vordergrund steht, entwickeln sich deutschsprachige LL.M.-Programme mehr und mehr zu Expertenschulen. Ihr Renommee steht demjenigen führender ausländischer Schulen in nichts nach. Weil sie einen Gegenpol zu der Schmiede der Einheitsjurist:innen bilden wollen, vermitteln sie Spezialkenntnisse auch in solchen Rechtsgebieten, die noch nicht einmal in Grundzügen Gegenstand des Studiums waren. Außerdem tritt in den vergangenen Jahren zunehmend die Vermittlung von Kompetenzen wie z. B. Führung von Menschen und Zeit-Management neben den Wissenstransfer. Wichtig ist in Deutschland, auf die staatliche Anerkennung der Abschlüsse zu achten. Auch eine Akkreditierung durch eine dem Deutschen Akkreditierungsrat angehörende Agentur kann eine Rolle für die Studienwahl spielen.

2 Zahlreiche Adressen ausländischer Universitäten finden sich bei Lundmark, *LL.M.-Programme weltweit*, 2. Auflage 2008, dessen Daten überwiegend auf www.llm-programm.de eingestellt sind.

Beispiele für deutschsprachige LL.M.-Programme

- Hochschule für Wirtschaft und Recht Berlin: Unternehmensrecht im internationalen Kontext, Recht für die öffentliche Verwaltung, Immobilien und Vollstreckungsrecht oder Betreuung/Vormundschaft/Pflege
- Düsseldorf Law School: Medizinrecht, Gewerblicher Rechtsschutz (*JuS* 2009, S. XII, Heft 6, S. XII; *JA* 2011, Heft 3, S. VIII)
- Technische Hochschule Köln: Master in Medienrecht und Medienwirtschaft (*Jura* 2010, Heft 7, S. 558; *JuS* 2010, Heft 6, S. XIII und XXXVI; *JA* 2011, Heft 5, S. VIII)
- Universität Halle-Wittenberg: Medizin-Ethik-Recht (*JA* 2011, Heft 1, S. VI), allerdings „M.mel."
- Universität Hamburg: Versicherungsrecht (*Jura* 2007, Heft 4, S. 318 f.)
- Universität Hannover: IT-Recht und Recht des geistigen Eigentums oder Europäische Rechtspraxis (*JuS* 2007, Heft 4, S. XXII ff.)
- Universität Heidelberg: Legum Magister Unternehmensrestrukturierung (*JA* 2009, Heft 6, S. VIII)
- Universität Münster: Mergers & Acquisitions, Steuerwissenschaften, Versicherungsrecht, Wirtschaftsrecht, Immobilienrecht, Medizinrecht, Arbeitsrecht, Erbrecht und Unternehmensnachfolge (vgl. *JA* 2008, Heft 7, S. IV)
- Universität Regensburg: LL.M. Legal Tech (www.legaltech-ur.de)
- TH Nürnberg: Wirtschaftsrecht (www.th-nuernberg.de/llm)
- TU Dresden: International Studies in Intellectual Property Law (*JA* 2012, Heft 7, S. IV ff.)

Weitere Informationen zu deutschsprachigen LL.M.-Programmen finden sich unter www.hochschulkompass.de.

Da sich alle Jurist:innen ohnehin früher oder später die Frage stellen müssen, ob und in welche Richtung sie sich spezialisieren wollen, lässt sich hier bereits der Grundstock einer späteren Expertise erwerben. Nicht immer geht es um ein bestimmtes Rechtsgebiet. Auch bestimmte Arbeitsweisen und -techniken oder Querschnittsgebiete können Gegenstand eines deutschen LL.M.-Studiums sein. Als Beispiele seien hier die Studiengänge „Legal Management" an der Hochschule Konstanz (www.htwg-konstanz.de/master/legal-management) und „Verhandeln und Gestalten von Verträgen" an der Frankfurt University of Applied Sciences (www.frankfurt-university.de/de/studium/master-studiengange/verhandeln-und-gestalten-von-vertragen-llm) genannt.

TIPP: Wer sich für das Recht der mittel- und osteuropäischen Staaten interessiert, der sollte ein LL.M. Studium an der Universität Hamburg oder einer österreichischen Hochschule in Erwägung ziehen. Früher als andere hat sich unser Nachbarland politisch und wirtschaftlich auf die Osterweiterung der EU eingestellt und gilt in vielen Bereichen als Tor zu den neuen Beitrittsstaaten. Entsprechend dicht ist das an den Universitäten zusammengetragene Wissen über die in diesen Ländern anzutreffenden Rechtssysteme. Noch konsequenter ist es, direkt eines der LL.M.-Programme in einem der neuen Mitgliedstaaten aufzunehmen (etwa in Lettland, vgl. *JuS* 2014, Heft 1, S. 22).

Zu den Rahmenbedingungen, die bei der Bestimmung des Ziellands eine Rolle spielen, zählen auch die Lebenshaltungskosten. Wohl am höchsten sind sie in den USA, in Großbritannien und in Japan, wo sie selbst in kleinen Universitätsstädten erheblich über dem deutschen Durchschnitt liegen. Obwohl die Kosten stark von den eigenen Lebensgewohnheiten abhängen, muss man mit mindestens 15.000 Euro pro Jahr rechnen. Deutlich preiswerter gestaltet sich das Leben in Ländern wie Südafrika und Neuseeland - oder eben auch Deutschland. Hier sind auch Reisen und ein eigenes Auto erschwinglich.

In die Entscheidung über das Studienland sollte auch der Aspekt der Arbeitsbelastung einfließen. Schließlich eröffnet ein hohes Maß an Freizeit auch die Möglichkeit, Land und Leute näher kennenzulernen. Mit wie viel Mühe ein Studium verbunden ist, hängt weniger vom Land als von der jeweiligen Hochschule und vor allem von der eigenen Lernbegierde ab. In der Spitze muss man mit einem Pensum von 200 bis 400 Seiten Lesestoff pro Woche rechnen. Das ist zwar auch mit bescheidenen Fremdsprachenkenntnissen machbar, bedeutet aber zumindest in der Eingewöhnungsphase eine Arbeitszeit von bis zu 80 Stunden. Danach reduziert sich der Aufwand auf etwa 50 bis 60 Stunden pro Woche.

Wie mühsam ist ein LL.M.-Studium?
Der Abschluss als Master of Laws ist teils mit erheblichen Anstrengungen verbunden. Gleichzeitig empfinden viele Kandidat:innen das LL.M.-Studium im Vergleich zur klassischen juristischen Ausbildung als deutlich angenehmer. Das gilt unabhängig davon, ob der LL.M. im Ausland oder in Deutschland erworben wird. Lern- und Übungseinheiten werden nämlich klar vorgegeben und Lernerfolge zeitnah geprüft. Hinzu kommt, dass man viel öfter mit aktuellen Fällen und Sachverhalten arbeitet. Die sich daraus speisende Freude trägt durch den Lernalltag.

Manche Kandidat:innen berücksichtigen bei der Wahl des Studienorts die Möglichkeit der Kontaktaufnahme mit späteren Arbeitgebern. Beispielsweise nutzen amerikanische und deutsche Kanzleien den Umstand, dass es an der US-amerikanischen Ostküste viele renommierte Law Schools gibt, indem sie an lokalen Job-Messen teilnehmen oder Dinner-Einladungen an die dortigen Schulen versenden, um möglichst frühzeitig Gespräche mit künftigen Absolvent:innen aufzunehmen. Zwar werden hier noch längst keine Arbeitsverträge abgeschlossen, doch die Veranstaltungen sind gut geeignet, um einen ersten Eindruck von den jeweiligen Anwaltssozietäten zu bekommen.

Ferner kann das Klima den Ausschlag geben für die Entscheidung zugunsten bestimmter Regionen (oder auch gegen sie). Zu beachten sind etwa die Regenzeiten in Äquatorgebieten, die gegenläufigen Jahreszeiten auf der Südhalbkugel oder die stärker schwankenden Wetterbedingungen außerhalb Europas.

LL.M.-Programme beginnen auf der Nordhalbkugel meist zum Wintersemester, d. h. zwischen August (USA) und Oktober (Großbritannien). In Südafrika, Australien, Neuseeland und anderen Ländern der südlichen Hemisphäre dagegen starten die Programme regelmäßig zum Sommersemester. Da die Kurse des zweiten Semesters häufig auf den Erstsemesterveranstaltungen aufbauen und sich das Rahmenprogramm über beide Semester erstreckt, ermöglichen nur wenige Universitäten einen Einstieg zum zweiten Semester. In besonderen Fällen – etwa bei krankheitsbedingtem Ausfall – lassen viele Hochschulen jedoch mit sich reden.

Wer sich – etwa aus familiären Gründen – nicht von seinem Heimatort entfernen kann, sollte neben den lokal verfügbaren Angeboten ein Fernstudium in Erwägung ziehen (z. B. an der FernUniversität Hagen). Seit der Liberalisierung des Fernstudienmarkts bieten zunehmend auch Präsenzhochschulen Studiengänge an, die ganz oder teilweise mit Distanzunterricht arbeiten. So bietet die Hamburger Fernhochschule schon lange einen didaktisch konzipierten Online-Studiengang an, der in vier Semestern auf den LL.M. in der Fachrichtung Wirtschaftsrecht vorbereitet. Freilich mussten die Klausuren handschriftlich in einem der Prüfungszentren geschrieben werden (*JuS* 2013, Heft 5, Seite 11). Allerdings haben im Zuge der Pandemie viele Hochschulen mittlerweile auch das Prüfen digitalisiert und setzen Systeme wie Moodle oder Mahara dafür ein. Auch bieten viele deutsche Universitäten LL.M.-Programme mit begrenzter Präsenzpflicht an. Mitunter finden die Kurse als Blockveranstaltung am Wochenende statt oder können als Lerneinheit zu Hause absolviert werden. Einen großen Schub hat das Thema seit 2020 durch die Pandemie erhalten. Praktisch alle Hochschulen haben ihr Angebot mit zuvor nie erreichtem Tempo auf digitale Lehre umgestellt und werden auch nach der Rückkehr zur Präsenzlehre die Früchte dieser Digitalisierung nutzbar machen. Auf diese Weise ist der LL.M. auch berufsbegleitend oder für solche Personen möglich, die aufgrund von Kindererziehung, Angehörigenpflege oder eigenen Leiden das klassische Präsenzstudium gar nicht leisten können.

TIPP: Summer Schools haben im angloamerikanischen Rechtskreis eine große Tradition und erfreuen sich auch in Europa zunehmender Beliebtheit. Fast jede US-amerikanische Universität bietet eine oder mehrere themenbezogene Summer Schools an, so z. B. die University of Washington in Seattle mit dem Programm „Patent and Intellectual Property Law“ (*JuS* 2010, Heft 11, Seite XXXVIII). Ist der Sommer nicht schon komplett mit Praktika bei Kanzleien, Richter:innen oder Behörden verplant, besuchen viele Studierende die meist zwei- bis vierwöchigen Blockveranstaltungen. Auch Berufstätige und Rentner:innen findet man unter den Teilnehmenden. Zur Vorbereitung oder als Alternative zu einem LL.M.-Studium kommt daher auch der Besuch einer Summer School in Betracht, zumal sich ein solcher Kurs mit einem Urlaub verbinden lässt. In Deutschland gibt es Summer Schools etwa an der Universität Freiburg, an der Universität Bayreuth („Einführung in das spanische Recht“, *JuS* 2010, Heft 6, S. XIII) oder in wechselnden Städten wie zum Beispiel die „Herbstakademie Mietrecht“ des Deutschen Mietgerichtstag e. V.

Wahl der Universität

Hat man sich für einen Kulturkreis entschieden, fällt der Blick auf die dort vorhandenen Universitäten. Die Suche nach dem richtigen Institut ist auf beiden Seiten von Wettbewerb geprägt: Während man selbst den Zugang zur bestmöglichen Law School anstrebt, liegt es im Interesse der Universität, die klügsten und auf lange Sicht zahlungskräftigsten Studierenden für sich zu gewinnen.

Als Informationsquelle eignet sich in erster Linie das Internet. Hilfreich sind aber auch Veranstaltungen, auf denen man unmittelbar mit Vertreter:innen der Law Schools in Kontakt kommt, etwa der LL.M. Day von e-fellows.net.

Anforderungen an Bewerber:innen

Die Wahl der Universität ist zunächst begrenzt durch die Zugangsvoraussetzungen. Diese sind in Deutschland und anderen europäischen Staaten in der Regel leicht online recherchierbar. Auch die Anerkennung bereits erbrachter Leistungen kann meist gut im Vorfeld abgeschätzt werden. Das European Credit Transfer System (ECTS) sorgt für Vergleichbarkeit und Umrechenbarkeit beim Gewicht der einzelnen Veranstaltungen und beim Gesamtaufwand, mit dem die Studiengänge verbunden sind. In Deutschland gibt es frappierende Unterschiede hinsichtlich der vorausgesetzten Rechtskenntnisse. Während einige LL.M.-Studiengänge LL.B.-Absolvent:innen vorbehalten sind, stehen viele andere Programme auch Betriebswirtschafts-Absolvent:innen offen, seltener auch Personen mit einem Bachelor in Politologie (etwa der Wirtschaftsrecht-LL.M. der Martin-Luther-Universität Halle-Wittenberg). Da die fachliche Herkunft und das Alter der Kommiliton:innen den Charakter des Studiengangs definieren, sollte man sich die Zulassungsvoraussetzungen in jedem Fall genauer ansehen.

Außerhalb Europas sind die Zugangsvoraussetzungen leider häufig intransparent, sodass die Bewerber:innen ihre Chancen auf einen Studienplatz kaum einschätzen können. Auch stehen die Zulassungshürden etwa der US-amerikanischen Law Schools nicht von vornherein fest, sondern ergeben sich erst später durch die Auswahl der angenommenen Kandidat:innen aus dem Pool der Bewerbenden. Hinzu kommt, dass einige Universitäten aufgrund der starken Nachfrage nur ein bestimmtes Kontingent an Studienplätzen an Deutsche vergeben. Von den Universitäten werden hierzu wenige bis gar keine Informationen herausgegeben. Dementsprechend schwierig sind Aussagen über die für die erfolgreiche Bewerbung erforderliche Punktezahl in Staatsexamen, Bachelor oder Master zu treffen. Zum einen gehört die Auswahl der Bewerber:innen zu den bestgehüteten Geheimnissen der Fakultäten. Zum anderen kann von einem guten oder schlechten Platz einer Law School in den gängigen Rankings nicht ohne Weiteres auf die Erfolgsquote im Bewerbungsverfahren geschlossen werden, da Faktoren wie die Größe des LL.M.-Programms oder die Attraktivität des Standorts unberücksichtigt bleiben. Angeblich erhält in den USA beispielsweise Berkeley wegen des milden Klimas und der Anbindung an San Francisco etwa dreimal so viele Bewerbungen wie Cornell. Obwohl beide Universitäten in den Rankings etwa gleichauf liegen, sind folglich die Chancen, in Cornell genommen zu werden, erheblich größer.

LL.M.-Programme sind außerhalb Kontinentaleuropas eine wichtige Finanzquelle der Law Schools, sodass grundsätzlich auch Bewerbende mit der Note „ausreichend“ im ersten Abschluss gern gesehen sind.[3] Ein Prädikat wird vermutlich von den Top-15-Universitäten in den USA und den Top-5-Universitäten in Großbritannien vorausgesetzt.[4] Wer auch hier noch an die Spitze will, muss bedenken, dass bei den ganz großen Namen ein beträchtlicher Teil der Studienplätze inoffiziell im Rahmen bestehender Kontakte vergeben wird. In seltenen Fällen richten sich Studiengänge an bestimmte Bewerbendenkreise; die Yale Law School beispielsweise öffnet ihre Pforten in erster Linie dem akademischen Nachwuchs und weniger den hochtalentierten angehenden Anwältinnen und Anwälten.

Berufserfahrung, Motivation und sonstige Qualitäten können die Bedeutung des ersten Abschlusses in den Hintergrund rücken lassen. Obwohl Stipendien im Ausland trotz ihrer ausführlichen Darstellung auf den Hochschul-Websites äußerst selten gewährt werden, gelingt es besonders qualifizierten Bewerber:innen gelegentlich, einen (Teil-)Erlass der Studiengebühren zu erhalten.

Fazit: Auch wenn die Wunschuniversität ein namhaftes Institut ist, sollten sich Bewerber:innen in ihrer Bewerbung mutig und selbstbewusst präsentieren. Entscheidend ist, ob sie schlüssig erklären können, warum ihr Studium an genau dieser Universität für beide Seiten von Nutzen ist.

Rankings

Traditionsschulen sind häufig teurer und stellen höhere Anforderungen an die Bewerbenden. Sie locken aber auch mit klangvollen LL.M.-Titeln, prominenten Hochschullehrenden, einer besseren universitären Ausstattung und dem späteren Eintritt in einflussreiche Alumni-Vereine. Um herauszufinden, welchen Ruf einzelne Universitäten genießen, bietet sich der Blick auf Hochschul-Rankings an. In Europa und insbesondere Deutschland spielen Rankings zwar noch keine bedeutende Rolle, wohl aber im angloamerikanischen Rechtskreis. Der Klassiker unter den US-Rankings ist das Ranking von *U.S. News*; weitere Rankings sind dargestellt unter www.top-law-schools.com/rankings.html. Interessant ist auch der Versuch, die Reputation der Hochschulen in Relation zu den Lebenshaltungskosten zu setzen: www.ilrg.com/schools/analysis.

Bewertungen britischer Universitäten findet man im „University Guide“ von *The Guardian* (www.theguardian.com/education/universityguide). Weitere Rankings sind einsehbar unter llm-guide.com. Rankings versuchen, die Fakultäten anhand von Kriterien wie der finanziellen Ausstattung der Universität, der Reputation der

3 In diese Richtung auch Adams, *Jura* 2008, S. 636 f. Überzogen dagegen die Aussage von Fenner, *Jura* 1995, S. 17, dass in den USA „fast jede Provinzuni gerne ein Prädikatsexamen und erstklassige Sprachkenntnisse sehen möchte“.

4 Ähnliche Einschätzung von Fenner, *Jura* 1995, S. 17 f. hinsichtlich der UK-Law-Schools. Dem Vernehmen nach genügt aber beispielsweise für das King's College ein Punktedurchschnitt von 8,0.

Professorinnen und Professoren, dem Kursangebot und Ähnlichem zu vergleichen. Die Tabellen spiegeln im Wesentlichen wider, ob eine Universität zur Spitzengruppe, zum Mittelfeld oder zur großen Masse gehört. Auch in bestimmten Ländern Asiens und Afrikas wird die Güte der Ausbildung häufig an den Namen der Hochschule geknüpft. So nehmen beispielsweise die Todai in Japan und die University of Capetown in Südafrika eine Spitzenstellung ein. Allerdings ist stets zu berücksichtigen, dass nur wenige rein deutsche Arbeitgeber etwas mit anderen Namen anfangen können als mit Oxford, Cambridge, Harvard und Yale.

Was ist die Ivy League?
Schon in der ersten Hälfte des 20. Jahrhunderts war der Sport ein wichtiges Aushängeschild für US-amerikanische Universitäten. Mit immer mehr Stipendien versuchten die Hochschulen, die besten Nachwuchssportler:innen des Landes an sich zu binden. Als dies für Forschung und Lehre zur finanziellen Belastung zu werden drohte, scherten acht Institutionen aus und gründeten einen eigenen Ligabetrieb, in dem die Vergabe von Sportstipendien untersagt war. So schlossen sich im Jahr 1945 Harvard, Yale, Columbia, Princeton, Brown, Cornell, Dartmouth und Pennsylvania zur Ivy League zusammen. Die Assoziation dieses Begriffs mit akademischer Elite entstand erst im Laufe der Zeit.

Aus verschiedenen Gründen sind Ranglisten mit Vorsicht zu genießen. Zunächst einmal beziehen sich die meisten Rankings auf das Bachelor-Studium (in den USA: „J.D.") an der jeweiligen Law School, während die Qualität des LL.M.-Programms nur selten einer eigenständigen Prüfung unterzogen wird. Zweitens wird in den Rankings von *U.S. News* dem jährlichen Budget der Universitäten ein sehr hohes Gewicht beigemessen, sodass sich Universitäten mit großem Stiftungsvermögen automatisch oben in den Listen wiederfinden. Weitere Faktoren wie die Berücksichtigung von Research Professors, die den LL.M.-Studierenden im Studium überhaupt nicht zur Verfügung stehen, verfälschen die Ergebnisse zusätzlich.

Zudem unterliegen die Ranglisten starken Schwankungen. Sollte man auf einen großen Namen Wert legen, ist es wichtig zu prüfen, ob einer Law School über einen langen Zeitraum hinweg eine hohe Reputation beigemessen wurde. Ferner bergen Rankings die Gefahr, dass sie messbare Kriterien in den Vordergrund stellen und die nicht minder wichtigen weichen Faktoren außer Acht lassen.

Ein Vergleich der Rankings von *The Guardian* und *The Times* verdeutlicht die Problematik auf anschauliche Art und Weise. Beide Rankings speisen sich aus den Bewertungen von Undergraduates, bewerten also zunächst einmal keine LL.M.-Programme für Postgraduates.

The Guardian: University Guide

Rang	Einrichtung
1	Oxford
2	University College London
3	Cambridge
4	London School of Economics
5	Glasgow
6	King's College London
7	Durham
8	Solent
9	Leeds
10	Aberdeen

The Times: Good University Guide

Rang	Einrichtung
1	Cambridge
2	University College London
3	Glasgow
4	Oxford
5	Durham
6	London School of Economics
7	Edinburgh
8	King's College London
9	Aberdeen
10	Dundee

Die Top 10 der rechtswissenschaftlichen Fakultäten in Großbritannien, basierend auf den Rankings von *The Guardian* und *The Times (Good University Guide)*, Stand 2021.

Die Rankings basieren zum Teil auf den gleichen statistischen Erhebungen, etwa dem National Student Survey der Higher Education Statistics Agency. Verschiedene Gewichtungen der Beurteilungskriterien haben allerdings zur Folge, dass einige der Universitäten in einem Ranking auf den vorderen Rängen landen, während sie im anderen Ranking deutlich weiter hinten liegen.

Aufgrund dieses bei Business Schools gleichgelagerten Problems haben sich daher bereits einige wirtschaftswissenschaftliche Fakultäten führender Hochschulen wie Wharton und Harvard zu einem Boykott der einschlägigen Rankings entschlossen. Des Weiteren spielen Rankings in Deutschland keine so große Rolle wie in den Ländern, in denen die Arbeitgeber mehr auf den Namen der Hochschule als auf die Abschlussnote achten. Schließlich gibt es auch an weniger angesehenen Universitäten gute Programme, und der Lernerfolg hängt gerade beim LL.M.-Studium maßgeblich vom eigenen Einsatz ab. Aus alledem folgt, dass Bewerbende dem Stellenwert der Law School in den einschlägigen Rankings keine allzu große Bedeutung beimessen sollten.

Wer Wert auf einen wohlklingenden Namen legt, sucht sich in den USA eine der Universitäten, die in den vergangenen Jahren häufig zu den oberen zwanzig zählten, in Großbritannien eine der oberen fünf, in anderen Ländern die nach den vor Ort geltenden Meinungsbildern besten. Zu den beliebtesten Universitäten der Ostküste der USA gehören nach wie vor die Ivy-League-Schulen. Von diesen haben folgende ein LL.M.-Programm: Harvard, Yale, Columbia, die University of Pennsylvania und Cornell. Universitäten wie NYU, Virginia oder Georgetown liegen jedoch in der Gunst der Bewerbenden inzwischen etwa gleichauf. Große Konkurrenz herrscht im Süden vor allem an der Duke University und in Texas/Austin, im Norden in Chicago, Michigan/Ann Arbor und an der Northwestern University sowie an der Westküste in Stanford, Berkeley und an der UCLA. In Großbritannien gehören Cambridge, Oxford, King's College (London), Manchester, die London School of Economics, das University College London, Nottingham, Sheffield, Warwick, Leicester, Durham, Bristol, Liverpool,

Queens (Belfast), Essex, East Anglia, Glasgow, Strathclyde, Aberdeen, Edinburgh und die School of African and Oriental Studies (London) zu den beliebtesten der insgesamt etwa 130 Universitäten, an denen man einen LL.M. erwerben kann.

Persönliche Aspekte bei der Entscheidungsfindung

Bewerber:innen sollten bei der Wahl der Universität eine Reihe weiterer Aspekte mit ihren persönlichen Bedürfnissen abgleichen. Zum einen handelt es sich beim LL.M. nicht nur um einen akademischen Grad, sondern auch um einen Titel, der sich zum Schmücken des Kanzleibriefs und der Visitenkarte eignet. Da der Name der Universität dem Titel in aller Regel beigefügt wird, sind die Absolvent:innen bekannter Lehrinstitute nochmals im Vorteil.

Ein anderer wichtiger Punkt bei der Universitätswahl ist die Sicherheit. Während England und Asien generell relativ sicher zu sein scheinen, gibt es an amerikanischen oder afrikanischen Hochschulen immer wieder Probleme mit der Kriminalität. Manche Universitäten haben eine eigene Campuspolizei, die innerhalb der Grenzen der (teilweise weitläufigen) hochschuleigenen Gebiete für Ordnung sorgt. Ebenfalls ganz unterschiedlich handhaben die Universitäten das Thema Familie. Viele Universitäten bieten Betreuungseinrichtungen auf ihrem Campus und spezielle Wohnheime für Familien. Mitunter gibt es für Angehörige sogar eigene Fortbildungs- und Freizeitprogramme sowie die Möglichkeit, in die universitätseigene Gesundheitsversorgung eingebunden zu werden. Eine gewisse Bedeutung sollte auch den Erholungsmöglichkeiten beigemessen werden. Sportbegeisterte Studierende sind oft vom traditionell vielfältigen Sportangebot der amerikanischen Universitäten fasziniert. Typisch für die USA ist auch, dass sich ethnische oder anderweitig verbundene Gruppen zu Zirkeln zusammenschließen und in Eigenregie Veranstaltungen im kleineren oder größeren Kreis organisieren. Großen Freizeitwert haben selbstverständlich auch die Nähe zu einer Metropole, kulturelle Angebote und Reisemöglichkeiten.

Wahl des Programms

TIPP: Stehen die infrage kommenden Universitäten fest, gilt es, die Konditionen des jeweiligen LL.M.-Programms zu prüfen. Neben der Größe des Programms und der Zusammensetzung der Teilnehmenden sind dabei auch die Ausstattung der Universität, die Existenz eines Alumni-Netzwerks und die Wahlmöglichkeiten bei den Kursen wichtig. Die meisten Informationen sind mittlerweile auf den Websites der Universitäten abrufbar. Aufschlussreiche Eindrücke vermitteln auch die zahlreichen Erfahrungsberichte, die in Zeitschriften und Büchern wie dem vorliegenden veröffentlicht werden.[5] Sollten Fragen offenbleiben, ist es absolut angemessen und üblich, den jeweiligen Leiter:innen oder Betreuer:innen des LL.M.-Programms eine kurze E-Mail zu schicken. Wenn für das LL.M.-Programm ein eigener „Dean" bestellt ist, handelt es sich dabei häufig nicht um eine dem deutschen Dekan vergleichbare Person, sondern um eine:n Verwaltungsmitarbeiter:in. Diese:r ist Ansprechpartner:in für fast alle Belange der künftigen, aktuellen und ehemaligen LL.M.-Kandidat:innen.

Verlässliche Informationen können mitunter auch in Erfahrung gebracht werden, indem man bei der Fakultät um Kontakt zu ehemaligen LL.M.-Studierenden bittet. Die Vorteile liegen darin, dass man detaillierte Fragen stellen und Eindrücke aus erster Hand bekommen kann. Zu berücksichtigen bleibt andererseits, dass die Universität möglicherweise nur solche Alumni und Alumnae benennt, die eine positive Einstellung zum Programm hatten und mit der Empfehlung letztlich ihr eigenes Studienjahr rechtfertigen.

Anzahl und Zusammensetzung der Teilnehmenden eines Jahrgangs

Einen ganz entscheidenden Faktor für die Wahl des geeigneten Programms bildet die vorgesehene Anzahl an Studierenden. Ob man ein größeres oder kleineres Programm wählt, richtet sich ganz nach den persönlichen Präferenzen. Die Größe der LL.M.-Programme in den USA reicht von 25 (Yale und Denver) bis zu 500 Studierenden (New York University, die alleine neun verschiedene LL.M.-Programme und zusätzlich noch einen Executive LL.M. hat). In europäischen LL.M.-Programmen werden üblicherweise nur 15 bis 50 Studierende pro Semester zugelassen.

Kleinere Schulen bieten den Charme einer überschaubaren Gemeinschaft von Kommiliton:innen, umfangreichere Programme dagegen eine breitere Palette von Kursen, wodurch sich maßgeschneiderte Studien leichter realisieren lassen. Durch die Popularität des LL.M. bei deutschen Studierenden läuft man bei großen Programmen im Ausland aber auch leicht Gefahr, fast ausschließlich mit deutschen Teilnehmenden zusammen zu sein, was sich nachteilig auf die Fortschritte in der englischen Sprache auswirken kann. Auch sollte vorab in Erfahrung gebracht werden, aus welchen Ländern die LL.M.-Studierenden kommen und welche Schwerpunkte bei der Vergabe der

5 Eine Fülle von Erfahrungsberichten über LL.M.-Studiengänge in den USA findet sich bei Biene/Eumann, DAJV, *USA Studienführer für Juristen,* 6. Aufl., 2005. Erfahrungsberichte der vergangenen Auflagen von *Der LL.M.* finden sich unter www.e-fellows.net/llm-erfahrung.

Studienplätze gesetzt werden. Gute Universitäten achten auf eine international ausgewogene Mischung, um die Kommunikation unter den Studierenden zu erleichtern. An Law Schools, die die Studierenden ausschließlich nach ihren eigenen Interessen aussuchen, kann die Zusammenstellung der unterschiedlichen Nationalitäten jedoch auch unglücklich ausfallen, beispielsweise sehr einseitig. In den USA ist die Tendenz festzustellen, dass an der Ostküste viele Europäer:innen studieren, während sich an den Hochschulen der Westküste viele Asiat:innen finden.

Lehrpersonal und Ausstattung der Fakultät

Zwischen dem Ruf und der Ausstattung der Fakultät besteht häufig ein Zusammenhang. Bessere Law Schools verlangen zwar häufig höhere Studiengebühren, bieten dafür allerdings auch ein breiteres Kursangebot und namhafte Professorinnen und Professoren. In Kursen mit kleinen Hörer:innenzahlen zu sitzen ist zwar anstrengend, steigert aber den Lernerfolg ganz erheblich. Daher kommt dem Zahlenverhältnis von Studierenden und Professor:innen eine kaum zu überschätzende Bedeutung zu. Während an deutschen Universitäten häufig ein Verhältnis von 200 zu eins anzutreffen ist, kommen an guten britischen und amerikanischen Universitäten gerade einmal zehn bis 15 Studierende auf eine Professorin oder einen Professor. Die Spitze markiert wohl die Pace University (White Plains, USA) mit einer Faculty-Student-Ratio von etwa sieben zu eins. Eine aus Studierendensicht günstigere Quote als die Universitäten erreichen in Deutschland die Fachhochschulen. Das liegt freilich auch daran, dass an Universitäten ein Teil der Lehre über Asisstent:innen und Wissenschaftliche Mitarbeiter:innen abgedeckt wird. Außerdem sehen deutsche LL.M.-Programme häufig eigene Veranstaltungen vor, die nichts mit dem Massenbetrieb mancher Bachelor-Vorlesungen zu tun haben und bei Gruppengrößen von 20 Personen einen echten seminaristischen Unterrichtsstil erlauben.

Renommierte Schulen verfügen oft über hervorragend ausgestattete Bibliotheken. Angesichts der Entwicklung der vergangenen Jahre hin zu elektronischen Quellen spielt die Zahl der in der Universitätsbibliothek vorgehaltenen Bände freilich nicht mehr dieselbe Rolle wie noch vor zehn Jahren. Während Lehrbücher noch häufig erworben werden, findet die Recherche von Urteilen heutzutage nur noch elektronisch statt – in Deutschland über juris und beck-online, in den USA traditionell über Westlaw und LexisNexis, in anderen Ländern über die dort vorherrschenden Quellen. Meist können die Studierenden die Datenbanken für die Dauer des Studiums kostenlos nutzen. Die professionellen Einführungskurse sind sehr hilfreich und unbedingt zu empfehlen.

Kursangebot und Flexibilität bei der Kurswahl

Eine besonders wichtige Rolle bei der Wahl des geeigneten Programms spielt das Spektrum der angebotenen Kurse. Die Internetseiten der Law Schools bieten in der Regel einen Einblick in die Veranstaltungsliste des aktuellen Jahrgangs. So kann man dort prüfen, ob sich die eigenen Interessen im Lehrangebot der Fakultät wiederfinden. Je größer die Fülle der Vorlesungen und Seminare, desto besser für die Studierenden.

Wirtschaft, Wirtschaft, Wirtschaft…
Betrachtet man das Kursangebot von LL.M.-Studiengängen näher, fällt die Betonung wirtschaftsrechtlicher Themen auf. Hierfür gibt es mehrere Gründe. Das Jurastudium ist gerade in angloamerikanischen Ländern und speziell in LL.M.-Programmen deutlich praxisnäher. Und am größten ist nun einmal der Nachwuchsbedarf in Unternehmen und wirtschaftsrechtlich orientierten Kanzleien. US-amerikanische Universitäten beispielsweise wachen sorgfältig darüber, dass ein möglichst hoher Teil ihrer Absolvent:innen in große Wirtschaftsrechtskanzleien einsteigt. Nur dort können die Absolvent:innen das Geld verdienen, mit dem sie ihre Studienkredite zurückzahlen können. Wen es doch einmal in den Bereich des öffentlichen Rechts verschlägt, dem erlässt die Universität nachträglich einen Teil seiner Hochschulgebühren. Auch in Deutschland interessieren sich die meisten Kandidat:innen für einen wirtschaftsrechtlich geprägten LL.M. Sie folgen damit den Wünschen der Arbeitgeber: Ein LL.M. ist Großkanzleien wichtiger als der öffentlichen Hand. Kandidat:innen mit Interesse an internationalem Recht, öffentlichem Recht oder Strafrecht sollten sich davon zwar keinesfalls abschrecken lassen – sie müssen aber damit rechnen, dass das Kursangebot kleiner ist und dass künftige Arbeitgeber ihrem Abschluss nicht die gebührende Wertschätzung entgegenbringen werden.

Unbedingt in Erwägung zu ziehen ist die Möglichkeit, Kurse an anderen Fakultäten der Universität zu besuchen. Die Teilnahme etwa an Veranstaltungen der benachbarten Business School ist in aller Regel zulässig und wird bei ausreichendem rechtlichen Bezug oft sogar auf die zu erbringende Anzahl von Credits angerechnet. In besonderen Fällen ergänzen mehrere Universitäten gegenseitig ihr Angebot, indem sie freie Plätze für bestimmte Kurse an die Studierenden kooperierender Institute vergeben.

Wieder etwas anders gelagert sind LL.M.-Programme, die verpflichtend in verschiedene – meist zwei – Blöcke eingeteilt werden. Dies kann etwa bedeuten, dass im Wechsel je ein Semester an einer der beiden Universitäten oder zumindest der Sommer an einer anderen Hochschule verbracht wird (so z. B. das gemeinsame Programm von McGeorge/Sacramento und der Uni Salzburg). Seltener sind die LL.M.-Programme mit einem obligatorischen Internship in einem Unternehmen verbunden. Anders als (noch) an vielen deutschen Universitäten kann man seine Kurse an ausländischen Unis meist sehr flexibel zusammenstellen. Ungewöhnliche Kombinationen verschiedener Fächer kommen häufig vor, da sie mehr Abwechslung in den Lernalltag bringen. Die formalen Voraussetzungen beschränken sich in der Regel darauf, eine bestimmte Mindestanzahl an Credits zu erbringen und wenigstens eine größere schriftliche Arbeit anzufertigen. Sofern neben dem LL.M. auch eine Promotion angestrebt wird, kann mit der Master-Arbeit bereits die Grundlage für eine rechtsvergleichende Dissertation gelegt werden. Die hierbei erzielbaren Synergien werden mitunter jedoch dadurch aufgehoben, dass rechtsvergleichende Dissertationen häufig einen höheren Aufwand erfordern als rein auf das deutsche Recht bezogene Arbeiten. Zusätzlich ist zur Kurswahl zu sagen, dass insbesondere in den USA häufig die Teilnahme an spezifischen LL.M.-Kursen, die etwa auf die amerikanische Rechtssprache vorbereiten oder den Umgang mit Recherchewerkzeugen vermitteln, vorgeschrieben ist.

Zusammenstellung der Kurse

Die eigentliche Zusammenstellung der Kurse geschieht erst unmittelbar vor Studienbeginn, sodass sich Bewerber:innen noch nicht unbedingt Gedanken darüber machen müssen. Dennoch seien an dieser Stelle ein paar Hinweise gegeben.

LL.M.-spezifische versus allgemeine Kurse

Selbstverständlich bietet es sich an, ein LL.M.-Programm zu wählen, dessen Kursangebot den eigenen beruflichen oder persönlichen Interessen entspricht. Gerade im Ausland kann es reizvoll sein, statt der LL.M.-eigenen Angebote einen der Bachelor-Kurse zu besuchen. Wer sich von dem hier oft höheren Arbeitsaufwand nicht abschrecken lässt, kann bei diesen Veranstaltungen Kontakte zu einheimischen Studierenden knüpfen und etwa im angloamerikanischen Rechtskreis die klassische Socratic Method kennenlernen. Bei diesem Unterrichtsstil vermitteln Professor:innen das Wissen nicht in Form einer klassischen Vorlesung, sondern leiten die Studierenden im Frage-Antwort-Spiel zur Erkenntnis. Bei Kursen für fortgeschrittenere Studierende sowie bei den speziellen LL.M.-Kursen steht weniger das Auswendiglernen als vielmehr das eigenständige Lösen juristischer Sachverhalte im Vordergrund.

Zusammenstellung der Kurse nach beruflichen Aspekten

LL.M.-Studierende mit einer bestimmten beruflichen Perspektive können ihre Kurswahl entsprechend treffen. Die Zielsetzung der angloamerikanischen Law Schools, die Studierende auf den Beruf vorzubereiten, ist hier eine gute Basis. Deutsche LL.M.-Studierende zeigen sich häufig überrascht vom hohen Praxisbezug der Veranstaltungen, während selbst Eliteschulen die wissenschaftliche Tiefe des deutschen Jurastudiums nicht erreichen. Ursache dafür ist die unterschiedliche Konzeption deutscher und angloamerikanischer Rechtsfakultäten. In Großbritannien und den USA geht es nicht um die umfassende Vermittlung von Inhalten, sondern um die zielgenaue Vorbereitung auf den Job. Dementsprechend gehören die Law Schools nicht zu den klassischen wissenschaftlichen Instituten, sondern bilden zusammen mit den Business Schools und Medical Schools die Professional Schools. Nicht selten tragen Richter:innen oder erfolgreiche Anwältinnen und Anwälte als Gastprofessor:innen hochaktuelle juristische Sachverhalte in die Universität hinein. Diese konsequente Ausrichtung der Ausbildung auf die Rechtspraxis macht das Lernen nicht nur plastischer, sondern informiert gleichzeitig über die aktuellen Entwicklungen im jeweiligen Rechtsgebiet.

Wer im Ausland bleiben will, sollte sich darüber informieren, welche Spezialisierungen dort gefragt sind. Ein in England absolvierter Tax LL.M. kann den Einstieg in eine britische Kanzlei erheblich erleichtern. Allerdings muss seit dem Brexit genau verfolgt werden, welche Einschränkungen sich für das Studium und die spätere Arbeit ergeben. Hilfreich ist auch die Wahl von Kursen im internationalen Recht, da hier keine Grenzen zwischen den Rechtsordnungen bestehen. Wer sich mit dem LL.M.-Studium auf eine spätere Berufstätigkeit in Deutschland vorbereiten will, muss die gewählten

Fächer im Zusammenhang mit der Bedeutung des Ziellandes für die deutsche Rechtsordnung sehen. So findet aufgrund des großen Einflusses des amerikanischen Gesellschaftsrechts auf die deutsche Rechtsordnung ein LL.M. in U.S. Corporate Law auch bei deutschen Großkanzleien Anklang. Auf der anderen Seite darf die Bedeutung der Kurswahl für potenzielle Arbeitgeber nicht überschätzt werden. Deutsche Kanzleien interessieren sich überwiegend für den Titel und die Englischkenntnisse, die mit einem LL.M.-Studium erworben werden. Daher sollten sich künftige LL.M.-Studierende bei der Wahl der Kurse vor allem von ihren persönlichen Neigungen leiten lassen. Das LL.M.-Studium bietet die Gelegenheit, sich in neue Bereiche einzulesen oder auch spannende Einzelthemen zu erforschen. Wer plant, nach dem LL.M.-Studium das Bar Exam abzulegen, könnte dies schon bei der Kurswahl berücksichtigen und dafür relevante Kurse abdecken.

Prüfungen im LL.M.-Studium

Die Universitäten stellen unterschiedliche formale Anforderungen an die Verleihung des Master of Laws. In Europa gilt das ECTS (siehe oben). In der übrigen Welt wird meist eine von der jeweiligen Hochschule festgelegte Anzahl an Credits verlangt, die sich zu bestimmten Teilen aus mündlichen und schriftlichen Leistungen zusammensetzt. Zu den Veranstaltungen, bei denen man Credits erwerben kann, zählen Vorlesungen und Seminare. Zudem werden selbstständig verfasste schriftliche Arbeiten angerechnet. Diese müssen einen bestimmten Umfang haben, der in der Regel bei 20 Seiten pro Credit liegt. Vorlesungen schließen mit schriftlichen Tests ab und behandeln in vergleichsweise kurzer Zeit eine große Bandbreite an Themen. Angesichts dessen wird den Studierenden in Klausuren keine dem deutschen Studium vergleichbare präzise Bearbeitung abverlangt. Ausschlaggebend für den Erfolg einer Klausur ist vielmehr das Ansprechen möglichst vieler Problemschwerpunkte, während deren Lösung allenfalls mit ein paar Zusatzpunkten honoriert wird.

Viele Bewerbende sorgen sich um die Durchfallquoten beim LL.M.-Studium. Hier gilt es abermals zwischen kontinentaleuropäischen und angelsächsisch geprägten Rechtskulturen zu unterscheiden. Während in Ländern der ersteren Prägung Leistungen vor allem im Studium erbracht werden müssen, liegt etwa in Japan oder England die eigentliche Leistung vor dem Studium, weil hier die Zulassung zum Studium die höchste Hürde darstellt. In angelsächsisch geprägten Ländern kommt es daher kaum vor, dass jemand durch eine Prüfung fällt. Dies gilt gleichermaßen für Eliteschulen wie für weniger bekannte Law Schools. Auf den ersten Blick erstaunt es, dass dieser Umstand keinen Einfluss auf den ungebrochenen Arbeitseifer hat, der zumindest an den Top-Universitäten an den Tag gelegt wird. Die Motivation erwächst an anglo-amerikanischen Rechtsschulen nicht so sehr aus dem Prüfungsdruck, sondern wohl eher aus der Gefahr, in der nächsten Unterrichtsstunde von der Professorin oder vom Professor aufgerufen zu werden. Zudem wollen viele den Lernertrag eines Studiums maximieren, für das sie Gebühren von bis zu 100.000 Euro entrichten müssen. Wer in einzelnen Prüfungen dennoch durchfällt, dem wird in der Regel die Möglichkeit geboten, die erforderlichen Credits beispielsweise mit einer zusätzlichen Arbeit zu erwerben. Man muss daher im angelsächsischen Raum nicht befürchten, aufgrund von einzelnen Misserfolgen den LL.M.-Titel nicht verliehen zu bekommen.

Zusammenfassung

Für die erfolgreiche Suche eines LL.M.-Programms im Ausland ist eine Reihe von Vorfragen zu klären. Zu den akademischen Rahmenbedingungen gehören die fachliche Ausrichtung des Studiengangs, Art und Zahl der belegbaren Kurse, die Abwägung zwischen Online- und Präsenzunterricht und das Verhältnis der Zahl der Studierenden zur Größe des Lehrkörpers. Eine Bereicherung kann die Möglichkeit sein, Veranstaltungen auch anderer Fakultäten zu belegen (z. B. an der Business School). Zu den beruflichen Aspekten gehören die Unterrichts- und Landessprache sowie die Nähe zum Rechtskreis der künftigen beruflichen Tätigkeit. Das Renommée der Hochschule kann eine Rolle spielen. Rankings hingegen sollten nicht überbewertet werden. Persönliche Entscheidungsgründe betreffen etwa den Kulturkreis, die Abwägung zwischen Stadt und Land, die Vereinbarkeit von Familie und Studium, Sicherheitsbedürfnisse sowie die Studiengebühren und sonstigen Kosten. Wegen der Zulassungsbeschränkungen ist anzuraten, sich an mehreren Hochschulen zu bewerben. Um den Auslandsaufenthalt abzusichern, sollte eine Bewerbung an eine Hochschule gehen, bei der fest mit einer Zusage gerechnet werden kann.

4. Erfolgreich bewerben um Studienplatz und Stipendien

von Steffi Balzerkiewicz

70 Bewerbung um einen LL.M.-Studienplatz
71 Mindestvoraussetzungen für eine Bewerbung
78 Zusammenstellung der übrigen Bewerbungsunterlagen
84 Zeitmanagement
87 Zusage
87 Online-Bewerbung und Bewerbung über Partnerinstitute
88 Stipendien
89 Anforderungen der Stipendiengebenden
90 Bewerbung um ein Stipendium
94 Fazit
94 Beispieldokumente

Bewerbung um einen LL.M.-Studienplatz

Hat man sich für eine Universität und ein LL.M.-Programm entschieden, folgt als nächster Schritt die Bewerbung um einen Studienplatz. Die Zulassung zum gewünschten Programm zu erreichen ist keine reine Formsache – die Hürden werden von den Studieninteressierten jedoch manchmal überschätzt. Voraussetzung für eine erfolgreiche Bewerbung ist, dass sie die von der Universität gestellten formalen Anforderungen erfüllt und die Stärken der Bewerberin oder des Bewerbers hervorhebt. Es ist daher wichtig, die Bewerbung mit großer Sorgfalt anzufertigen und schon im Vorfeld ausreichend Zeit hierfür einzuplanen. Für viele Bewerber:innen ist die Zusammenstellung der Bewerbungsunterlagen noch ungewohnt. Die mangelnde Erfahrung auf diesem Gebiet führt häufig zu Unsicherheiten bei inhaltlichen und formalen Fragen. Die folgenden Hinweise sollen Vorschläge und Vorlagen bieten und helfen, die Unsicherheiten zu beseitigen. Sie sind jedoch nur als Richtlinien zu verstehen. Jede Bewerbung sollte individuell auf die entsprechende Person und das mit der Bewerbung verfolgte Ziel zugeschnitten sein.

TIPP: Auch wer den Großteil der Bewerbung allein vorbereitet, sollte sich beraten und helfen lassen. Dies gilt insbesondere bei geringer Erfahrung mit Bewerbungsunterlagen oder unzureichenden Sprachkenntnissen. Die Bewerbung Korrektur lesen zu lassen, schadet in keinem Fall.

Grundsätzlich stellen alle Universitäten vergleichbare Anforderungen an eine Bewerbung. Neben Abschlusszeugnissen (Abitur und Studium) und Leistungsnachweisen aus dem Studium werden in der Regel ein tabellarischer Lebenslauf, ein Nachweis über die Sprachkenntnisse und oft auch Empfehlungsschreiben verlangt. Amerikanische Universitäten erwarten darüber hinaus häufig, dass Bewerber:innen ihre Motive für das Studium in einem Essay darlegen. Darüber hinaus gibt es Programme, die ausschließlich Studieninteressierten mit Berufserfahrung offenstehen. Wegen der großen Zahl der Programme und der damit verbundenen unterschiedlichen Anforderungen können die Darstellungen im Folgenden nur einen ersten Überblick bieten.

Die inhaltlichen Anforderungen an die Bewerbungsunterlagen variieren zum Teil stark, beispielsweise bezüglich des Umfangs und Inhalts des Lebenslaufs. Auch werden den Bewerbungen außerhalb Deutschlands meist keine Fotos beigefügt. Aus diesem Grund sollten sich Bewerber:innen im Vorfeld über die von den jeweiligen Universitäten gestellten Vorgaben an die Bewerbung genau informieren.

Die Internetseiten der Universitäten geben detaillierte Informationen zum Studium und zu den Zugangsvoraussetzungen der einzelnen Studiengänge. Die postalische Übersendung von Broschüren für potenzielle Studierende erfolgt nur noch in Einzelfällen. Die Broschüren werden jedoch häufig auf den Webseiten zum Herunterladen bereitgestellt. Allerdings sollte man nicht vergessen, dass es sich sowohl bei Internetauftritten als auch in den Broschüren um eine werbende Außendarstellung handelt und die Universität sich den potenziellen Studierenden natürlich im besten Licht präsentieren will.

Die Bewerbung erfolgt bei den meisten ausländischen Universitäten online. Bewerbungsportale leiten Interessenten detailliert durch den Prozess. Sollten dennoch Fragen offen bleiben, beantworten die Universitäten diese in der Regel schnell und unkompliziert per E-Mail.

Bewerbungsunterlagen werden in der jeweiligen Landessprache oder auf Englisch erstellt. Bewerber:innen, deren Sprachkenntnisse für das Anfertigen einer Bewerbung nicht ausreichen, können diese notfalls professionell übersetzen oder lektorieren lassen. Mangelnde Sprachkenntnisse zum Zeitpunkt der Bewerbung sind daher kein Hindernis.

Mindestvoraussetzungen für eine Bewerbung

Für die Bewerbung ist es zunächst wichtig, dass die formalen Voraussetzungen für die Zulassung zu einem LL.M.-Programm erfüllt sind. Diese stellen keine große Hürde dar. Man muss für die Bewerbung um einen Studienplatz ein abgeschlossenes rechtswissenschaftliches Studium und ausreichende Sprachkenntnisse vorweisen. Alle weiteren Anforderungen wie Lebenslauf, Gutachten etc. sind keine formalen Zulassungsvoraussetzungen, sondern dienen dazu, sich von anderen Bewerberinnen und Bewerbern abzuheben und die Universität von den eigenen Qualitäten zu überzeugen.

Studienabschluss

Erste Voraussetzung für die Zulassung zu einem LL.M.-Studium ist der Bachelor-Abschluss mit rechtlichem Schwerpunkt. Die Erste Juristische Prüfung gilt als gleichwertig. Auf die Note kommt es zunächst nicht an. Die Note oder der Abschluss der Zweiten Juristischen Staatsprüfung sind in der Regel keine Bewerbungsvoraussetzungen. An einigen Universitäten, insbesondere in Deutschland, berechtigt auch ein (studienbegleitend erworbener) deutscher Bachelor of Laws oder ein Diplom-Wirtschaftsjurist zur Zulassung. Dies sollte im Vorfeld unbedingt geklärt werden.

Die Note der Ersten Juristischen Prüfung ist vor allem für die Bewerbungstaktik entscheidend. Nicht alle, aber viele Universitäten verlangen eine Mindestpunktzahl. Wird keine Mindestpunktzahl vorausgesetzt, ist eine Bewerbung unproblematisch und kann zunächst auch auf Basis der Noten der Scheine erfolgen. Bewerber:innen müssen das Abschlusszeugnis der Universität als (gegebenenfalls beglaubigte) Übersetzung vor Beginn des Studiums vorlegen. Ein Beispiel für eine solche Übersetzung ist am Ende des Kapitels abgedruckt.

Wird keine bestimmte Note verlangt, kann man seine Qualifikation dadurch hervorheben, dass man seine Prüfungsnote gewichtet. Bewerber:innen können von den Justizprüfungsämtern auf Anfrage erstellte Rankings beifügen und dadurch belegen, dass sie zum Beispiel zu den besten 20 Prozent ihres Jahrgangs gehören. Liegt kein Ranking vor, kann ein solches mithilfe der Prüfungsstatistiken, die auf der Website des Bundesamts für Justiz[1] veröffentlicht werden, selbst erstellt werden.

---

1 https://www.bundesjustizamt.de/DE/Service/Justizstatistiken/Justizstatistiken_node.html; abgerufen am 02.10.2022.

Vor allem renommierte Universitäten verlangen eine bestimmte Punktzahl in der Ersten Juristischen Prüfung. Diese kann von Fall zu Fall variieren. LL.M.-Bewerber:innen sollten ihre Note bei der Auswahl der Universität nicht völlig außer Acht lassen, sich jedoch von einer Mindestpunktzahl nicht abschrecken lassen. Viele Universitäten lassen Ausnahmen zu, etwa wenn die Nachfrage gering ist oder die Bewerbung ansonsten überzeugt.

Wer zum Zeitpunkt der Bewerbung noch keinen Studienabschluss vorweisen kann, reicht zunächst nur eine Übersicht der im Studium besuchten Veranstaltungen mit Leistungsnachweisen bei der Universität ein. Die Bewerbung mit Übungs- und Seminarnoten ist vorteilhaft, wenn man gute Ergebnisse vorweisen kann. Die Zusage wird dann häufig schon vor Abschluss der Ersten Juristischen Prüfung unter der Bedingung erteilt, dass die Prüfung bestanden oder eine bestimmte Punktzahl erreicht wird. Es ist also nicht zwingend erforderlich, dass das Abschlusszeugnis bereits zum Zeitpunkt der Bewerbung vorliegt. Dies ist wegen der langen Vorlaufzeiten für Bewerber:innen, die ihr LL.M.-Studium direkt im Anschluss an die Erste Juristische Prüfung aufnehmen wollen, oft auch gar nicht möglich, denn der Bewerbungsschluss für Studienplätze liegt häufig vor den Terminen für die mündlichen Prüfungen.

TIPP: Eine Übersicht über die im Studium besuchten Veranstaltungen kann beim Studienbüro der Heimatuniversität angefordert werden. Viele Universitäten bieten (gegen eine Gebühr) an, eine entsprechende Übersicht auf Englisch zu erstellen und diese zu beglaubigen.

Auch wenn die Prüfungsnote hinter den Erwartungen zurückbleibt oder man die Anforderungen der Universität verfehlt, muss das kein Ausschlusskriterium sein. Selbst wenn nur eine bedingte Zusage (Conditional Offer) gegeben wurde, hat die Universität letztlich den Platz im Programm für die Bewerberin oder den Bewerber reserviert. Daher bestehen häufig Verhandlungsspielräume.

Bewerber:innen, die die von der Wunschuniversität geforderte Mindestpunktzahl nicht nachweisen können, sollten auf jeden Fall ihr Studienvorhaben absichern, indem sie sich parallel an anderen Universitäten bewerben. Es ist sinnvoll, sich drei bis fünf Programme, ggf. mit unterschiedlichen Mindestvoraussetzungen, auszusuchen und Bewerbungen dafür vorzubereiten. Sollte die Wunschuniversität absagen, bleibt damit immer noch die Möglichkeit, das Studium andernorts zu absolvieren.

Fazit: Bewerber:innen sollten sich keinesfalls von Anforderungen wie einer Mindestnote in der Ersten Juristischen Prüfung entmutigen lassen. Die Note kann, muss aber nicht entscheidend dafür sein, an welcher Universität man sein LL.M.-Programm absolvieren kann. Man sollte die Note lediglich bei der Bewerbungsstrategie berücksichtigen.

Nachweis der Sprachkenntnisse

Neben der fachlichen Qualifikation (Erste Juristische Prüfung) müssen Bewerber:innen in der Regel auch die für das Studium erforderlichen Sprachkenntnisse nachweisen. Auch das ist keine unüberwindbare Hürde.

Wer noch keinen Abschluss einer englischsprachigen Universität hat, muss einen anerkannten Sprachtest ablegen. Die Universitäten wollen so sicherstellen, dass Studierende den Vorlesungen folgen und Seminararbeiten verfassen können. Der Sprachtest wird in der Regel nur für die Unterrichtssprache verlangt.

Sofern die Landessprache von der Unterrichtssprache abweicht, ist in der Regel kein weiterer Sprachnachweis für die Landessprache erforderlich. Dennoch sind zumindest Grundkenntnisse der Landessprache sinnvoll, um sich in Alltagssituationen verständigen zu können.

Da die überwiegende Zahl der LL.M.-Interessierten ein Studium in einem englischsprachigen Land anstrebt, beschränken sich die Ausführungen im Folgenden auf Englischtests. Für Englisch gibt es eine Vielzahl von Sprachprüfungen und -zertifikaten, die aber nicht alle von den Universitäten anerkannt werden. Oft haben sie einen bevorzugten Test, akzeptieren aber auch andere Nachweise. Um Überraschungen zu vermeiden, sollten sich Bewerber:innen im Vorfeld bei den entsprechenden Universitäten über die anerkannten Tests informieren. Meist reichen die Schulenglischkenntnisse aus, um den Test zu bestehen. Allerdings muss man den Test nicht nur bestehen, sondern eine Mindestpunktzahl nachweisen. Mit gezielter Vorbereitung kann man mit überschaubarem Aufwand seine Wunschpunktzahl erreichen.

Die am weitesten verbreiteten und an den meisten Universitäten akzeptierten Tests sind der Test of English as a Foreign Language (TOEFL) und der International English Language Testing Service (IELTS).

Der TOEFL ist ein vom Educational Testing Service (ETS) in Princeton, USA, entwickelter und international anerkannter Sprachtest für den Hochschulzugang. Inzwischen gibt es verschiedene Formen des Tests. Für die Bewerbung an einer Hochschule ist der TOEFL iBT der am weitesten akzeptierte Test. Näheres hierzu findet man unter www.ets.org. Für ein Studium an einer US-amerikanischen Universität ist er unerlässlich, aber auch die meisten anderen Universitäten im englischsprachigen Ausland akzeptieren den TOEFL iBT. Seit 2006 wird er als internetbasierter Test durchgeführt. Im Gegensatz zum alten computerbasierten Testverfahren ist der internetbasierte TOEFL-Test nicht adaptiv, das heißt, das Testprogramm passt sich nicht der individuellen Leistungsfähigkeit jedes Prüflings an. Die älteren Formate – CBT (computer-based) und PBT (paper-based) – wurden in Deutschland eingestellt.

An britischen Universitäten oder an Universitäten des Commonwealth, z. B. in Australien oder Neuseeland, wird anstelle des TOEFL möglicherweise der IELTS-Test für die Zulassung verlangt. Dieser Test wurde vom British Council, dem IDP Australia und dem University of Cambridge ESOL Examination Board entwickelt. Es gibt zwei verschiedene Formen des Tests, den Academic Test und den General Training Test, wobei für die Bewerbung an einer Hochschule im englischsprachigen Raum nur ersterer akzeptiert wird. Näheres hierzu unter www.ielts.org.

TIPP: Obwohl die meisten Universitäten des Commonwealth den IELTS bevorzugen, akzeptieren sie in der Regel auch den TOEFL als Sprachnachweis. Insbesondere wer sich an englischen und amerikanischen Universitäten bewerben will, sollte sich im Vorfeld erkundigen, ob beide Tests akzeptiert werden. Doppelte Sprachtests lassen sich so vermeiden.

Der TOEFL kann in Test-Centern in mehr als 30 deutschen Städten, darunter Berlin, Frankfurt am Main, Hamburg und München, in der Regel freitags und/oder samstags abgelegt werden.[2] Es empfiehlt sich allerdings, den Termin rechtzeitig zu vereinbaren, da manche Test-Center relativ häufig ausgebucht sind. Die Anmeldung für den internetbasierten Test erfolgt online oder über die offizielle TOEFL-App.

Der IELTS kann beim British Council in Aachen, Berlin, Bremen, Dortmund, Duisburg, Düsseldorf, Frankfurt am Main, Freiburg, Hamburg, Hannover, Heidelberg, Köln, Leipzig, München und Stuttgart an bestimmten Terminen (je nach Test-Center in der Regel ein bis drei Termine pro Monat) abgelegt werden.[3] Die Terminvereinbarung erfolgt online oder in einem Test-Center.[4]

TOEFL und IELTS haben gemeinsam, dass sie aus vier Teilen – Hörverständnis, Sprechen, Textverständnis und Schreiben – bestehen, die sich im Wesentlichen ähnlich zusammensetzen. In der Listening Section hört der Prüfling per Kopfhörer kurze Ausschnitte aus Gesprächen und beantwortet anschließend Fragen zum Inhalt. In der Reading Section muss er Verständnisfragen zu kurzen, akademischen Texten beantworten. Die Writing Section besteht aus zwei Teilen: Im ersten Teil beantwortet man schriftlich Fragen zu Textpassagen und diskutiert das zentrale Thema oder die Kernaussage des Textes. Im zweiten Teil schreibt man einen Essay zu einem gegebenen Thema. Schließlich wird das gesprochene Englisch getestet. Einen Überblick über die Anforderungen beider Tests gibt die folgende Tabelle.

---

2 Eine täglich aktualisierte Übersicht über Testtermine, unterteilt in Regionen, findet sich unter: https://www.ets.org/toefl/test-takers/ibt/schedule.html; abgerufen am 02.10.2022.

3 Eine Übersicht über Testzentren und -termine findet sich unter https://www.britishcouncil.de/pruefung/ielts/termine, abgerufen am 02.10.2022.

4 https://ielts.britishcouncil.org/germany, abgerufen am 02.10.2022.

	TOEFL*	**IELTS****
Getestete Sprachfertigkeiten	▪ Hörverständnis ▪ Textverständnis ▪ Schreiben ▪ Sprechen	▪ Hörverständnis ▪ Textverständnis ▪ Schreiben ▪ Sprechen
Gesamtdauer	ca. dreieinhalb Stunden	ca. drei Stunden
Notizen	Handschriftliche Notizen sind erlaubt.	Handschriftliche Notizen sind erlaubt.
Hörverständnis	▪ drei bis vier Ausschnitte aus Vorlesungen, einige mit Diskussionen, jeweils drei bis fünf Minuten lang, mit sechs Fragen pro Aufgabe ▪ zwei bis drei Gespräche von drei Minuten, fünf Fragen pro Aufgabe ▪ verschiedene englische Akzente ▪ Gesamtdauer: 41–57 Minuten ▪ maximal erreichbare Punktzahl: 30 ▪ Die Aufgaben messen nicht nur das allgemeine Sprachverständnis, sondern auch, ob die Einstellung des Sprechenden zu dem ausgewählten Thema, die Ziele oder Motive richtig erfasst wurden.	▪ vier Abschnitte mit jeweils 10 Fragen ▪ zwei Gespräche und zwei Monologe jeweils zu allgemeinen Themen und mit akademischem Bezug ▪ verschiedene englische Akzente ▪ Gesamtdauer: 30 Minuten ▪ maximal erreichbare Punktzahl: neun ▪ Die Aufgaben messen nicht nur das allgemeine Sprachverständnis, sondern auch, ob die Einstellung des Sprechenden zu dem ausgewählten Thema, die Ziele oder Motive richtig erfasst wurden und korrekte Grammatik & Rechtschreibung.
Textverständnis	▪ drei bis vier Passagen aus akademischen Texten, jeweils etwa 700 Wörter lang ▪ beinhaltet Passagen mit multiplem Fokus (vergleichen/gegenüberstellen/Ursache/Wirkung) ▪ 10 Fragen pro Passage ▪ Dauer: 54–72 Minuten ▪ maximal erreichbare Punktzahl: 30	▪ drei Textpassagen mit akademischem Bezug, geschrieben für Fachfremde; Gesamtlänge: 2.150–2.750 Wörter ▪ Insgesamt sind 40 Fragen zu beantworten. ▪ Dauer: 60 Minuten ▪ maximal erreichbare Punktzahl: neun

Sprechen	▪ eine Frage zur eigenen Meinung, bei der eine Auswahl begründet wird
	▪ drei Fragen bei denen Text- und Hörverständnis mit der Sprachfähigkeit kombiniert wird
	▪ 15–30 Sekunden zur Vorbereitung vor jeder Antwort; 45–60 Sekunden für die Antwort
	▪ Dauer: 17 Minuten
	▪ maximal erreichbare Punktzahl: 30
		▪ Gespräch mit einem Prüfenden in drei Teilen:
		  ▪ Teil 1: allgemeine Fragestellungen zu Person, Familie, Beruf, Hobbys
		  ▪ Teil 2: Präsentation zu einem bestimmten Thema; Vorbereitungszeit: eine Minute; Sprechzeit: zwei Minuten
		  ▪ Teil 3: Diskussion mit dem Prüfenden zum Thema von Teil 2
		▪ Dauer: 11–14 Minuten
		▪ maximal erreichbare Punktzahl: neun

* https://www.ets.org/toefl/test-takers/ibt/about/content/; abgerufen am 15.08.2021.

** https://www.ielts.org/about-the-test/test-format; abgerufen am 15.08.2021.

	TOEFL	IELTS
Schreiben	▪ eine Meinungsäußerung mit Bezug zu Textabschnitten und kurzen Vorträgen ▪ ein Essay zu einem persönlichen Erlebnis oder Meinung zu einem Thema ▪ Dauer: 50 Minuten (20 Minuten für die erste Aufgabe, 30 Minuten für den Essay) ▪ getippte Form; in manchen Ländern auch handschriftlich möglich ▪ maximal erreichbare Punktzahl: 30	▪ zwei Aufgaben: eine Erläuterung von vorgegebenen Informationen in Tabellenform, als Diagramm oder Grafik; ein Essay zu einem allgemeinen Thema ▪ Dauer: 60 Minuten (empfohlen werden 20 Minuten + mind. 150 Wörter für die erste Aufgabe; 40 Minuten + mind. 250 Wörter für die zweite) ▪ nur in handschriftlicher Form ▪ maximal erreichbare Punktzahl: neun
Grammatik	kein separater Testabschnitt, Grammatikkenntnisse werden in den Prüfungsabschnitten Schreiben und Sprechen bewertet	kein separater Testabschnitt, Grammatikkenntnisse werden in den Prüfungsabschnitten Schreiben und Sprechen bewertet
Maximal erreichbare Punktzahl	120 (alle vier Prüfungsbereiche werden addiert)	neun Leistungsstufen (9 = expert user, 1 = non-user); Durchschnitt aus allen vier Prüfungsbereichen
Leistungsbeschreibung	Leistungsbeschreibung in den jeweiligen Testabschnitten	allgemeine Beschreibung der Anforderungen jeder Leistungsstufe
Übermittlung der Testergebnisse	Je nach Testart sind die Ergebnisse 4–13 Tage nach dem Testtermin online verfügbar. Physische Kopien werden innerhalb von 11–15 Tagen verschickt.	Je nach Testart sind die Ergebnisse 3–13 Tage nach dem Testtermin online verfügbar. In den darauffolgenden Tagen werden sie auch per Post verschickt.

Vergleich der Sprachtests TOEFL und IELTS

Auch bei guten Englischkenntnissen ist eine Vorbereitung empfehlenswert, da die Tests häufig eigenen Regeln folgen. Beispielsweise haben die Themen in den verschiedenen Prüfungsteilen stets akademischen Bezug, es werden etwa Gespräche zwischen Studierenden oder Ausschnitte aus Vorlesungen vorgespielt. Anschließend werden häufig Details aus den Gesprächen abgefragt, wobei es meist weniger darauf ankommt, sein Sprachverständnis unter Beweis zu stellen, als sich vielmehr die richtigen Details zu merken.

TIPP: Auf den Internetseiten, die über die Tests informieren, gibt es oft kostenlose Probetests oder Übungsmaterial. Darüber hinaus ist eine große Zahl an Büchern zur Vorbereitung auf verschiedene Tests erschienen. Einige der Bücher enthalten Medien oder Online-Zugänge mit Tests, die den Originalen nachempfunden sind. Dies erleichtert die Vorbereitung. Schließlich gibt es inzwischen neben Präsenzkursen zur Vorbereitung auf die Tests, z. B. an Sprachzentren der Universitäten oder Volkshochschulen, auch zahlreiche Anbieter von Online-Kursen.

Generell sollte man keine übertriebene Ehrfurcht vor den Tests haben. Mit ausreichender Vorbereitung lassen sich die gewünschten Ergebnisse meist ohne Weiteres erzielen. Sollte man bei einem Test dennoch beim ersten Versuch kein zufriedenstellendes Ergebnis erreichen, kann er beliebig oft wiederholt werden. Dies kostet allerdings Zeit und Geld. Beim TOEFL müssen zwischen zwei Tests mindestens drei Tage liegen. Offiziell sind die Ergebnisse von TOEFL und IELTS zwar bis zu zwei Jahre lang gültig. Einige Universitäten verlangen aber Ergebnisse, die nicht älter als sechs bis zwölf Monate sind. Dies sollte bei der Zeitplanung für die Bewerbung unbedingt beachtet werden.

Am Ende des jeweiligen Tests kann man beim TOEFL bis zu vier und beim IELTS bis zu fünf Stellen angeben, an die das Ergebnis kostenlos geschickt wird, zum Beispiel an die Admissions Offices der Universitäten, an denen man sich bewirbt. Für weitere Kopien wird eine Gebühr in Rechnung gestellt.

TIPP: Steht bereits nach dem ersten Teil des Tests fest, dass die Mindestpunktzahl nicht erreicht wurde, sollte das Testergebnis nicht an die Universität verschickt werden. Will man ein Studium im englischsprachigen Ausland aufnehmen, empfiehlt es sich, den Test einige Monate vor der Bewerbung zu absolvieren. Auf diese Art und Weise kann man sich in Ruhe auf den Test vorbereiten und hat genügend Zeit, ihn zu wiederholen, falls das Ergebnis zu schlecht ausfällt.

Universitäten in Großbritannien und in einigen Commonwealth-Ländern akzeptieren auch bestimmte Sprachzertifikate der Universität Cambridge. Im Einzelnen handelt es sich um das Cambridge C1 Advanced (bisher: Cambridge English: Advanced bzw. Certificate in Advanced English (CAE)) und das Cambridge C2 Proficiency (bisher: Certificate of Proficiency in English (CPE)). Es handelt sich hierbei um die zwei höchsten Prüfungen des Cambridge Assessment English (früher: Cambridge English Language Assessment der University of Cambridge (ESOL)).

Häufig bieten ausländische Universitäten den künftigen Studierenden auch Kurse an universitätseigenen Sprachinstituten an. Diese Kurse bereiten entweder gezielt auf einen der oben genannten Sprachtests vor, oder aber die Universität prüft die Bewerber:innen nach ihren eigenen Kriterien auf die Eignung zum Studium. Hierbei besteht jedoch die Gefahr, dass man sein Jahr im Ausland intensiv vorbereitet hat und am Ende den Test an der Universität nicht besteht und daher das Studienvorhaben abbrechen muss. Auf keinen Fall sollte man davon ausgehen, dass die Universität „einen schon bestehen lässt".

Andere als die oben genannten Sprachzeugnisse werden von den ausländischen Universitäten in der Regel nicht als Sprachnachweis akzeptiert. Für die Bewerbung um Stipendien können manchmal allerdings auch universitäre Sprachzeugnisse als Nachweise vorgelegt werden.

Zusammenstellung der übrigen Bewerbungsunterlagen

Sind die oben genannten Mindestvoraussetzungen erfüllt, hat man das Pflichtprogramm absolviert. Mit der Zusammenstellung der übrigen Bewerbungsunterlagen folgt nun die Kür. Grundsätzlich steht es der Universität frei, Bewerber:innen abzulehnen. Auf der anderen Seite erlaubt der Ermessensspielraum der Universität, unter Umständen Bewerber:innen zuzulassen, die eine der Mindestvoraussetzungen nicht erfüllen, aber auf andere Art und Weise einen Ausgleich schaffen. Daher sei noch einmal betont, dass sich Bewerber:innen nicht von einer geforderten Mindestpunktzahl oder dem Renommee der Universität abschrecken lassen sollten. Die übrigen Bewerbungsunterlagen sollten mit Sorgfalt erstellt werden. Sie können im Vergleich zu Mitbewerberinnen und Mitbewerbern den Ausschlag geben oder einem ein so interessantes Profil verleihen, dass eine weniger geglückte Erste Juristische Prüfung eventuell in den Hintergrund tritt.

Die übrigen Bewerbungsunterlagen für ein LL.M.-Programm sind im Wesentlichen das Bewerbungsformular, der Lebenslauf und das Academic Transcript. Darüber hinaus verlangen insbesondere amerikanische Universitäten häufig Referenzen und ein Motivationsschreiben. Diese Unterlagen helfen der Universität, die Persönlichkeit des Bewerbers besser einzuschätzen, und geben ihr eine Entscheidungshilfe für die Zulassung. Ein ausführliches Anschreiben ist in der Regel nicht nötig.

Bewerbungsformular mit Anlagen

Zunächst ist das Bewerbungsformular der Universität auszufüllen, was Bewerber:innen nicht schwerfallen dürfte. Das Formular kann man entweder online im Bewerberportal der Universität ausfüllen, oder man lässt es sich von der Universität per Post zuschicken. Falls man Schwierigkeiten beim Ausfüllen hat, zum Beispiel weil eine Frage nicht klar formuliert ist, kann man direkt mit der Zulassungsstelle der Universität (Admissions Office) Kontakt aufnehmen.

TIPP: Selbst bei einfachen Formularen oder Dokumenten sollte man eine dritte Person die Unterlagen Korrektur lesen lassen oder dies selbst mit zeitlichem Abstand tun. Denn nichts wirkt negativer als ein Formular mit diversen Inhalts- oder sogar Rechtschreibfehlern.

Dem Formular kann man auch entnehmen, welche weiteren Unterlagen man seiner Bewerbung beifügen muss. In der Regel sind das eine Kopie des Abschlusszeugnisses, eine Übersicht der während des Studiums besuchten Veranstaltungen mit Leistungsnachweisen (Academic Transcript) und häufig das Abiturzeugnis. Diese Unterlagen müssen übersetzt und meist amtlich beglaubigt werden.

Erstellen des Lebenslaufs

Der Lebenslauf ist zentraler Bestandteil der Bewerbung. In der Regel wird er in tabellarischer Form gefordert. Für die Erstellung eines ansprechenden Lebenslaufs gibt es drei unverzichtbare Vorgaben: Er muss fehlerfrei, vollständig und übersichtlich sein. Auch wenn nur ein kurzer Lebenslauf verlangt wird, lohnt es sich, Zeit und Aufwand in die Zusammenstellung eines umfassenden Lebenslaufs zu investieren.

TIPP: Ein einmal erstellter Lebenslauf kann gegebenenfalls auch für andere Bewerbungen genutzt werden. Die einmalige Investition von Zeit und Mühe zahlt sich also aus.

Das am Ende des Kapitels dargestellte anonymisierte Beispiel soll die Arbeit am eigenen Lebenslauf sowohl formal als auch inhaltlich erleichtern.[5]

Am Anfang stehen persönliche Informationen wie Name und Kontaktdaten. Wichtig ist, dass man unter den angegebenen Telefonnummern oder E-Mail-Adressen tatsächlich leicht zu erreichen ist. Auf Angaben wie Eltern, Herkunft oder Familienstand kann verzichtet werden. Im angloamerikanischen Rechtsraum ist es nicht üblich, ein Passbild beizufügen. Bewerber:innen sollten sich einer klaren Sprache bedienen und sich prägnant ausdrücken. Für Bewerbungen in den USA sollte der Lebenslauf zudem nicht mehr als eine Seite umfassen.

Grundsätzlich werden Lebensläufe umgekehrt chronologisch verfasst, indem man mit den am kürzesten zurückliegenden Ereignissen beginnt. Auf die erste Seite gehören berufliche und akademische Meilensteine. Hierbei sollten Bewerber:innen beachten, dass die ausländische Universität mit dem deutschen Ausbildungssystem nicht unbedingt vertraut ist. Es bietet sich daher an, Studienschwerpunkte kurz zu erläutern oder neben der Nennung des Arbeitgebers die Tätigkeitsschwerpunkte des Unternehmens zu erwähnen. Länger zurückliegende Ausbildungsabschnitte, insbesondere die Schulausbildung, sollten - wenn überhaupt - nur sehr kurz angesprochen werden. Überspitzt ausgedrückt: Bei der Beurteilung von Personen mit Hochschulabschluss spielt die Grundschulzeit keine Rolle. Zum akademischen Werdegang gehören darüber hinaus auch die Teilnahme an außeruniversitären Seminaren (Fachanwaltskurs, Buchführungskurs etc.) oder die Teilnahme an Wettbewerben (Moot Court, Debattierclub etc.). Überdurchschnittliche Ergebnisse sollten hervorgehoben werden.

Neben dem beruflichen und akademischen Werdegang sollte man auch private Interessen und soziales Engagement erwähnen. Sie unterstreichen die Persönlichkeit und heben einen von anderen Studieninteressierten ab. Hierzu gehören Aktivitäten wie Engagement an der Universität (Fachschaft, Studierendenparlament, Tutorien) oder in der Lokalpolitik, aktive Mitgliedschaften in Organisationen, die sich für Umwelt, Menschenrechte, Minderheiten etc. einsetzen, Funktionen in Clubs oder Vereinen und anderes regelmäßiges freiwilliges Engagement. Aus diesen Aktivitäten sollte hervorgehen, dass man sich nicht nur um eigene Belange kümmert. Passive Mitgliedschaften, beispielsweise in einer politischen Partei, sind von untergeordneter Bedeutung.

TIPP: Gerade im angloamerikanischen Raum wird großer Wert auf soziales Engagement gelegt. In Grenzfällen können mit einem überzeugenden Lebenslauf andere Schwächen ausgeglichen werden.

---

5 Beispiele und Hinweise speziell für Bewerbungen in den USA gibt der *USA Bewerbungsführer für Juristen* von Clemens Kochinke und Dr. Stephan Wilske, herausgegeben von der Deutsch-Amerikanischen Juristenvereinigung, 3. Auflage 2009.

Die Erstellung eines guten Lebenslaufs sollte sorgfältig erfolgen und kostet daher Zeit. Zunächst müssen die wesentlichen Daten zusammengestellt werden. Anschließend sollte der Lebenslauf noch einmal mit einer außenstehenden Person besprochen werden, denn eine objektive zweite Meinung kann hier sehr wertvoll sein.

Motivationsschreiben

Verlangt die Universität einen Bewerbungsessay oder ein Motivationsschreiben, kommt diesem im Bewerbungsverfahren eine herausragende Rolle zu. Dementsprechend viel Zeit und Aufmerksamkeit sollte man diesem Schreiben widmen. Da Noten, Rankings und standardisierte Tests meist nicht zeigen, ob eine sich bewerbende Person beispielsweise kreativ oder teamfähig ist, wollen sich die Universitäten auf diesem Weg ein Bild von ihrer Persönlichkeit machen.

Das Verfassen eines Motivationsschreibens empfinden viele Bewerber:innen sicherlich als die größte Herausforderung im Bewerbungsprozess. Doch auch diese Aufgabe ist nicht unlösbar. Vielmehr bietet sie die Gelegenheit, sich über die eigenen Ziele und Vorstellungen klar zu werden, um dann die Universität leichter von der Bewerbung zu überzeugen.

Die Anforderungen an ein Motivationsschreiben variieren von Universität zu Universität. Bewerber:innen sollten sich unbedingt an die Vorgaben der Universität halten. Die folgenden Hinweise sollen lediglich eine Orientierungshilfe sein.

In der Regel werden Bewerber:innen aufgefordert, ihre Motive und ihre Eignung für das Studium anhand folgender Aspekte zu erklären:

- Motivation für das Studium
- Einschätzung der künftigen beruflichen Entwicklung
- Begründung der Entscheidung für dieses bestimmte LL.M.-Programm
- Einschätzung persönlicher Stärken und Schwächen.

Für die überzeugende Beantwortung dieser Fragen gibt es kein Patentrezept. Allerdings steht fest, dass inhaltsleere Phrasen oder pauschale Aussagen nicht ausreichen. Es empfiehlt sich nur sehr begrenzt, Vorlagen oder Textbausteine zu nutzen. Vielmehr soll das Motivationsschreiben einem helfen, sich von den Mitbewerberbenden positiv abzuheben. Hier sind Individualität und Originalität gefragt. Man sollte die Chance nutzen, Aufmerksamkeit auf sich und die eigenen Qualifikationen zu lenken und so die gewünschte Zulassung zum Studium zu erhalten. Wichtig ist es, zu zeigen, dass man sich mit der Universität und dem angebotenen LL.M.-Programm auseinandergesetzt hat. Das Schreiben sollte immer auf die jeweilige Universität zugeschnitten sein und beispielsweise auf universitätsspezifische Programm- oder Forschungsschwerpunkte eingehen. Im Vorfeld sollten sich Bewerber:innen daher gut über die Universität und das entsprechende Programm informieren.

TIPP: Gerade bei der Bewerbung an mehreren Universitäten ist es wichtig, sorgfältig vorzugehen. Nichts schadet einer Bewerbung mehr, als wenn man etwa einen Studienschwerpunkt nennt, der an der jeweiligen Universität gar nicht angeboten wird.

Darüber hinaus sollten Bewerber:innen zeigen, dass sie sich Gedanken darüber gemacht haben, wie ihr Profil in das gewünschte Programm passt und warum sie es zu diesem Zeitpunkt gewählt haben. Dabei kann man beispielsweise auf bisherige Studienschwerpunkte oder auch auf praktische Erfahrungen verweisen.

US-amerikanische Bewerber:innen sind in ihren Essays oft sehr überschwänglich. Dieser Schreibstil fällt vielen deutschen Studieninteressierten schwer. Er muss auch nicht zwingend adaptiert werden, denn die amerikanischen Universitäten sind mit deutschen Kandidat:innen vertraut und beziehen auch die eher nüchternen Motivationsschreiben in den Auswahlprozess ein. Hier ist es wahrscheinlich überzeugender, dem eigenen Stil treu zu bleiben, als einen ungewohnten Duktus zu verwenden, der nicht der eigenen Persönlichkeit entspricht.

Im Internet gibt es zahlreiche Seiten mit Erfahrungsberichten über Studienvorhaben im Ausland. Bewerber:innen, die sich nicht sicher sind, ob ihr Motivationsschreiben inhaltlich gelungen ist, können sich mit Fragen an diese (erfolgreichen) Bewerber:innen wenden.[6]

Empfehlungsschreiben

Zusätzlich zum Motivationsschreiben verlangen die meisten britischen und amerikanischen Universitäten Empfehlungsschreiben. In Deutschland sind sie eher unüblich. Eine gute Empfehlung kann die eigene Bewerbung entscheidend voranbringen. Man kann sich mit einem solchen Gutachten positiv von anderen Bewerber:innen abheben oder (wenn nötig) manch andere Schwäche in seiner Bewerbung kompensieren. Dabei sollte man keine Angst vor etwaigen negativen Empfehlungen haben. Wer seine Bereitschaft erklärt, das Schreiben auszustellen, wird die Empfehlung in der Regel positiv ausfallen lassen. Wie positiv, hängt von der Gutachterin oder vom Gutachter und einem selbst ab. Deswegen sollte man gut überlegen, wen man um ein Gutachten bittet.

Die meisten Universitäten verlangen, dass das Gutachten von einem Hochschullehrenden stammt. Gerade Studierende an sehr großen Universitäten stellen jedoch häufig kaum näheren Kontakt zu Professor:innen her. Für Absolvent:innen mit dem Zweiten Staatsexamen liegt die universitäre Ausbildung zudem häufig Jahre zurück. Dies erschwert es zusätzlich, auf eine Lehrkraft zuzugehen. Dennoch sollte man sich nicht von dieser Hürde abschrecken lassen. Viele Professor:innen sind hilfsbereit, weil sie wissen, wie wichtig das Empfehlungsschreiben ist. Im günstigsten Fall kennt man wenigstens eine Hochschullehrkraft gut genug, um beispielsweise mit Verweis auf ein bei ihr belegtes Seminar um ein Empfehlungsschreiben zu bitten. Wenn das Studium bereits länger zurückliegt, sollte man sich auch nicht davor scheuen, an emeritierte Professor:innen heranzutreten. Deren Gutachten finden die gleiche Anerkennung wie Gutachten von Hochschullehrenden, die noch im Dienst sind. Kennt man niemanden, den man ansprechen kann, sollte man zunächst in Erfahrung bringen, welche Professor:innen der Bitte um ein Gutachten grundsätzlich aufgeschlossen gegenüberstehen. Man kann dies häufig informell im Gespräch mit Kommiliton:innen, Mitarbeitenden der Professor:innen oder der Fachschaft in Erfahrung bringen.

---

6 www.e-fellows.net/Studium/Studiengaenge/LL.M/Erfahrungsberichte-zum-LL.M; abgerufen am 02.10.2022.

Meist wollen sich die Gutachter:innen auch einen Eindruck von der Persönlichkeit der zu begutachtenden Person verschaffen, denn mit dem Empfehlungsschreiben setzen die Gutachter:innen einen Teil ihres Renommees für den:die Begutachtete:n ein. Auch deswegen sollte die Bitte um ein Empfehlungsschreiben in einem persönlichen Gespräch erfolgen. Das Gespräch dient Gutachter:innen gleichzeitig dazu, sich einen direkten Eindruck zu verschaffen. Um die Bitte um ein Gutachten möglichst formvollendet vorzubringen, vereinbart man am besten unter Angabe des Gesprächsgrunds einen Termin und bereitet diesen Termin entsprechend vor.

TIPP: Unpersönliche Anfragen per E-Mail oder über Dritte sind nicht angemessen. Stattdessen wird erwartet, dass man sein Anliegen in einer angemessenen Form vorbringt - schon um damit zu unterstreichen, dass man eine positive Empfehlung verdient.

Unangekündigt in der Sprechstunde zu erscheinen ist natürlich ohne Weiteres möglich. Ein sinnvolles Gespräch wird sich so aber in der Regel nicht ergeben, da der Gutachterin oder dem Gutachter keine Entscheidungsgrundlage - zum Beispiel der Lebenslauf - vorliegt. Deswegen gilt: Bei der Vorbereitung des Gesprächs sollte man Unterlagen erstellen, die ein Gutachten inhaltlich vorbereiten. Dazu muss man sich vergegenwärtigen, wie ein derartiges Gutachten typischerweise aufgebaut ist. Zur Verdeutlichung ist am Ende dieses Kapitels ein verfremdetes Originalgutachten angefügt.

Das Empfehlungsschreiben beginnt in der Regel mit einer kurzen Vorstellung der Gutachterin oder des Gutachters und Angaben dazu, woher man die Kanditatin oder den Kandidaten kennt (Vorlesungen, Seminare etc.). Damit wird die Gutachtenbasis vorbereitet.

TIPP: Man sollte hierfür auf Veranstaltungen hinweisen, die man bei der Gutachterin oder dem Gutachter oder Mitarbeitenden besucht hat. Oft empfiehlt es sich auch, direkt nach einer besonders erfolgreich besuchten Lehrveranstaltung um ein Empfehlungsschreiben zu bitten, das man später im Zweifelsfall vorlegen kann - denn Professor:innen können nicht jeden einzelnen Studierenden im Gedächtnis behalten.

Anschließend wird die fachliche Leistung der zu begutachtenden Person beurteilt, dann eine Persönlichkeitseinschätzung gegeben und schließlich das Studienvorhaben bewertet. Am Schluss findet sich häufig eine abschließende Empfehlungsfloskel.

Es empfiehlt sich, nicht nur eine Übersicht der eigenen bisher erbrachten Leistungen zu erstellen, sondern auch einen Lebenslauf, aus dem Engagement und persönliche Interessen hervorgehen. Zusätzlich kann man eine kurze Übersicht über das Studienvorhaben beifügen.

Die Übergabe dieser Dokumente ist keine nutzlose Formalität. Sie ermöglicht es Gutachter:innen, die für das Empfehlungsschreiben notwendigen Informationen jenseits des persönlichen Gesprächseindrucks zu erhalten. Außerdem können Gutachter:innen dadurch weitere Details erwähnen, die den Eindruck entstehen lassen, er kenne die Person gut. Es dürfte eine Geschmacksfrage sein, ob es sinnvoll ist, die Unterlagen schon bei Vereinbarung des Termins zu überreichen oder erst zum Termin mitzubringen. Ersteres hat den Vorteil, dass die Ernsthaftigkeit der Bitte um ein Gutachten unterstrichen wird. Zudem kann sich die Gutachterin oder der Gutachter durch die Unterlagen schon vor dem Gespräch einen persönlichen Eindruck verschaffen und das Gespräch somit zielgerichteter führen. Die zweite Variante ist dann vorteilhaft, wenn die Entscheidung über das Ausstellen eines Gutachtens zunächst vom persönlichen Eindruck abhängig gemacht wird.

TIPP: Man kann über das Sekretariat in Erfahrung bringen, welche Reihenfolge der Gutachterin oder dem Gutachter lieber ist, oder nach seiner eigenen Präferenz gehen. Wer glaubt, persönlich besser zu überzeugen, kann die Unterlagen erst beim Gespräch überreichen.

Bei der Vereinbarung des Termins muss man auch seinen Zeitrahmen im Auge behalten. Das Erstellen eines Gutachtens dauert im Normalfall etwa vier Wochen, weshalb man bei fristgebundenen Bewerbungen frühzeitig auf potenzielle Gutachter:innen zugehen bzw. im Gespräch auf die Frist hinweisen sollte.

Bei der Angabe der Frist empfiehlt es sich, einen Zeitpunkt zu nennen, der etwa zwei Wochen vor Ablauf der eigentlichen Frist liegt. Denn bei der Erstellung von Gutachten kann es immer zu Verzögerungen durch anderweitige Verpflichtungen der Gutachterin oder des Gutachters kommen.

Aus diesem Grund sollte man, wenn man sich um ein Stipendium bemüht, auch hierfür um ein Empfehlungsschreiben bitten, denn auch für Stipendienbewerbungen sind Empfehlungsschreiben nötig. Wer sich bei mehreren Universitäten parallel bewerben will, kann der Gutachterin oder dem Gutachter im Gespräch mitteilen, wie viele Gutachten er für seine Bewerbungen benötigt, und ihn darum bitten, die entsprechende Anzahl auszustellen. Es ist wichtig, Gutachter:innen im Gespräch auch auf formale Anforderungen hinzuweisen. In welcher Sprache das Gutachten vorgelegt werden muss, kann man den Unterlagen zum Bewerbungsprozedere entnehmen und, wenn nötig, anbieten, auf eigene Kosten eine Übersetzung zu veranlassen. Zudem muss man auf die Formalien der Übermittlung des Gutachtens hinweisen (z.B. versiegelter Umschlag oder direkte Übersendung an den Stipendiengeber). Ein Anspruch auf Einsichtnahme in das Gutachten besteht nicht. Ein solches Anliegen sollte man von sich aus nicht vorbringen. In manchen Fällen wird das Gutachten der Kandidatin oder dem Kandidaten zur Kenntnis übermittelt, gegebenenfalls auch mit der Bitte um Rückmeldung. In diesem Fall sollte man diese Bitte dahingehend verstehen, nur dringende Änderungswünsche mitzuteilen oder auf etwaige Fehler hinzuweisen. Letztlich liegt der Inhalt des Schreibens im Ermessen der Gutachter:innen.

Empfehlungsschreiben anderer Personen

Findet man keine Hochschullehrkraft, werden häufig auch Gutachten von anderen Personen akzeptiert, zum Beispiel von wissenschaftlichen Mitarbeitenden oder Unternehmensvertreter:innen. Wer als Gutachter:in infrage kommt, sollte man allerdings bei den ausländischen Universitäten genau erfragen. Gerade bei Absolvent:innen mit Zweitem Staatsexamen sind die Universitäten häufig kompromissbereit, da die universitäre Ausbildung seit längerer Zeit beendet ist. Darüber hinaus können Empfehlungsschreiben anderer Gutachter:innen der Bewerbung ohne Weiteres zusätzlich beigefügt werden. Es kann allerdings sein, dass die Universität explizit das Einreichen eines Professorgutachtens fordert oder die Bewerbung ohne ein solches schlicht ablehnt. Deswegen gilt es hier, möglichst namhafte Ersatzgutachter:innen zu finden. Gutachten anderer Personen folgen denselben Regeln wie Gutachten von

Hochschullehrer:innen. Als Beispiel ist am Ende dieses Kapitels ein verfremdetes Gutachten eines Arbeitgebers angefügt. Da für die meisten Universitäten ein Gutachten von einem Hochschullehrer bzw. einer Hochschullehrerin am eindrucksvollsten ist, sollte man erst auf andere Gutachter:innen ausweichen, wenn man sich erfolglos um ersteres bemüht hat. Es steht für eine gewisse Qualität und Objektivität, wohingegen Empfehlungsschreiben anderer Personen häufig unter dem Aspekt des Gefälligkeitsgutachtens Skepsis entgegengebracht wird - ob berechtigt oder nicht.

In manchen Fällen steht man vor dem Problem, dass Gutachter:innen - auch an Universitäten - deutlich zu erkennen geben, dass sie von einem selbst einen Entwurf des Gutachtens erwarten. Plötzlich soll man sein eigenes Gutachten schreiben.

TIPP: Am besten, man spricht diese Variante - auch im eigenen Interesse - von sich aus nicht an. Ein solches Ansinnen wird von vielen Gutachter:innen als ehrenrührig empfunden. Wird dieses Vorgehen von Gutachter:innen selbst vorgeschlagen, sollte man es besser nicht kommentieren und sich nur vergewissern, wie detailliert der Entwurf ausfallen soll.

Man sollte sich bei der Anfertigung des Entwurfs an die genannten Gliederungselemente halten. Zudem sollte das Gutachten nicht zu euphorisch ausfallen, sondern eine realistische Darstellung der eigenen Fähigkeiten enthalten.

Fazit: Das Einholen von Empfehlungsschreiben erfordert einen gewissen Aufwand. Eine Bewerbung wird an dieser Hürde jedoch in den allermeisten Fällen nicht scheitern.

Zeitmanagement

Den „richtigen“ Bewerbungszeitpunkt gibt es nicht. Für einen Studienplatz in einem LL.M.-Programm kann man sich sowohl ein Jahr im Voraus als auch auf den letzten Drücker bewerben. Grundsätzlich gilt jedoch: je früher, desto besser. Die Zusammenstellung überzeugender Bewerbungsunterlagen ist recht zeitintensiv. Für Gutachten muss man an Dritte herantreten, auf deren Zeitplan man keinen Einfluss hat, und für Sprachtests muss man sich rechtzeitig anmelden und gut vorbereiten, um sie erfolgreich zu absolvieren - das alles neben dem Alltagsgeschäft, also dem Studium oder der Arbeit. Von langer Hand geplante Bewerbungen ermöglichen eine Verteilung der Belastung und lassen darüber hinaus genügend Raum für Änderungen und Verzögerungen.

Bei Bewerber:innen vor der Ersten Juristischen Prüfung stellt eine frühzeitige Bewerbung sicher, dass sie sich in Ruhe auf die Prüfungsvorbereitung konzentrieren können. Da sie sich mit ihren universitären Leistungsnachweisen bewerben können, ist es auch nicht erforderlich, die Erste Juristische Prüfung abzuwarten.

Selbst wenn die Universitäten feste Fristen haben, vor denen eine Bewerbung nicht möglich ist, kann die Bewerbung schon von langer Hand vorbereitet werden und muss dann nur noch zum geforderten Zeitpunkt abgeschickt werden. Bei Universitäten ohne Fristen haben frühzeitige Bewerbungen auch den Vorteil, dass schon sehr zeitig eine Zusage erfolgen kann. Bei späten Bewerbungen hingegen besteht die Gefahr, dass das Platzkontingent bereits ausgeschöpft ist.

TIPP: Die Bewerbung sollte nicht erst kurz vor Anmeldeschluss, sondern möglichst früh erfolgen. Auch wenn (noch) nicht alle Voraussetzungen erfüllt sind oder nicht alle Unterlagen vorliegen, kann die Universität ein bedingtes Angebot (Conditional Offer) unterbreiten, und es bleibt genügend Zeit, fehlende Dokumente nachzureichen. Falls eine Zulassung zum gewünschten Programm nicht erfolgt, haben Bewerber:innen Zeit, entweder mit der betreffenden Universität über die Zulassung zu verhandeln oder sich bei anderen Universitäten zu bewerben.

Der nachfolgende Zeitplan soll eine grobe Orientierung über die Vorbereitungszeit geben. Er ist großzügig bemessen, allerdings sollte man den Aufwand für die einzelnen Posten nicht unterschätzen. Insbesondere wer sich parallel auf die Erste Juristische Prüfung oder das Zweite Staatsexamen vorbereitet, sollte rechtzeitig mit der Planung des Auslandsaufenthalts beginnen, damit die Prüfungsvorbereitung nicht darunter leidet.

Zeitplan	Rechtzeitig mit den Vorbereitungen beginnen!
Vorüberlegungen	☐ Welcher Abschluss wird angestrebt? Welche Kombinationsmöglichkeiten gibt es, beispielsweise mit Promotion oder Fachanwaltslehrgang? ☐ Präsenz- oder Fernstudium? ☐ Studium im In- oder Ausland? Welche Länder kommen in Betracht? ☐ Vollzeit- oder Teilzeitstudium? ☐ Beginn und Dauer des Studiums/Auslandaufenthalts?
15 Monate	☐ Informationen über Studienprogramme und Universitäten einholen ☐ beim Akademischen Auslandsamt der Heimatuniversität nach Hochschulkooperationen erkundigen ☐ Informationsveranstaltungen besuchen, z. B. den e-fellows.net LL.M. Day ☐ Austausch mit auslandserfahrenen Freundinnen und Freunden sowie Kommiliton:innen ☐ Vorüberlegungen zu Kosten und Finanzierung, ggf. Informationen zu Stipendien einholen
10 Monate	☐ Informationen über Zulassungsbeschränkungen und -voraussetzungen der ausgewählten Universitäten/Programme einholen ☐ ggf. Beginn der Vorbereitung für einen Sprachtest ☐ Informationen zum Bewerbungsschluss bei den Universitäten einholen und individuellen Zeitplan für Bewerbung erstellen ☐ ggf. Empfehlungsschreiben bei Hochschullehrer:innen anfordern

Zeitplan	Rechtzeitig mit den Vorbereitungen beginnen!
6–8 Monate	Bewerbung zusammenstellen ☐ Lebenslauf erstellen ☐ beglaubigte Kopien einholen ☐ Academic Transcript einholen ☐ Motivationsschreiben ☐ Empfehlungsschreiben ☐ Sprachzeugnisse
5 Monate	☐ Bewerbungen abschicken ☐ ggf. Reisepass beantragen/erneuern
4 Monate	☐ Informationen zu besonderen Einreise- und Aufenthaltsbestimmungen (z. B. Visum, Arbeitserlaubnis, Impfungen) einholen, insbesondere sofern Studium außerhalb der EU ☐ Finanzplanung steht ☐ Informationen zu ggf. zusätzlichen Versicherungen (Kranken-, Reiserücktritts- bzw. Reiseversicherungen) einholen ☐ ggf. Wohnung/Zimmer im Heimatland kündigen oder untervermieten
3 Monate	☐ Rückmeldung der Universität sollte erfolgt sein, ggf. weitere Bewerbungen abschicken ☐ Zusage/Absage an Universitäten senden ☐ Einreise- und Aufenthaltsangelegenheiten klären ☐ Flug buchen ☐ Unterkunft im Gastland (private Zimmer- bzw. Wohnungssuche, Vermittlung von Wohnheimzimmer über die Universität/das College) ☐ Bankangelegenheiten im Ausland klären (Kontoeröffnung, Überweisungen, Nutzung EC- bzw. Kreditkarte) ☐ ggf. internationalen Führerschein beantragen

Zeitplan für die Vorbereitung eines LL.M.-Studiums

Bewerbungsschluss ist in der Regel ein bis zwei Monate vor Studienbeginn. Zwar werden Bewerbungen teilweise auch noch nach diesem Zeitpunkt akzeptiert, doch angesichts der mit dem Auslandsaufenthalt verbundenen Planung und Vorbereitung sollte diese Frist nicht voll ausgereizt werden. Darüber hinaus sollten Bewerber:innen bei der Planung des zeitlichen Ablaufs im Auge behalten, dass auch bei Erfüllung der Mindestvoraussetzungen der Studienplatz nicht garantiert ist. Insbesondere an US-amerikanischen Eliteuniversitäten ist die Konkurrenz groß. Die Bewerbung an der Wunschuniversität sollte aus diesem Grund möglichst frühzeitig erfolgen. Es bleibt Bewerber:innen überlassen, sich gleichzeitig oder später an Ausweichuniversitäten zu bewerben. Ist die Bewerbung an der bevorzugten Universität erfolgreich, sind weitere Bewerbungen nicht erforderlich. Reagiert die Universität nicht rechtzeitig oder will man auf Nummer sicher gehen, sollte man sich an allen Universitäten seiner engeren Wahl bewerben.

Bewerber:innen gehen bei ihren Bewerbungen – abgesehen von seitens der Universität vorgegebenen Fristen – am besten in der Reihenfolge ihrer Präferenz vor, schicken also Bewerbungen an die Wunschuniversitäten zuerst ab. Bei einer anderen Reihenfolge läuft man Gefahr, von einem weniger attraktiven Programm frühzeitig eine fristgebundene Zusage zu erhalten, während die Zusage der Wunschuniversität weiter auf sich warten lässt. Bewerber:innen stehen dann vor dem Dilemma, entweder ein weniger begehrtes Programm akzeptieren zu müssen, obwohl die Zusage der Wunschuniversität vielleicht noch kommt, oder mit leeren Händen dazustehen, wenn sie das erste Angebot zurückweisen und dann keine Zusage von ihrer Wunschuniversität erhalten.

Zusage

Nach Prüfung der Bewerbung trifft die Universität eine Entscheidung über die Zulassung der Bewerberin oder des Bewerbers. Im Idealfall sind die Mindestvoraussetzungen erfüllt, und die Bewerbung ist vollständig und ansprechend. Dann erhalten Bewerber:innen optimalerweise ein verbindliches Angebot der Universität (Unconditional Offer), das grundsätzlich innerhalb einer bestimmten Frist angenommen werden muss. Die Erfahrung hat jedoch gezeigt, dass einige Universitäten auch bereit sind, die Annahmefristen (sogar mehrfach) zu verlängern und unter Umständen sogar einen Teil der Studiengebühren zu erlassen. Bewerber:innen sollten sich jedoch nicht darauf verlassen. Zum einen sind Universitäten zu einem solchen Vorgehen nur bereit, wenn noch Studienplätze zu vergeben sind, was gerade bei angesehenen Universitäten nicht unbedingt der Fall ist. Zum anderen besteht das Risiko, am Ende den gewünschten Studienplatz doch nicht zu erhalten.

Waren die Unterlagen nicht vollständig oder sind bestimmte Voraussetzungen (noch) nicht erfüllt, kann die Universität ein bedingtes Angebot (Conditional Offer) unterbreiten, insbesondere wenn die Bewerbung vor Abschluss der Ersten Juristischen Prüfung erfolgt. Das Angebot wird mit Bestehen der Prüfung (ggf. mit einer Mindestpunktzahl) verbindlich, und das Abschlusszeugnis muss dann vor Beginn des Studiums nachgereicht werden.

Online-Bewerbung und Bewerbung über Partnerinstitute

Die meisten Universitäten im englischsprachigen Ausland akzeptieren ausschließlich Bewerbungen über Online-Bewerbungsportale. Online-Bewerbungen sollten mit der gleichen Sorgfalt erstellt werden wie schriftliche Bewerbungen. Auch hier gilt es natürlich, Rechtschreibfehler zu vermeiden. Unterlagen wie Zeugnisse und das Academic Transcript müssen gegebenenfalls eingescannt oder zusätzlich per Post versandt werden. Bewerber:innen sollten sich im Vorfeld sorgfältig über den Prozess der Online-Bewerbung informieren.

Eine weitere Möglichkeit ist die Bewerbung über Partnerbüros und -institute der Universitäten. Für Hochschulen in Australien und Neuseeland gibt es eine Reihe von Institutionen, die bei der Bewerbung um einen Studienplatz an australischen und neuseeländischen Universitäten kostenlos Unterstützung anbieten (z. B. IEC, Institut

Ranke-Heinemann, Studium Downunder, GOstralia!). Ähnliche Angebote gibt es inzwischen auch für andere Länder, u. a. von College Contact und IEC. Allerdings gelten diese meist nur für bestimmte Universitäten und Colleges. Schließlich gibt es auch zahlreiche kommerzielle Anbieter, die ihre Dienste gegen Entgelt anbieten (zum Beispiel den LL.M. Credential Assembly Service for International Applicants des Law School Admission Council (LSAC)). Der Vorteil bei der Bewerbung über eine solche Institution liegt darin, dass Bewerber:innen die Bewerbungsunterlagen für alle Universitäten nur einmal an die jeweilige Agentur schickt. Diese sorgt dann für die Übersendung der Unterlagen an die verschiedenen Universitäten. Darüber hinaus kümmert sie sich um Übersetzungen und Beglaubigungen von Unterlagen, wie z. B. Zeugnissen. Das spart Zeit und Wege. Außerdem kann die Agentur aufgrund ihrer langjährigen Zusammenarbeit mit verschiedenen Universitäten nützliche Tipps geben. Der Nachteil liegt allerdings darin, dass man die Bewerbung aus der Hand gibt und die Mittlerorganisation bei Problemen womöglich nicht so schnell reagieren kann wie man selbst.

TIPP: Grundsätzlich erspart die Bewerbung über Partnerorganisationen Behördengänge. Sollte die Bewerbung nicht glatt verlaufen, können Bewerber:innen die Korrespondenz immer noch in die eigene Hand nehmen.

Stipendien

Ein Stipendium ermöglicht nicht nur eine sorglose (Teil-)Finanzierung des LL.M.-Studiums, sondern auch den Zugang zum Netzwerk der jeweiligen Stipendiengeber:in. Zudem zeichnet man sich durch ein Stipendium aus und kann diese Tatsache schon in seinen Bewerbungen um einen Studienplatz positiv hervorheben.

Wer sich um ein Stipendium zur Finanzierung des LL.M.-Studiums bemüht, muss zunächst eine zweite Bewerbung erstellen. Die Bewerbungen sind nur zum Teil deckungsgleich, wobei die Universitäten und Stipendiengebenden einige übereinstimmende Dokumente verlangen – wenn auch häufig in unterschiedlichen Sprachen. Bewerber:innen haben die Möglichkeit, diese Übereinstimmungen zu nutzen, zum Beispiel indem sie Professor:innen nicht nur um ein Gutachten für die Bewerbung an der Universität, sondern auch gleich um ein Gutachten für das Stipendium bitten.

Die Bewerbungsfristen für Stipendien stimmen nicht mit den Bewerbungsfristen der Universitäten überein. Wer sich um ein Stipendium bewirbt, muss mit der Planung und Vorbereitung seines Auslandsaufenthalts bereits früher beginnen. Bei einigen Stipendienprogrammen kann der Bewerbungsschluss bis zu einem Jahr vor Studienbeginn liegen. Bei einer Stipendienbewerbung müssen Bewerber:innen bereits ihr Studienvorhaben erläutern und eine Universitätsauswahl präsentieren. Dabei ist den Stipendiengebenden meist bewusst, dass es im Nachhinein noch zu Abweichungen kommen kann.

Anforderungen der Stipendiengebenden

Die Fördermöglichkeiten für LL.M.-Studierende sind leider recht überschaubar. Am Ende des Finanzierungskapitels findet sich eine Übersicht über mögliche Stipendiengebende. Die meisten Stipendien vergibt der Deutsche Akademische Austauschdienst (DAAD). Wegen der begrenzten Fördermöglichkeiten und des hohen Wettbewerbs sind viele angehende LL.M.-Studierende unsicher, ob sie überhaupt für ein Stipendium infrage kommen. Im Gegensatz zur großen Zahl an LL.M.-Studiengängen und den teilweise eher lockeren Zulassungsvoraussetzungen sind die Anforderungen für eine Stipendienvergabe hoch. Die Anzahl der verfügbaren Stipendien ist hingegen niedrig. Allerdings sind die Bewerberzahlen häufig ebenfalls nicht allzu hoch, da längst nicht alle den zusätzlichen Aufwand für eine Stipendienbewerbung auf sich nimmt.

Die Anforderungen der verschiedenen Stipendiengebenden an ihre künftigen Stipendiat:innen sind sich recht ähnlich. In der Regel werden Personen gefördert, die ihr Studium zügig und mit überdurchschnittlichen Leistungen absolviert haben. Auch die Persönlichkeit der Bewerber:innen spielt bei der Auswahl eine Rolle. Hier sind Kriterien wie gesellschaftliches, politisches oder soziales Engagement wichtig. Außerdem muss das Studienziel überzeugend präsentiert werden, in der Regel durch ein Motivationsschreiben und in einem persönlichen Auswahlgespräch. Im Hinblick auf diese Anforderungen sollten die Bewerber:innen berücksichtigen, dass sie sich für die Zahlung einer recht hohen Summe bewerben, die sie nicht zurückzahlen müssen. Dafür können Stipendiengeber:innen im Gegenzug durchaus eine gewisse Vorleistung erwarten. Viele Stipendiengebende sehen die eigenen Stipendiat:innen als Botschafter:innen Deutschlands und legen daher Wert auf das Auftreten und die Selbstdarstellung ihrer potenziellen Stipendiat:innen. Die Gewichtung der einzelnen Auswahlkriterien wird von den Stipendiengebenden in aller Regel nicht veröffentlicht. Ob man die Anforderungen erfüllt, kann man selbst meist schwer beurteilen. Ein Indiz kann allerdings die Bereitschaft eines Hochschullehrenden zum Erstellen eines Gutachtens sein. Professor:innen können aufgrund ihrer Erfahrungen oft einschätzen, ob jemand Chancen auf ein Stipendium hat. Im Hinblick auf das Kriterium der Förderung überdurchschnittlicher Leistung wird meist die Note vollbefriedigend in der Ersten Juristischen Prüfung verlangt, wobei Abweichungen im Einzelfall vorkommen können. Im Zweifelsfall sollte man sich erkundigen, ob die eigene Note ein Ausschlusskriterium darstellt. Bei einigen Stipendiengebenden dürfte aufgrund des hohen Wettbewerbs zwischen den Bewerbenden eine Leistung deutlich über neun Punkten erforderlich sein. Dabei stellt sich für viele Absolvent:innen zusätzlich das Problem, dass viele Stipendiengebende nicht zwischen den einzelnen Bundesländern differenzieren, obwohl die Noten sich zum Teil beträchtlich unterscheiden. Hier kann sich das Beilegen eines Rankings positiv auswirken.

TIPP: Es gibt Stipendiengebende, die sich nicht ausschließlich an Jura-Studierende richten. Der Wettbewerb ist dann erfahrungsgemäß weniger notenorientiert, da die Noten verschiedener Studiengänge schwer vergleichbar sind. Bewerber:innen mit Stärken jenseits der Note können hier auf bessere Chancen hoffen.

Bewerbung um ein Stipendium

Die Bewerbung um ein Stipendium ist ein zusätzlicher Aufwand. Auch hier ist es wichtig, die Bewerbungsunterlagen auf die Anforderungen der fördernden Institutionen auszurichten. Die Vorgaben der verschiedenen Stipendiengebenden sind prinzipiell vergleichbar, sodass hier nur die gemeinsamen Grundlagen überblicksartig dargestellt werden.

Erforderlich sind ein Lebenslauf, ein Motivationsschreiben bezüglich des Studienvorhabens (zum Teil auch mit einer Darstellung eines wissenschaftlichen Projekts) sowie ein Empfehlungsschreiben. Am Beispiel der vom DAAD verlangten Unterlagen lässt sich der Aufwand einer solchen Bewerbung skizzieren. Der DAAD verlangt neben dem Bewerbungsformular und einem tabellarischen Lebenslauf eine ausführliche Beschreibung des mit dem LL.M. verfolgten Studienvorhabens (max. fünf Seiten), die Darlegung der fachlichen und persönlichen Motive für das geplante Vorhaben (Motivationsschreiben), eine Aufstellung sämtlicher besuchter Übungs- und Seminarveranstaltungen (mit Bestätigung der Richtigkeit durch die Universität) auf einem DAAD-Formular sowie ein Gutachten einer Hochschullehrkraft. Zusätzlich müssen Bewerber:innen für englischsprachige Länder bzw. für englischsprachige Studienangebote ihrer Bewerbung das Ergebnis des TOEFL (mindestens 100 Punkte im iBT) oder IELTS-Tests (mindestens 7 Punkte) beifügen. Für Bewerbungen nach Großbritannien kann auch der Cambridge English C1 Advanced-Test (bisher: Cambridge English: Advanced bzw. Certificate in Advanced English (CAE)) eingereicht werden. Darüber hinaus braucht man den Zulassungsbescheid der Gasthochschule, in der Regel auch bereits das Ergebnis der Ersten Juristischen Prüfung bzw. das Bachelorzeugnis, das Zeugnis der Hochschulzugangsberechtigung mit Einzelnoten, wenn möglich eine Bescheinigung über das Ranking innerhalb des Bundeslandes bzw. der Hochschule oder des Fachs sowie die Bescheinigung des Prüfungsamtes der Hochschule über die Notenverteilung mit der Bestätigung, dass die Bewerberin oder der Bewerber zu den 20 Prozent der besten Absolvent:innen des rechtswissenschaftlichen Studiengangs zählt. Außerdem müssen sich Bewerber:innen einem persönlichen Auswahlgespräch stellen.

Lebenslauf

Der Lebenslauf ist auch bei der Bewerbung für ein Stipendium das Aushängeschild. Grundsätzlich gelten die bereits genannten Formalitäten auch für die Stipendienbewerbung.

TIPP: Es lohnt sich, auch im Hinblick auf künftige Bewerbungen, Zeit und Mühe in die Erstellung eines ansprechenden Lebenslaufs zu investieren. Da Informationen zu Studium, beruflicher Laufbahn etc. gleich bleiben, muss das einmal verfasste Grundgerüst lediglich um aktuelle Ereignisse ergänzt werden.

Kürze und Klarheit sind die Grundsäulen eines überzeugenden Lebenslaufs. Sowohl inhaltlich als auch optisch sollte in erster Linie auf Lesbarkeit und eine klare Struktur geachtet werden. Wichtige Punkte wie Berufserfahrung oder Studium sollten am Anfang stehen. Darüber hinaus muss der Lebenslauf für Leser:innen, die die Bewerberin oder den Bewerber nicht kennen, in den einzelnen Punkten aussagekräftig sein. Bei einer Bewerbung für ein Stipendium kommt es – anders als bei der Bewerbung für eine Anstellung – weiterhin darauf an, nicht nur die beruflichen Meilensteine darzustellen, sondern verstärkt auf persönliche Interessen und Engagement zu verweisen. In diesen Punkten kann man sich von den Mitbewerbenden positiv abheben und die entscheidende Aufmerksamkeit auf sich lenken. Ein Beispiel für einen ausführlichen Lebenslauf findet sich am Ende dieses Kapitels.

Motivationsschreiben

Bezüglich des Motivationsschreibens sind die Anforderungen der Stipendiengebenden unterschiedlich. Sie reichen von einer kurzen Erläuterung des Studienvorhabens auf einer DIN-A4-Seite bis zur Präsentation eines eigenen, über das Studium hinausgehenden Forschungsprojekts. Bewerber:innen sollte diese Aufgabe auch als Chance verstehen, sich über die eigenen Ziele und Vorstellungen klarer zu werden.

Wie bei der Bewerbung für die Universität sollte das Motivationsschreiben für das Stipendium möglichst aussagekräftig sein. Es ist wichtig, die Informationen aus dem Lebenslauf mit dem angestrebten Studienvorhaben zu verknüpfen und hervorzuheben, warum man Interesse an einem Auslandsaufenthalt im Allgemeinen und im gewünschten Land im Besonderen hat. Dabei sollten Bewerber:innen im Hinterkopf behalten, dass mit dem Stipendium eine Zusatzausbildung gefördert werden soll, die sie gewissermaßen zu Global Players macht, die sich sicher auf dem internationalen Parkett bewegen. Es gilt daher zu verdeutlichen, inwieweit das angestrebte Studienprojekt dazu beiträgt, dieses Ziel zu verwirklichen. Hierbei sollten Bewerber:innen auf die Gründe eingehen, die sie letztlich dazu bewegt haben, die Universität und das Studienprogramm auszuwählen. Dafür muss das Rad nicht neu erfunden werden: Nach dem dargelegten systematischen Auswahlansatz sollte den Bewerber:innen bewusst sein, warum sie sich für ein bestimmtes Studium entschieden haben.

Das Motivationsschreiben ist das Herzstück der Bewerbung um ein Stipendium. Entsprechend viel Zeit sollte man für Konzept und Formulierung des Schreibens einplanen. Ebenso wie beim Verfassen des Lebenslaufs sollte man Rat von Freundinnen und Freunden oder Familienmitgliedern einholen und den Text Korrektur lesen lassen.

Auswahlgespräch

Im Gegensatz zu den Bewerbungen um einen LL.M.-Studienplatz muss man sich bei der Stipendienbewerbung einem persönlichen Gespräch stellen, da sich die Stipendiengebenden einen eigenen Eindruck von ihren potenziellen Stipendiat:innen verschaffen wollen. Eine gewisse Vorbereitung auf die Gespräche ist durchaus möglich und empfehlenswert, auch wenn oft das Gegenteil behauptet wird. Da die verschiedenen Stipendiengebenden zum Teil unterschiedliche Förderrichtlinien haben, können im Folgenden nur allgemeine Hinweise gegeben werden.

Zunächst beurteilt die Auswahlkommission die Bewerber:innen anhand der schriftlichen Bewerbung. Besonders wichtig sind der Kommission hier die fachliche Qualifikation, die bisherigen Studienleistungen, die Darstellung und Begründung des Studienvorhabens sowie die Referenzschreiben.[7] Nach einer Vorauswahl entscheidet die Kommission, welche Bewerber:innen zum Auswahlgespräch eingeladen werden. Mit der Einladung zum Gespräch haben Bewerber:innen die erste Hürde auf dem Weg zum Stipendium genommen. Da sich meist mehr Personen bewerben als Stipendien zu vergeben sind, ist das Stipendium aber noch längst nicht sicher.

Die Dauer der Auswahlgespräche variiert. Bei großen Organisationen, die eine Vielzahl von Stipendien vergeben (beispielsweise der DAAD), dauert ein Gespräch in der Regel ca. 15 Minuten. Bei anderen Stipendiengebenden können die Gespräche deutlich länger sein. Teilweise werden sogar zwei Auswahlgespräche geführt. Die jeweilige Dauer eines solchen Interviews hat immer Vor- und Nachteile. Kurze Gespräche sind insofern angenehmer, als keine zu tief gehende Befragung erfolgt. Der erste Eindruck ist hier jedoch entscheidend und nicht revidierbar. Längere Gespräche sind entsprechend detaillierter und tiefer gehend, es ist allerdings auch leichter, kleine Fehler wieder auszugleichen. Im Gespräch gilt es, sich selbst und das angestrebte Studium gut zu präsentieren. Eine ansprechende Präsentation beginnt schon bei der äußerlichen Erscheinung. Es gibt keine formellen Regeln, wie man sich zu einem Auswahlgespräch zu kleiden hat, Jeans und Turnschuhe sind aber sicherlich unpassend. Wer im Anzug bzw. Kostüm erscheint, macht sicher nichts falsch: Es handelt sich dabei schließlich ohnehin für die meisten Jura-Studierende um die künftige Berufskleidung. Nichtsdestotrotz bewirbt man sich nicht um eine Anstellung, sondern um die finanzielle Förderung eines Studiums. Etwas weniger formelle Kleidung, oft auch als gepflegte Freizeitkleidung bezeichnet, wird daher in der Regel nicht negativ ausgelegt.

TIPP: Bewerber:innen sollte stets sich selbst treu bleiben und nicht versuchen, die Auswahlkommission durch ein Auftreten zu beeindrucken, das nicht ihrer Persönlichkeit entspricht. Ein aufgesetztes Verhalten hinterlässt selten einen guten Eindruck.

Niemand sollte unvorbereitet in ein Auswahlgespräch gehen, denn der Eindruck, den man im Interview hinterlässt, ist entscheidend. Mit entsprechender Vorbereitung kann man sich positiv von seinen Mitbewerbenden abheben und letztlich die Auswahlkommission von sich überzeugen. Die Auswahlgespräche, mögen sie im Einzelnen auch variieren, enthalten stets wiederkehrende Elemente. Hauptthema ist in der Regel das angestrebte Studium. Bewerber:innen werden von der Auswahlkommission nochmals ganz genau befragt, warum sie welchen Studiengang an welchem Ort absolvieren möchte. Dafür ist es wichtig, sich vorher gut über das jeweilige Land und das dortige Studiensystem zu informieren und über die Studienangebote

---

7 https://www.e-fellows.net/Studium/Stipendien/Bewerbungstipps/Bewerbungsgespraech-Auswahltag; www.llm-guide.com/board/72205; www.financial-career.de/stipendienberichte.php; https://www.squeaker.net/de/Studium/Stipendium/Stipendien-Bewerbung/Auswahlverfahren; https://www.faz.net/aktuell/rhein-main/studenten-berichten-ueber-erfahrung-mit-einem-stipendium-16733835.html, jeweils abgerufen am 02.10.2022.

an den diversen Hochschulen Bescheid zu wissen. Bewerber:innen müssen gut begründen können, warum sie sich ausgerechnet für dieses bestimmte Programm entschieden haben.

TIPP: Man sollte seine eigene Bewerbung und insbesondere das Motivationsschreiben sehr gut kennen. Nichts ist schlechter, als bei der Auswahlkommission den Eindruck zu hinterlassen, dass man sich bei der schriftlichen Bewerbung hauptsächlich der Argumente Dritter bedient hat.

Wer sein Studium mit dem Erwerb von Kenntnissen des Rechtssystems wichtiger Wirtschaftspartner begründet, sollte auf Fragen zur Wirtschaft des jeweiligen Landes und zu dessen wirtschaftlichen Beziehungen zu Deutschland vorbereitet sein. Darüber hinaus sind tagesaktuelle Themen ein beliebter Anknüpfungspunkt für Auswahlgespräche. Es empfiehlt sich daher, in den Tagen vor dem Gespräch die Berichterstattung in den Medien zu verfolgen.

Wichtig ist für die Auswahlkommission häufig, welche Pläne Bewerber:innen nach dem Auslandsaufenthalt haben. Mit anderen Worten: Welche Bedeutung hat das Studium für die angestrebte berufliche Tätigkeit? Es wird erwartet, dass sich Bewerber:innen über ihre berufliche Perspektive Gedanken gemacht haben und das angestrebte Studium dazu in Beziehung setzen können. Schließlich sollten sich Bewerber:innen darauf einstellen, dass manchmal ein Teil des Gesprächs in der Sprache des Studienlands geführt wird. Hierbei ist es wahrscheinlich, dass ein juristisches Thema, gegebenenfalls das in der Stipendienbewerbung angegebene Forschungsgebiet oder -projekt, diskutiert wird. Ein Auswahlgespräch ist nie einfach, allerdings kann man es mit entsprechender Vorbereitung gut meistern.[8] Bewerber:innen sollten sich immer bewusst sein, welchem Zweck das Gespräch eigentlich dient, nämlich der Vergabe von zum Teil recht hohen Geldsummen zur Finanzierung eines Studiums. Die Auswahlkommission, die sich aus Fachexpertinnen und -experten (häufig Professorinnen und Professoren), erfahrenen Stipendiatinnen und Stipendiaten und Mitarbeiter:innen der Stipendiengebenden zusammensetzt, will sich davon überzeugen, dass die Vergabe des Stipendiums eine gute Investition ist.

Es kommt nicht darauf an, perfekt zu sein. Jeder Mensch hat Schwächen, dazu sollten auch die Bewerber:innen stehen. Außerdem ist auch der Kommission bewusst, dass es ein Leben neben dem Studium gibt und persönliche Interessen bei der Auswahl des Studienorts eine Rolle spielen. Insgesamt will sich die Auswahlkommission davon überzeugen, dass das angestrebte Vorhaben gut durchdacht und für die Bewerber:innen sinnvoll ist. Generell steht sie dem Studienvorhaben dabei aufgeschlossen gegenüber, sonst hätte sie gar nicht erst zum Gespräch geladen.

---

8 https://www.e-fellows.net/Studium/Stipendien/Bewerbungstipps/Bewerbungsgespraech-Auswahltag, abgerufen am 02.10.2022.

Entscheidung
Die Entscheidung über die Vergabe des Stipendiums wird den Bewerber:innen in der Regel schriftlich mitgeteilt. Liegen zum Zeitpunkt der Entscheidung beispielsweise die Examensergebnisse oder die Zusage der Universität noch nicht vor, wird die Stipendienzusage bedingt erteilt, und man muss die fehlenden Unterlagen nachreichen. Insgesamt lässt sich festhalten, dass Bewerber:innen sorgfältig abwägen müssen, ob sich der Aufwand für eine Stipendienbewerbung lohnt. Sind jedoch die Mindestvoraussetzungen wie eine gute Examensnote und studentisches oder soziales Engagement erfüllt, ist es sinnvoll, die Chance zu nutzen.

Fazit

Voraussetzung für die Zulassung zum gewünschten Programm ist eine vollständige und überzeugende Bewerbung. Es ist daher wichtig, die Bewerbung mit großer Sorgfalt anzufertigen. Für die Bewerbungen bei den Universitäten (und Stipendiengebenden) benötigt man eine Vielzahl von Unterlagen und Nachweisen. Neben den Dokumenten, die man selbst erststellt wie beispielsweise dem Lebenslauf und dem Motivationsschreiben gehören auch Unterlagen, auf deren Bearbeitungszeit man keinen Einfluss hat wie Empfehlungsschreiben und Gutachten oder Bescheinigungen von Prüfungsämtern. Zusätzlich müssen häufig Sprachtests absolviert werden. Es ist empfehlenswert, sich rechtzeitig über den Umfang der einzureichenden Bewerbungsunterlagen zu informieren und möglichst frühzeitig mit der konkreten Vorbereitung zu beginnen. Dies gilt insbesondere dann, wenn die Bewerbungen während der Prüfungsvorbereitung oder des Referendariats erfolgen.

Beispieldokumente

Im Folgenden sind als Orientierungshilfe zehn anonymisierte Beispieldokumente abgebildet:

- Beispiel für ein Anschreiben (Cover Letter)
- Beispiel für ein Motivationsschreiben (Statement of Purpose)
- einseitiger Lebenslauf für die USA
- Beispiel für einen englischsprachigen Lebenslauf
- Empfehlungsschreiben der Professorin oder des Professors
- Empfehlungsschreiben des Arbeitgebers
- einfache Übersetzung des Abiturzeugnisses
- Übersicht über die universitären Leistungen
- Übersetzung des Zeugnisses der universitären Schwerpunktbereichsprüfung
- Übersetzung des Zeugnisses der Ersten Juristischen Prüfung

Bei diesen Dokumenten handelt es sich um Beispiele aus erfolgreichen Bewerbungsprozessen, die lediglich als Anhaltspunkt zur Gestaltung der eigenen Bewerbungsunterlagen dienen sollen. Für die formale Richtigkeit kann deshalb keine Gewähr übernommen werden. Bewerber:innen sollten ohnehin keine vorgefertigten Textbausteine verwenden.

Cover Letter

Michael Kugler
Hauptstraße 13
20301 Nordstadt
+49 12 7204 3299
michael@kugelweb.de

University of XYZ School of Law
329 Law School Boulevard
Los Angeles, CA, 90033

Application for the LL.M. Program at University of XYZ School of Law 2022/2023

To whom it may concern:

I am applying for a place on the LL.M. program at the University of XYZ School of Law starting fall 2022.

As you can see from my resume, I have passed my first state exam with distinction and am currently working on my doctoral thesis. In preparation for entering an American Law School I am studying aspects of American law through a course at the University of Cologne.

My motivation in applying for admission to your LL.M. Program is to take advantage of XYZ's excellence in my particular fields of research, Corporate Law and Corporate Governance. In addition, I would like to acquire a profound knowledge of the U.S. legal system. Moreover, working at the University of XYZ with its comprehensive research facilities would also be of great value to my thesis.

I appreciate your consideration.

Sincerely yours,
Enclosure

Tipps für das Anschreiben:

- In Commonwealth-Staaten spricht man nicht von einem „resume", sondern von einem „CV".
- Für die Anrede sollte idealerweise eine Bezugsperson gefunden werden (z.B. Dekan:in des LL.M.-Programms); die Formulierung lautet dann „Dear Mr. Smith:". Anderenfalls wird die Anrede „To whom it may concern:" gewählt.
- Die Länge des Anschreibens sollte genau eine Seite betragen.
- Auf deutsche Bescheidenheit kann man verzichten und z.B. Prädikatsexamina bereits im Anschreiben erwähnen („passed with distinction").
- Aufbau:
  - kurze Einführung
  - aktuelle Tätigkeit, Nationalität und eigene Fähigkeiten
  - Gründe für Bewerbung und Wahl der Universität
  - ggf. Bitte um Übersendung der Liste der infrage kommenden Stipendiengebenden

Motivationsschreiben

Statement of Purpose

By spending a year at the University of xy Law School, I would like to further my knowledge of the American legal system, thereby learning more about the roots of German business law. Having recently graduated from the University of Cologne, I had the chance of taking American Law courses. Here, I discovered that most rules of business law result from business cases, many of which had taken place in the U.S.

Currently, I am working on my doctoral thesis on xy at the University of Munich. For this purpose, I have a scholarship of the German National Merit Foundation. In the U.S., proxy voting is a well-known instrument to enable shareholders to participate in shareholder meetings, even without physical presence. Since this opportunity has recently been made available in Germany, a large number of legal questions wait to be answered.

Joining your LL.M. program would give me not only a greater understanding of the American legal system but also access to the vast library and other research facilities of the Law Quadrangle. The opportunity to pursue individual research while participating in the general LL.M. program would allow me to benefit greatly with regard to my thesis. Another motivation in applying for admission to the University of xy is to take advantage of its excellence in my particular fields of research, Corporate Law and Corporate Governance. The courses on corporate law and international economic law taught by xy and yz are especially interesting. Furthermore, the lectures at the John M. Olin Center for Law and Economics, e.g. the course on mergers and acquisitions, would provide additional support for my doctoral thesis.

I have a strong belief that this stay abroad would be enriching for my future personal career as a lawyer, focussing on cross border company law as well as for my personal development. I have visited foreign countries in Europe and East Asia already, and learned a great deal. I am enthusiastic about getting to know the U.S. from a first-hand perspective, too. I consider myself open-minded and could therefore take an active and integrative role in the multi-cultural student body of the University of xy Law School.

Einseitiger Lebenslauf für die USA

Kugler, Michael
Hauptstraße 13, 20301 Nordstadt, Germany
Phone: +49 12 7204 3299
michael@kugelweb.de

EDUCATION
Freie Universitaet Berlin, Germany
Ph.D. candidate in Law (Dr. iur.), expected May 2021

Thesis:	Negotiation and mediation in civil proceedings in Germany
Honors:	Postgraduate scholarship "Elitefoerderung Berlin" (2019/2020)
Publications:	Neue Zeitschrift für Verwaltungsrecht (NVwZ) 2019, 125 (together with Max Muster); Juristenzeitung (JZ) 2019, 122 (together with Max Muster); Neue Juristische Wochenschrift (NJW) 2020, 205

Albert-Ludwigs Universitaet Freiburg, Germany
First State Examination in Law, February 2018, grade: 9.86 (top 10% of the state)

Activities:	European Law Moot Court, Luxembourg, 2017; University of San Diego School of Law, Summer Institute on Comparative and International Law, Paris, France, 2015

EXPERIENCE
Regional Court Berlin, Germany
Trainee Lawyer, April 2019 – April 2021
Second State Examination in Law expected in April 2021
Drafted court decisions, participated in Civil and Administrative Court sessions, and acted as a co-mediator in court-connected proceedings. Represented the District Attorney's Office at the criminal court. Worked as a trainee lawyer with the law firm Schmutzler & Neid, Berlin. Interned with the German Embassy in New York, USA (Political Section and Legal/Consular Services).

Research Center for Civil Law, Freie Universitaet Berlin, Germany
Research Fellow, October 2018 – February 2019
Taught and trained students and professionals in arbitration procedure, coached the university's team at the European Law Moot Court, Luxembourg. Researched European law issues. Organized related seminars, lectures, classes and conferences.

Becker & Partner, Frankfurt, Germany
Law Clerk, September 2017 – April 2018
Researched case law and prepared a copyrights publication. Wrote memoranda on IP related problems. Drafted letters to clients, statements of claims, legal briefs and contracts. Participated in legal proceedings and negotiations. – Becker & Partner is an international law firm of over 500 attorneys based in Frankfurt, Germany.

LANGUAGES: German (native), English (fluent), French (basic knowledge), Spanish (basic knowledge)

INTERESTS: Snowboarding, swimming, cooking, jazz

Beispiel für einen englischsprachigen Lebenslauf

Kugler, Michael
Hauptstraße 13, 20301 Nordstadt, Germany
Phone: +49 12 7204 3299
michael@kugelweb.de

EDUCATION

09/2018 until present	**Freie Universitaet Berlin,** Germany Candidate for Dr. iur., expected May 2021 Doctoral Thesis on "Negotiation and mediation in civil proceedings in Germany"
10/2013–02/2018	**Albert-Ludwigs Universitaet Freiburg,** Germany First State Examination in Law, passed with distinction (9.86 points–fully satisfactory; top 10 % of the state) Specializations: Intellectual Property Law, International Private Law, European Law; Activities: ▪ Participant in the final of the European Law Moot Court Luxembourg (2017). ▪ Joint Seminar of the Law Faculties Tuebingen and La Rochelle, France (2015). ▪ University of San Diego School of Law, Summer Institute on Comparative and International Law, Paris (2015).

EXPERIENCE

04/2019–04/2021	**Regional Court Berlin** (Landgericht Berlin) Trainee Lawyer (Rechtsreferendariat), Second State Examination expected in April 2021; main areas of work: Drafting court decisions, legal briefs and opinions; participating in Court sessions; acting as a co-mediator in court-connected proceedings; representing the District Attorney's Office at Criminal Court sessions.
01/2019 –04/2019	**German Embassy New York,** USA Internship with the Legal and Consular Services Department
10/2018–02/2019	**Research Center for Civil Law,** Freie Universitaet Berlin Research Fellow (part-time); main areas of work: Teaching & training students and professionals in arbitration procedure (in German and English); coaching the University's team at the European Law Moot Court in Luxembourg; doing research on business negotiation and mediation; organizing seminars, lectures, classes and conferences.
09/2017–04/2018	**Becker & Partner,** Frankfurt Law Clerk (part-time); main areas of work: Researching case law; preparing a publication on Copyrights Law; writing memoranda, letters to clients, statements of claims, legal briefs and contracts on IP related problems; participating in legal proceedings and negotiations. Becker & Partner is an international law firm of over 500 attorneys based in Frankfurt, Germany.

11/2014 – 07/2017	**Institute of Finance & Taxation Law,** University of Freiburg Research Assistant (part-time); main areas of work: Researching case law and literature to prepare lectures and publications in Public, Finance and Taxation Law; proofreading; organizing the institute's library.

SCHOLARSHIPS

05/2019 – 04/2020	**Elitefoerderung Berlin** Competitive graduate scholarship for doctoral students based on excellent academic performance.
10/2015 until present	**e-fellows.net** Provides career services and networking opportunities to outstanding students.

VOLUNTEER WORK

09/2016 until present	**Round Table for Children in Need** (Foerderverein Runder Tisch fuer Kinder in Not), Berlin Volunteer, focus: Fundraising to assist children from socially deprived families by hiring social workers, organizing workshops and tutoring students.
12/2016 until present	**Friends of the Research Center for Civil Law,** Berlin Accountant (elected), focus: Controlling balance sheets and budgets of approx. 40,000 Euro; contacting actual and potential sponsors (law firms, companies and public organizations) to finance the Center's work at FU Berlin.
04/2016 – 09/2017	**e-fellows.net,** Munich Mentor to first year undergraduate students.

PUBLICATIONS

- Arbitration of Adminstrative Contracts, Neue Zeitschrift für Verwaltungsrecht (NVwZ) 2019, 125 (co-author with Max Muster)
- Arbitration in Germany, JuristenZeitung (JZ) 2019, 122 (co-author with Max Muster)
- Legal costs of registering IP in Germany, Neue Juristische Wochenschrift (NJW) 2020, 205

QUALIFICATION

Trained Mediator (~120 hours of basic and advanced mediation training in German and English)

LANGUAGES

German (native speaker), English (fluent), French (basic knowledge), Spanish (basic knowledge)

INTERESTS

Snowboarding, swimming, cooking, jazz

Empfehlungsschreiben des Professors

Prof. Dr. M. Mustermann
Professor für Staats- und Verwaltungsrecht
Voelkerrecht und Europarecht
Universitaet Musterhausen

Recommendation

I first met Mr. Max Muster during the summer term of 2012. Having just started his studies in law, he attended my course on "Constitutional Law I: State Organisation". During the winter term 2013/14, he was in my class on "Constitutional Law II: Fundamental Rights". In the following term, he took part in a seminar in Constitutional Law.

Mr. Muster attracted my attention very soon in both courses. He was amongst the five students out of 275 whom I noticed because their questions clearly showed deep thoughts and a great understanding of the issues covered in class. Because of his fast growing knowledge, he was always able to answer my questions in a precise and comprehensive manner.

Since I had received an excellent impression of him in the course, it was no surprise to find out that he also obtained very good results in the exercise. His papers were marked "very good" and "good" and thus put Mr. Muster into the leading position of all participants.

It was not only in my courses that Mr. Muster obtained excellent results. His name is also well known with many of my colleagues. In all other exercises he was graded clearly above average. In some exercises he was even top of the class. I also have to point out that he successfully made himself familiar with the foundations of law. He has written papers in History of Law, in Sociology of the Law and Philosophy of the Law, receiving high marks. This very positive image is completed by a seminar certificate in Law of the Media where he obtained the highest mark possible "very good – 18 points".

Mr. Muster is without doubt amongst the most willing and capable students, ranking in the top 5 percent. This is also confirmed by the fact that he worked 40 hours a month for the Law Faculty of the University Musterhausen as a student tutor with teaching capacity from 1 October 2016 to 31 August 2018. It is especially remarkable that he applied for the First State Exam after only 7 terms. In addition to obtaining excellent results, Mr. Muster also dedicated himself to a number of extracurricular activities, such as his responsibility for the public relation of "Charity 1", an institution dedicated to mitigate the consequences of injuries committed by Germany under the Nazi regime, and editing and laying out the protestant Newspaper Gemeinde-Zeitung. This shows that he is not only a highly talented person but also a particularly committed one. Despite his many gifts, he is a reserved, polite and amiable person.

It is understandable that Mr. Muster wants to pursue postgraduate studies in the United Kingdom to obtain an LL.M. degree. He had already chosen Antitrust Law, Competition Law and Trademark Law as optional subjects. Studying at your law school would help him to meet the requirements of a lawyer specialised in Business Law. A comprehensive and deep knowledge of Commercial Law, the importance of which increases in Private Law as well as in Constitutional and Administrative Law, can only be attained by someone who knows exactly about the business facts which Commercial Law refers to. This aspect makes the LL.M. program even more important to Mr. Muster as your university is well known for its practical relevance and international focus. Moreover, the "open-learning" method practiced in the United Kingdom will enable Mr. Muster to benefit from this additional training later in his practical training, when he returns to Germany ("Referendariat").

I am very certain that Mr. Muster will complete his LL.M. studies with great success. His excellent English skills will further support his ambitions. A brilliant student who also dedicates himself to many extra-curricular activities, Mr. Muster is of great value to any student body.

I therefore strongly recommend the admission of Mr. Muster to the LL.M. program at XYZ university.

Musterhausen, 11 November 2020.

Empfehlungsschreiben des Arbeitgebers

To Whom It May Concern:

11 January 2021

Letter of Recommendation

I am writing this letter at the request of Ms. Manuela Musterfrau. She is applying to the Master of Taxation program at your university.

Ms. Musterfrau started working for Kanzlei, Auditors and Tax Consultants as an intern under my supervision in 2015. Since then I have come to know her as a reliable and hard-working colleague. Ms. Musterfrau is an efficient, swift and dedicated employee. After completing her internship and postgraduate judicial service training in 2015 with our firm, it was obvious that we wanted Ms. Musterfrau to work for us as a lawyer. From the beginning of her employment she was able to make herself familiar with new issues and integrate herself into the workflows of the firm. The focus of her work involves Contract, Corporate and Tax Law, including Inheritance Tax. She is occupied with drafting contracts, company agreements, and wills. Moreover, she deals with M&A issues and gives legal opinions.

Because of her good English skills Ms. Musterfrau supports our American in-house lawyer in answering inquiries from foreign members of Kanzlei-Network, a worldwide association of independent accounting and consulting firms. She also participates in IFRS training.

Due to her friendly and cooperative personality, Ms. Musterfrau quickly integrated into our team. Her kind manner and considerate behavior made her an appreciated and much-liked co-worker. Her advice is always backed up by strong arguments, so that her suggestions most often turn out to be without alternative.

To name the weaknesses of people is difficult. Ms. Musterfrau's weaknesses follow from her strength. She who works quickly often tends to be impatient if things do not move quickly enough. She who wants to push developments with her ideas tends to consider that which has proven itself to be less relevant. But Ms. Musterfrau accepts these weaknesses with self-irony and mitigates them thereby. Her impatience is thus never expressed in negative reactions towards others and she has always rolled up her sleeves and lent a hand when matters have become urgent.

During her time at our firm, Ms. Musterfrau has been focussing on Cross Border Taxation. It is clear that she now wants to follow up on her interest at an academic level. To link this with her previous internship with one of the Big Four accounting firms seems to be especially appropriate. In addition, she will greatly benefit from the combination of academic training and experience within the German legal profession since knowledge of the American taxation system is highly important in structuring deals back in Germany.

Without any reservation, I am very confident that Ms. Musterfrau will successfully complete her Master of Taxation studies. I therefore expressly recommend that she be admitted to the program.

Yours sincerely
Steuerberater

Einfache Übersetzung des Abiturzeugnisses (Seite 1)

Translation

WALTHER-RATHENAU-OBERSCHULE
(PUBLIC SECONDARY SCHOOL/COLLEGE)
BERLIN-WILMERSDORF

A-LEVEL EXAMINATIONS

Mr. *Max Muster*
born on 26 February 1992 in Berlin, Germany

went in for the A-Level Examinations after having attended the upper classes of the public secondary school/college.

The certificate bases on:

- The "Agreement on the Secondary School Senior Level II Reorganisation" in the version as of 11 April 1993 (Resolution by the Conference of the Ministers of Culture as of 11 April 1993);
- The "Agreement on the A-Level Examinations of the Reorganised Secondary School Senior Level II" (Resolution by the Conference of the Ministers of Culture as of 13 December 1978) in the edition valid in each case;
- The Decree on the Secondary School Senior Level as of 26 April 1989 in the version valid in each case;
- The Execution Regulations on the A-Level Examinations in the version valid in each case.

Einfache Übersetzung des Abiturzeugnisses (Seite 2)

2nd page of the A-Level Examinations Certificate
for Mr. Max Muster

I. PERFORMANCES IN THE COURSE PHASE:

CS = Subjects on which the student concentrated

		1st half year	2nd half year	3rd half year	4th half year
		(points of courses multiplied by one)			
Ling.-Lit.-Art. Field					
German		15	14	13	12
Music		12	(10)	12	--
Latin		13	12	14	14
Sociological Field					
Political World Science (History, Geography, Sociology)		--	--	14	15
History	CS	13	13	13	14
Philosophy		13	15	14	(13)
Math.-Scientific-Technical Field					
Mathematics		14	14	(12)	--
Chemistry	CS	12	14	13	13
Biology		14	13	11	12
Additional Subjects					
Sports		--	15	15	15

Einfache Übersetzung des Abiturzeugnisses (Seite 3)

3rd page of A-Level Examinations Certificate
for Mr. Max Muster

II. PERFORMANCES IN THE A-LEVEL EXAMINATIONS:

Examination Subject	Examination Result (multiplied by one)	
	in writing	orally
1. Chemistry / Subject on which the student concentrated	12	--
2. History / Subject on which the student concentrated	13	--
3. German (Basic Course)	14	--
4. Biology (Basic Course)	--	08

III. CALCULATION OF THE OVERALL QUALIFICATION AND AVERAGE GRADE:

Total points from 22 basic courses multiplied by one:	301	110 points minimum, 330 points maximum
Total points from the six courses, on which the student concentrated, of the 1st to 3rd semester (multiplied by two) and the two courses on which the student concentrated of the 4th semester (multiplied by one):	183	70 points minimum, 210 points maximum
Point total from the examinations (multiplied by four) and the courses of the examination subjects in the 4th semester (multiplied by one):	239	100 points minimum, 300 points maximum
TOTAL POINTS:	723	280 points minimum, 840 points maximum
AVERAGE GRADE:		**1.3 (one point three)**

1) The following applies to the conversion of grades into points:

15/14/13 points	equal grade	+ 1 –	(very good)
12/11/10 points	equal grade	+ 2 –	(good)
09/08/07 points	equal grade	+ 3 –	(satisfactory)
06/05/04 points	equal grade	+ 4 –	(fair)
03/02/01 point(s)	equal grade	+ 5 –	(poor)
00 points	equal grade	6	(failed)

Subjects on which the student concentrated are graded "CS".
Points of courses not included in the overall qualification are put in parentheses.

Einfache Übersetzung des Abiturzeugnisses (Seite 4)

4th page of A-Level Examinations Certificate
for Mr. Max Muster

IV. FOREIGN LANGUAGES

1st foreign language	English	from class 5 to class 11.2
2nd foreign language	Latin	from class 7 to class 13.2
3rd foreign language	French	from class 9 to class 12.2

This certificate includes the Latin in accordance with the Resolution by the Conference of the Ministers of Culture as of 26 October 1984.

Remarks: None

Mr. Max Muster has passed the A-Level Examinations qualifying for admission to a university in the Federal Republic of Germany.

The average note (N) is computed in accordance with enclosure 3 of the regulation covering the execution of the State Contract on the award of study places in accordance with the formula:

$$N = 5\ ^2/_3 - \text{Total Points: } 168$$

The average note is carried to one decimal place, it is not rounded. With an overall qualification of 768 and more points an average grade of 1.0 results.

Berlin, 30 May 2011

SEAL OF THE SCHOOL

The Head of the School/College
signed by: / (illegible)

Chairman
signed by: / (illegible)

SEAL OF THE SCHOOL

Übersicht über die universitären Leistungen

Freie Universität Berlin

Scheinübersicht (List of Courses)
Name des Studenten (Name of Student): **Max Muster**

Bürgerliches Recht *(Civil Law)*

Semester/Jahr *(Term/Year)*	**Art der Veranstaltung** *(Type of Course)*	**Titel der Veranstaltung** *(Title of Course)*	**Leitung** *(Name/Position of Academic Instructor)*	**Anforderungen** *(Course Requirements)*	**Note** *(Grade)*
2. Semester/ WS 2013/14	Übung *(exercise)*	Übung im Bürgerlichen Recht für Anfänger *(Civil Law for beginners)*	Prof. Dr. Prölss	1. Hausarbeit *(term paper)* 2. Klausur *(written examination)*	7 Pkt/*pts satisfactory* 10 Pkt/*pts fully satisfactory*
4. Semester/ WS 2014/15	Übung *(exercise)*	Übung im Bürgerlichen Recht für Fortgeschrittene *(Civil Law advanced level)*	Prof. Dr. Schirmer	1. Hausarbeit *(term paper)* 2. Klausur *(written examination)*	8 Pkt/*pts satisfactory* 12 Pkt/*pts fully satisfactory*

Strafrecht *(Criminal Law)*

Semester/Jahr *(Term/Year)*	**Art der Veranstaltung** *(Type of Course)*	**Titel der Veranstaltung** *(Title of Course)*	**Leitung** *(Name/Position of Academic Instructor)*	**Anforderungen** *(Course Requirements)*	**Note** *(Grade)*
3. Semester/ SS 2014	Übung *(exercise)*	Übung im Strafrecht für Anfänger *(Criminal Law for beginners)*	Prof. Dr. Bohnert	1. Hausarbeit *(term paper)* 2. Klausur *(written examination)*	10 Pkt/*pts fully satisfactory* 10 Pkt/*pts fully satisfactory*
4. Semester/ WS 2014/15	Übung *(exercise)*	Übung im Strafrecht für Fortgeschrittene *(Criminal Law advanced level)*	Prof. Dr. Montenbruck	1. Hausarbeit *(term paper)* 2. Klausur *(written examination)*	9 Pkt/*pts satisfactory* 13 Pkt/*pts good*
7. Semester/ SS 2016	Projektgruppe *(project group)*	Ermittlungsverfahren in Strafsachen *(Investigation in Criminal Cases)*	OStA Dr. Wulff *(state attorney Dr. Wulff)*		unbenotet *certificate of attendance*

Öffentliches Recht *(Public Law)*

Semester/Jahr *(Term/Year)*	**Art der Veranstaltung** *(Type of Course)*	**Titel der Veranstaltung** *(Title of Course)*	**Leitung** *(Name/Position of Academic Instructor)*	**Anforderungen** *(Course Requirements)*	**Note** *(Grade)*
3. Semester/ SS 2014	Übung *(exercise)*	Übung im Öffentlichen Recht für Anfänger *(Public Law for beginners)*	Prof. Dr. Randelzhofer	1. Hausarbeit *(term paper)* 2. Klausur *(written examination)*	16 Pkt/*pts very good* 13 Pkt/*pts good*
5. Semester/ SS 2015	Übung *(exercise)*	Übung im Öffentlichen Recht für Fortgeschrittene *(Public Law advanced level)*	Prof. Dr. Kunig	1. Hausarbeit *(term paper)* 2. Klausur *(written examination)*	15 Pkt/*pts good* 11 Pkt/*pts fully satisfactory*
5. Semester/ SS 2015	Arbeitsgruppe *(study group)*	Baurecht *(Construction Law)*	Wiss. Ass. Dr. Mager		unbenotet *certificate of attendance*

Bürgerliches Recht ***(Civil Law)***

Semester/Jahr ***(Term/Year)***	**Art der Veranstaltung** ***(Type of Course)***	**Titel der Veranstaltung** ***(Title of Course)***	**Leitung** ***(Name/Position of Academic Instructor)***	**Anforderungen** ***(Course Requirements)***	**Note** ***(Grade)***
5. Semester/ SS 2015	Seminar *(seminar)*	Medienrecht *(Media Law)*	Prof. Dr. Lecheler	1. Seminararbeit *(seminar paper)* 2. Vortrag *(lecture)*	18 Pkt/*pts very good*
7. Semester/ SS 2016	Vorlesung *(lecture)*	Energierecht *(Energy Law)*	Prof. Dr. Dr. Dr. Säcker	Abschlussklausur *(final examination)*	unbenotet *without grade/pass*

Strafrecht ***(Criminal Law)***

Semester/Jahr ***(Term/Year)***	**Art der Veranstaltung** ***(Type of Course)***	**Titel der Veranstaltung** ***(Title of Course)***	**Leitung** ***(Name/Position of Academic Instructor)***	**Anforderungen** ***(Course Requirements)***	**Note** ***(Grade)***
1. Semester/ SS 2013	Vorlesung *(lecture)*	Grundzüge der Rechtsphilosophie *(Philosophy of Law)*	Prof. Dr. Adomeit	Abschlussklausur *(final examination)*	8 Pkt/*pts satisfactory*
2. Semester/ WS 2013/14	Vorlesung *(lecture)*	Grundzüge der Rechts- und Verfassungsgeschichte *(History of Law)*	Prof. Dr. Wesel	Abschlussklausur *(final examination)*	12 Pkt/*pts fully satisfactory*
2. Semester/ WS 2013/14	Vorlesung *(lecture)*	Grundzüge der Rechtssoziologie *(Sociology of Law)*	Prof. Dr. Rottleuthner	Abschlussklausur *(final examination)*	9 Pkt/*pts satisfactory*

Notenübersicht ***(view of grades)***

Punkte ***(Points)***	**Note** ***(Grade)***	**Prozentuale Notenverteilung** ***(Proportional distribution of grades)***
16–18	sehr gut *(very good)*	0,10 %
13–15	gut *(good)*	2,45 %
10–12	vollbefriedigend *(fully satisfactory)*	11,99 %
7–9	befriedigend *(satisfactory)*	26,32 %
4–6	ausreichend *(sufficient)*	29,26 %
0–5	mangelhaft *(unsatisfactory)*	29,14 %

Übersetzung des Zeugnisses der universitären Schwerpunktbereichsprüfung

WESTFÄLISCHE WILHELMS-UNIVERSITÄT MÜNSTER

Certificate

of the

Examination in the main area of study

Ms Clara Deuchert

born 2 October 1994 in Stuttgart, Germany

has passed the examination in the main subject of study

Subject 4:
International Law, European Law,
International Private Law

on 12 October, 2017

at the Westfälische Wilhelms-Universität Münster

with the grade "fully satisfactory" (10.80).

EMBOSSED SEAL

Übersetzung des Zeugnisses der Ersten Juristischen Prüfung

Certificate
Ms Clara Deuchert

born 2 October 1994 in Stuttgart, Germany

passed the
state examination in the compulsory subjects
with the grade
"fully satisfactory" (9.8)

before the Judical Examination Office at the Higher Regional Court Hamm
on 11 June 2018

and the examination in the main area of study
with the grade
"fully satisfactory" (10.8)

at the University of Münster
on 12 October 2017

Thereby, the First Legal State Exam is passed with the grade
"fully satisfactory" (10.1)

Hamm, 12 June 2018

5. Finanzierung des LL.M.-Studiums

von Steffi Balzerkiewicz

114 Die Finanzierung eines LL.M. meistern
115 Finanzierung aus eigenen Mitteln
116 Finanzierung aus Drittmitteln
116 Finanzierung durch Stipendien
118 Finanzierung durch den Arbeitgeber
119 Finanzierung durch Kredite
122 Finanzierung durch (Auslands-)BAföG?
123 (Teil-)Erlass von Studiengebühren
124 Steuerliche Absetzbarkeit
124 Nach der Ersten Juristischen Prüfung
129 Vor der Ersten Juristischen Prüfung
130 Geltendmachung der entstandenen Kosten
130 Weitere steuerliche Gestaltungsmöglichkeiten
133 Zusammenfassung

Die Finanzierung eines LL.M. meistern

Wer sich für ein LL.M.-Studium an einer bestimmten Universität entschieden hat, sollte möglichst parallel zur Bewerbung um den Studienplatz die Finanzierung sicherstellen. Ein LL.M.-Studium, beispielsweise in den USA, kann leicht mit jährlichen Kosten von rund 50.000 Euro zu Buche schlagen. In aller Regel scheitert ein Studienvorhaben aber nicht an der Finanzierung – vorausgesetzt, dass diese solide geplant und sorgfältig vorbereitet wird. Am Anfang der Überlegungen zur Finanzierung des Studiums sollte eine detaillierte Auflistung der zu erwartenden Kosten stehen. Hierbei müssen neben den Studiengebühren und allgemeinen Lebenshaltungskosten (Miete, Lebensmittel, öffentliche Verkehrsmittel etc.) im Zielland auch Kosten für die Reise zum Studienort, Versicherungen, eventuell die Altersvorsorge oder die Wohnung im Heimatland berücksichtigt werden. Hinzu kommen Kosten, die beim Kennenlernen von Land und Leuten anfallen.

TIPP: Beim Ermitteln des Finanzierungsbedarfs sollte man sorgfältig vorgehen. Wenn bereits im Vorfeld geklärt ist, welche Kosten anfallen und wie diese gegebenenfalls später steuerlich geltend gemacht werden können, lässt sich zum einen viel Geld sparen und zum anderen eine unnötige Nachfinanzierung während des Studiums vermeiden. Eine solche Nachfinanzierung ist meist sehr aufwändig und führt während des Studiums zu zusätzlichem Stress.

1. Welche Kosten entstehen durch das Studium?

Kosten vor Studienbeginn

- Kosten für die Bewerbung(en) um Studienplatz und Stipendien (Bearbeitungsgebühren, Porto, Beglaubigungen, Übersetzungen, Sprachtest, ggf. Englischkurse)
- ggf. Kosten für den Visumsantrag und die damit verbundenen Aufwendungen wie ärztliche Untersuchungen
- Reisekosten zum Studienort
- Kosten zur Sicherung der Finanzierung

Kosten während des Studiums

- Studiengebühren
- Aufwendungen für Arbeitsmittel wie Lehrbücher
- laufende Studienkosten wie Beiträge zu Studierendenvereinigungen, Druckkosten
- Aufwendungen für Unterkunft, Lebenshaltung und Transport
- „Taschengeld" für Freizeitaktivitäten
- laufende Kosten im Heimatland wie Versicherungen, Mitgliedsbeiträge, ggf. Miete

Kosten nach Studienabschluss

- Zinsen für ein Ausbildungs-/Studiendarlehen

2. Welche Einnahmen ohne Rückzahlungsverpflichtung habe ich während des Studiums?

- berufliche Tätigkeit oder Nebenjob
- passives Einkommen (z. B. Kapitaleinkünfte, Lizenzen, Miete)
- Stipendien
- Unterstützung durch die Familie

3. Können Kosten, die nicht aus laufenden Einnahmen getragen werden, durch Ersparnisse abgedeckt werden?

4. Gibt es eine Finanzierungslücke, die durch Fremdmittel geschlossen werden soll?

- Wie groß ist der Bedarf an Fremdmitteln?
- In welchem Umfang werden Darlehen/Finanzierungen vergeben?
- Zu welchen Bedingungen werden die Fremdmittel vergeben?
- Welche Konditionen sind für mich relevant (Zinshöhe, Rückzahlungsmodalitäten, vorzeitige/verspätete Rückzahlung, Antrags- und Auszahlungszeitpunkt, Sicherheiten)?

Checkliste: Finanzierung eines LL.M.-Studiums

Um das LL.M.-Studium zu finanzieren, stehen einem viele Möglichkeiten offen. Neben Eigenmitteln setzen viele Kandidat:innen auf Stipendien. Aber auch eine Finanzierung durch Dritte, zum Beispiel über Darlehen, ist möglich. Zudem kann man einen Teil der Studienkosten später von der Steuer absetzen und so die Kosten des LL.M.-Studiums durch eine niedrigere Steuerlast verringern. Eine vorausschauende Gestaltung der Finanzierung kann zu einer erheblichen Kostenreduzierung führen. Gerade wegen der häufig unterschätzten steuerlichen Gestaltungsmöglichkeiten sollte man alle Finanzierungsalternativen in seine Überlegungen einbeziehen. Selbst auf den ersten Blick eher fernliegende oder ungewohnte Finanzierungsformen können interessant und vom Risiko her überschaubar sein.

Finanzierung aus eigenen Mitteln

Ausgangspunkt jeder Finanzierungsüberlegung ist die Frage, ob man die Kosten des LL.M.-Studiums aus eigenen Mitteln decken kann. Diese Art der Finanzierung ist sicherlich die einfachste und erfordert am wenigsten Aufwand. Umfangreiche Bemühungen um Stipendien oder andere Drittmittel entfallen, und man kann sich voll auf seine Bewerbungen an den Universitäten konzentrieren.

TIPP: Selbst wenn eine Finanzierung aus eigenen Mitteln möglich ist, kann man sich zusätzlich um Stipendien bewerben. Die Aufnahme in ein Stipendienprogramm bedeutet nicht nur eine finanzielle, sondern auch eine ideelle Unterstützung bzw. die Einbindung in ein Netzwerk.

Für die überwiegende Zahl der LL.M.-Interessierten wird eine Finanzierung aus Eigenmitteln gar nicht oder nur begrenzt möglich sein. Vor allem im direkten Anschluss an das Studium ist es schwierig, aus eigener Kraft und ohne fremde Unterstützung eine entsprechende Summe aufzubringen. Doch auch für Studieninteressierte mit geringen finanziellen Ressourcen gibt es zwei Möglichkeiten, ein LL.M.-Studium weitgehend selbst zu finanzieren: Die erste ist, nach Abschluss des Studiums für ein bis zwei Jahre in einem Anstellungsverhältnis zu arbeiten und die für das Studium nötigen Beträge anzusparen. Diese Möglichkeit bietet sich allerdings eher für Personen an, die bereits die Zweite Juristische Staatsprüfung absolviert haben. Sie sammeln dabei relevante Berufserfahrung und können Gehälter erzielen, die das Ansparen größerer Beträge ermöglichen. Auch Absolvent:innen mit der Ersten Juristischen Prüfung können selbstverständlich durch eine Tätigkeit in Kanzleien oder bei anderen Arbeitgebern Geld verdienen; allerdings verdient man dabei meist nicht genug, um in einem überschaubaren Zeitraum die für ein LL.M.-Studium erforderlichen Rücklagen zu bilden. Die zweite Alternative der (Eigen-)Finanzierung ist die finanzielle Unterstützung durch Eltern und Verwandte, also streng genommen eine Finanzierung über Dritte. Man muss für sich entscheiden, ob diese Variante für die Familie finanziell möglich ist. Nach einer langjährigen Ausbildung möchten viele Absolvent:innen finanziell von ihrer Familie unabhängig sein. Dies mag umgekehrt auch für die Familie gelten.

TIPP: Verwandte sind möglicherweise auch bereit, ein Darlehen zu gewähren. Der Vorteil: Meist werden sie dafür keine Zinsen nehmen und individuelle Bedingungen für die Rückzahlung akzeptieren. Werden für das Darlehen Zinsen vereinbart, kann man in bestimmten Fällen Steuervorteile geltend machen. Einzelheiten hierzu finden sich auf Seite 130.

Eine Finanzierungshilfe durch Verwandte schließt nicht aus, dass man sich anderweitig um Unterstützung bemüht, zum Beispiel wenn die Verwandten nur einen Teil des benötigten Betrags zur Verfügung stellen können.

Finanzierung aus Drittmitteln

Wer das Studium nicht aus Eigenmitteln bestreiten kann oder will, hat die Möglichkeit, es über Drittmittel zu finanzieren. Eine solche Finanzierung ist mit einem größeren Aufwand verbunden als die Finanzierung mit Eigenmitteln, da man hierfür Dritten gegenüber das Studienvorhaben rechtfertigen und bestimmte Dokumente vorlegen muss. Eine Finanzierung über Dritte ist für viele Interessierte eher ungewohnt, sie begegnen dieser Finanzierungsform daher häufig mit Zurückhaltung. Dennoch sollte man die Möglichkeit der Drittfinanzierung prüfen, da sie einige Vorteile, zum Beispiel steuerlicher Art, bietet. Bei einer Drittfinanzierung stehen einem verschiedene Möglichkeiten offen.

Finanzierung durch Stipendien

Eine attraktive Möglichkeit der Studienfinanzierung ist ein Stipendium. Stipendien werden von einer Vielzahl von Organisationen vergeben – allen voran vom Deutschen Akademischen Austauschdienst (DAAD). Um diese Form der Finanzierung sollte man sich frühzeitig bemühen, da man sich für viele Stipendien mehr als ein Jahr vor Beginn des Auslandsaufenthalts bewerben muss.

TIPP: Der DAAD bietet auf seiner Website eine Datenbank zu den eigenen Fördermöglichkeiten sowie zu denen von weiteren Organisationen zur Unterstützung von Studium, Forschung oder Lehre im Ausland. Ein Überblick über einige Stipendienmöglichkeiten findet sich in Kapitel 6 dieses Buchs.

In der Regel findet bei der Vergabe von Stipendien ein Auswahlverfahren statt, in dem bisherige Studienleistungen, die Begründung der Studienabsicht oder des wissenschaftlichen Vorhabens sowie Sprachkenntnisse berücksichtigt werden. Meist übersteigt die Zahl der Bewerber:innen die Zahl der zur Verfügung stehenden Stipendien um ein Vielfaches, sodass es nicht einfach ist, ein Stipendium zu erhalten. Zudem müssen Stipendienbewerber:innen mit einer erheblichen zeitlichen und organisatorischen Belastung rechnen. Es ist aufwändig, überzeugende Bewerbungsunterlagen inklusive einer ausführlichen Darstellung des Studienvorhabens zusammenzustellen. Dennoch lohnt sich diese Mühe in der Regel, da sich die erforderlichen Dokumente häufig auch für Bewerbungen an Universitäten nutzen lassen. Man muss sich zudem bei der Bewerbung nicht auf ein einziges Stipendium beschränken. Es steht jedem offen, sich bei mehreren Begabtenförderwerken zu bewerben. Trotz der hohen Hürden ist es keinesfalls unmöglich, ein Stipendium zu erlangen. Die Bewerbungen müssen allerdings besonders sorgfältig vorbereitet werden. Dem hohen Bewerbungsaufwand stehen jedoch einige materielle und ideelle Vorteile gegenüber. Der größte Vorteil ist sicherlich, dass man Stipendien als Zuschuss erhält und sie nicht zurückzahlen muss. Außerdem gehört man als Stipendiat:in bei vielen Begabtenförderwerken zu einem Stipendiat:innen- und Alumni-Netzwerk und kann manchmal auch an speziellen Seminaren teilnehmen.

Der finanzielle Umfang eines Stipendiums hängt von der Art des Stipendiums und vom Stipendiengeber ab. Vollstipendien decken in der Regel den Großteil der Reise- und allgemeinen Lebenshaltungskosten sowie die Studiengebühren ab. Daneben werden aber auch Teilstipendien oder Reisestipendien vergeben.

Für Absolvent:innen, die ein Aufbaustudium in Deutschland absolvieren wollen, besteht seit einigen Jahren die Möglichkeit, sich um ein Deutschlandstipendium zu bewerben. Studierende, deren Werdegang herausragende Leistungen in Studium und Beruf erwarten lässt, werden monatlich mit 300 Euro gefördert. Das Deutschlandstipendium wird einkommensunabhängig vergeben und nicht auf das BAföG angerechnet. Die Förderung wird durch die (teilnehmenden) Hochschulen eigenverantwortlich organisiert. Die Bewerbung erfolgt daher auch direkt bei der Hochschule, an der das Studium absolviert wird. Nähere Informationen gibt es unter www.deutschlandstipendium.de.

Fazit: Stipendien sind eine interessante Finanzierungsoption. Sie zu erlangen ist allerdings schwierig, und selbst im Erfolgsfall deckt ein Stipendium die Kosten oft nicht vollständig. Deswegen sollte man je nach Umfang des Stipendiums weitere Finanzierungsquellen erschließen.

Finanzierung durch den Arbeitgeber

Eine weitere Finanzierungsalternative – vor allem für berufstätige LL.M.-Interessierte – ist die Finanzierung des LL.M.-Studiums durch den Arbeitgeber. Viele Arbeitgeber stehen einer Unterstützung von Fortbildungsmaßnahmen grundsätzlich offen gegenüber. Die Beteiligung des Arbeitgebers an den Kosten für das Steuerberaterexamen ist bei großen Wirtschaftsprüfungsgesellschaften und Kanzleien nicht unüblich. Gleiches gilt für Fachanwaltslehrgänge. Für ein LL.M.-Studium ist die Übernahme von Studienkosten durch den Arbeitgeber allerdings eher die Ausnahme. Dies ergibt sich einerseits aus den zum Teil hohen Kosten, zum anderen absolvieren viele LL.M.-Studenten:innen ihr Studium im Ausland und müssten somit freigestellt werden, während die Vorbereitung auf das Steuerberaterexamen und Fachanwaltslehrgänge meist parallel zur beruflichen Tätigkeit absolviert werden können.

Insbesondere international ausgerichtete Top-Kanzleien dürften zumindest der Unterstützung von Teilzeitstudiengängen, die ähnlich wie die Vorbereitung auf das Steuerberaterexamen berufsbegleitend durchgeführt werden, offen gegenüberstehen. Wenn man sich Unterstützung erhofft, empfiehlt es sich, das Gespräch mit dem Arbeitgeber rechtzeitig zu suchen.

Wenn der Arbeitgeber in die Finanzierung eingebunden wird und die Kosten des Aufbaustudiums (anteilig) übernimmt, erwartet er, dass er nach Abschluss des Studiums von den gewonnenen Erkenntnissen profitieren kann und die Absolventin oder der Absolvent das Arbeitsverhältnis bei ihm fortsetzt. Der Arbeitgeber wird die Finanzierung des Studiums daher in der Regel von einer vorab getroffenen Rückzahlungsvereinbarung abhängig machen. In einer solchen Vereinbarung verpflichten sich die Angestellten dazu, die Ausbildungskosten ganz oder teilweise zu erstatten, falls das Arbeitsverhältnis vor Ablauf einer bestimmten Bindungsfrist endet.

Nach ständiger Rechtsprechung des Bundesarbeitsgerichts (BAG)[1] sind Verträge über die Rückzahlung der Ausbildungs- oder Fortbildungskosten im Falle einer vorzeitigen Beendigung des Arbeitsverhältnisses aufgrund eines aus der Sphäre der Angestellten stammenden Umstandes grundsätzlich zulässig. Nur ausnahmsweise können derartige Zahlungsverpflichtungen gegen den Grundsatz von Treu und Glauben verstoßen, wenn sie die Angestellten unverhältnismäßig in der arbeitsplatzbezogenen Berufswahlfreiheit beeinträchtigen. Hierbei sind die Dauer der Fortbildungsmaßnahme, die vom Arbeitgeber aufgewandten Kosten sowie die längerfristigen Vorteile der Angestellten auf dem Arbeitsmarkt zu berücksichtigen. Wie lange die Bindung konkret sein darf, ist im Einzelfall zu entscheiden. Im Regelfall kommt eine Bindung von mehr als drei Jahren (bis zu maximal fünf Jahren) nur bei Erwerb einer besonders hohen Qualifikation mit überdurchschnittlichen Vorteilen für die Angestellten in Betracht. Dies dürfte auf den Erwerb des LL.M.-Titels zutreffen. Der Rückzahlungsbetrag darf nur die tatsächlich angefallenen Fortbildungskosten und bei einer Freistellung von der Arbeit die eventuell fortgezahlte Vergütung umfassen. Nach Rechtsprechung des BAG ist der Rückzahlungsbetrag zeitanteilig im Verhältnis zur Bindungsdauer zu staffeln.

---

1 BAG, Urteil v. 18.03.2014, Az. 9 AZR 545/12, m.w.N.

TIPP: Bevor man das Gespräch mit dem Arbeitgeber sucht, sollte man sich darüber im Klaren sein, in welchem Umfang man ihn in die Finanzierung seines Studiums einbinden will. Sofern der Arbeitgeber nur einen Teil des Studiums finanziert, ist zu überlegen, welche Kosten (Studiengebühren, Lebensunterhalt etc.) er übernehmen soll.

Auch wenn der Arbeitgeber keine finanzielle Unterstützung leisten möchte, ist er möglicherweise bereit, den Arbeitsplatz weiterhin zu garantieren. Man muss in diesem Fall sein bestehendes Arbeitsverhältnis nicht kündigen, sondern einigt sich mit dem Arbeitgeber auf das Ruhen der Rechte und Pflichten für die Zeit des Studiums. Vorteil dieses Vorgehens ist, dass sich die Absolventin oder der Absolvent nach Abschluss des Studiums nicht um einen neuen Arbeitsplatz bemühen muss, sondern in sein gewohntes Arbeitsumfeld zurückkehren kann. Nach dem kostenintensiven Studium kann er oder sie somit ohne unsichere Neubewerbungsphase wieder Geld verdienen. Da der Arbeitgeber in diesem Fall keine finanziellen Verpflichtungen eingeht, besteht auch keine Bindungsfrist für die Angestellten. Es steht ihnen offen, sich jederzeit nach einem neuen Arbeitsplatz umzusehen. Der Nachteil des ruhenden Arbeitsverhältnisses liegt darin, dass zugelassene Rechtsanwältinnen und Rechtsanwälte entweder ihre Zulassung für die Zeit des Studiums zurückgeben oder Kosten wie Kammerbeiträge und Beiträge zum Versorgungswerk der Rechtsanwälte (Altersvorsorge) weiterhin bestreiten müssen. Dies sind erhebliche zusätzliche finanzielle Belastungen, die in die Finanzierungsüberlegungen einbezogen werden müssen.

Fazit: Die Finanzierung eines LL.M.-Studiums durch den Arbeitgeber will gut überlegt und verhandelt sein. Man sollte sich über die Konsequenzen einer langfristigen Bindung und die konkrete Ausgestaltung der Auszeit eingehend Gedanken machen.

Finanzierung durch Kredite

Staatlicher Bildungskredit

Eine weitere Möglichkeit der Fremdfinanzierung ist der sogenannte Bildungskredit. Erst seit einigen Jahren gibt es diese Möglichkeit der staatlichen Finanzierung von Aufbaustudiengängen. Ein Bildungskredit ist ein zinsgünstiges Darlehen, das nach den Förderbestimmungen des Bundesministeriums für Bildung und Forschung vergeben wird. Die Förderung erfolgt im Gegensatz zum BAföG unabhängig vom Vermögen und Einkommen der Studierenden und ihrer Eltern. Man muss keine Sicherheiten stellen, um das Darlehen zu erhalten. Studierende sind unter anderem berechtigt, den Kredit zu beziehen, wenn sie ein Zusatz-, Ergänzungs- oder Aufbaustudium wie zum Beispiel ein LL.M.-Studium durchführen und bereits über einen Abschluss in einem grundständigen Studiengang verfügen. Die Ausbildungsstätte muss im Bundesausbildungsförderungsgesetz anerkannt sein, eine ausländische Universität muss also einer deutschen Hochschule gleichwertig sein. Der Kredit wird maximal bis zur Vollendung des 36. Lebensjahrs (das heißt bis zum 36. Geburtstag) und grundsätzlich nur bis zum Ende des zwölften Studiensemesters/Hochschulsemesters gewährt. Zu beachten ist, dass ausschließlich Vollzeitstudiengänge (auch im Fernstudium) gefördert werden. Für ein Teilzeitstudium scheidet diese Finanzierungsalternative also von vornherein aus.

Auch wenn die genannten Vorgaben erfüllt sind, besteht kein Rechtsanspruch auf den Bildungskredit, da es sich – anders als beim BAföG – um ein Programm mit festem Budget handelt. Der zur Verfügung stehende Finanzrahmen wird jährlich vom Bundesministerium für Bildung und Forschung vorgegeben. Das Kreditvolumen beträgt zwischen 1.000 und 7.200 Euro und wird grundsätzlich in bis zu 24 Monatsraten von 100, 200 oder 300 Euro durch die KfW-Bankengruppe ausgezahlt und kann somit nur einen Teil der Studien- und Lebenshaltungskosten abdecken. Zur Finanzierung eines außergewöhnlichen Aufwands (z.B. Studiengebühren) kann ein Betrag von bis zu 3.600 Euro im Voraus gezahlt werden.

Auf die ausgezahlten Beträge fallen Zinsen an. Im Gegensatz zu banküblichen Krediten sind die Zinsen hier aber sehr niedrig und werden zusätzlich bis zum Beginn der Rückzahlung gestundet. Die Rückzahlung des Kredits beginnt in der Regel vier Jahre nach der Auszahlung der ersten Darlehensrate in monatlichen Raten von 120 Euro. Man kann den geliehenen Betrag aber auch vorab teilweise oder ganz – ohne zusätzliche Kosten – zurückzahlen.

Den Antrag sollte man frühestens sechs Wochen vor Studienbeginn online beim Bundesverwaltungsamt stellen. Die Bearbeitung dauert je nach Anzahl der Antragstellenden mehrere Wochen. Das Bundesverwaltungsamt erteilt bei Vorliegen der Förderungsvoraussetzungen einen Bewilligungsbescheid, der dazu berechtigt, einen Kreditvertrag mit der Kreditanstalt für Wiederaufbau (KfW) abzuschließen. Eine Bewilligung erfolgt erst, wenn man nachweisen kann, dass man das Studium tatsächlich angetreten hat. Ein Vertragsangebot der KfW erhalten die Interessierten direkt mit dem Bewilligungsbescheid. Damit der Förderungsbescheid wirksam bleibt, muss man das Vertragsangebot innerhalb eines Monats annehmen. Die Auszahlung erfolgt dann direkt durch die KfW.

Als ergänzende Finanzierungsmöglichkeit ist der Bildungskredit als Drittmittelquelle also insofern recht attraktiv, weil die Verzinsung sehr niedrig ist und die Rückzahlungsmodalitäten auf die Lebensverhältnisse abgestimmt sind. Zudem steht diese Finanzierungsmöglichkeit allen Interessierten offen, da sie unabhängig vom eigenen Einkommen/Vermögen und dem der Eltern erfolgt. Da jedoch kein Rechtsanspruch auf den Kredit besteht und man den Antrag erst verhältnismäßig kurz vor Studienbeginn stellen kann, bleiben erhebliche Unsicherheiten. Man kann das Geld nicht sicher in seine Planung einbeziehen. Sofern man den Bildungskredit als Finanzierungsquelle in Betracht zieht, sollte man diese Nachteile im Auge behalten.

TIPP: Da es sich bei dem Bildungskredit um ein verzinsliches Darlehen handelt, kann man im Hinblick auf die Zinszahlungen Steuervorteile geltend machen. Einzelheiten hierzu folgen an späterer Stelle.

Fazit: Das Konzept des Bildungskredits ist derzeit nicht auf ein LL.M.-Studium zugeschnitten. Der Bildungskredit eignet sich vor allem als Ergänzungsfinanzierung.

Studienkredit

Neben dem staatlichen Bildungskredit kann man auch auf private Studienkredite zurückgreifen. In erster Linie ist hier der Studienkredit der KfW zu nennen, der über Studierendenwerke sowie ausgewählte Banken und Sparkassen ausgereicht wird. Mit dem KfW-Studienkredit können zwar auch Zweit-, Zusatz-, Ergänzungs- und Aufbaustudiengänge finanziert werden, allerdings nur, wenn die oder der Studierende in Deutschland weiterhin immatrikuliert ist. Vollständig im Ausland absolvierte Studiengänge kommen für die Förderung nicht infrage. Im Übrigen bieten nur noch wenige private Banken, Sparkassen und andere Finanzdienstleister Darlehen für Aufbaustudiengänge an. Ein Vorteil eines privaten Studienkredits gegenüber dem staatlichen Bildungskredit liegt in der Planungssicherheit. Einen Bankkredit kann man deutlich vor Beginn des Studiums aushandeln. Ist der Kreditvertrag einmal abgeschlossen, besteht ein Rechtsanspruch auf Auszahlung des Geldes. Bevor ein Darlehen bewilligt wird, muss man in der Regel einen Studienplan vorlegen, in dem man einen zeitlichen Überblick über die geplanten Studienziele gibt. Der Studienplan ist mit dem Businessplan bei Krediten für Existenzgründer:innen vergleichbar.

Nachteil dieser Finanzierungsform ist, dass – anders als beispielsweise beim Bildungskredit der Bundesregierung – höhere Zinsen und gegebenenfalls Bearbeitungsgebühren anfallen. Zudem beginnt die Rückzahlungspflicht meist früher als beim Bildungskredit. Nur wenn keine anderen Möglichkeiten zur Finanzierung zur Verfügung stehen, sollte man an einen solchen Studienkredit denken. Die Rückzahlung der Schulden ist in der Zeit nach dem Aufbaustudium eine große finanzielle Belastung. Absolviert man das LL.M.-Studium nach der Zweiten Juristischen Staatsprüfung, kann ein durch den LL.M.-Titel eventuell höheres Gehalt diese Belastung leichter kompensieren. Wird das LL.M.-Studium jedoch vor dem Referendariat absolviert, zögert sich die Rückzahlung bis zum Abschluss der Zweiten Juristischen Staatsprüfung bzw. bis zum Berufseinstieg hinaus, da das Referendariatsgehalt eine Tilgung des Kredits meist nicht erlaubt.

TIPP: Man sollte möglichst verschiedene Angebote von mehreren Darlehensanbietern einholen und die mit der Darlehensaufnahme verbundenen Kosten vergleichen. Es lohnt sich, nicht nur die Zinsen, sondern auch die anderen Konditionen der Kreditvergabe zu vergleichen, zum Beispiel den Umfang der geforderten Sicherheiten oder die Rückzahlungsmodalitäten. Auch hier können erhebliche Unterschiede bestehen. Einen guten Überblick bietet der CHE-Studienkredit-Test 2022 von Ulrich Müller; das Arbeitspapier (Stand Juli 2022) steht im Internet kostenlos zum Download bereit.[2]

Studien- und Bildungsfonds

Eine verhältnismäßig neue Form der Studienförderung sind Studien- und Bildungsfonds. Die Fonds finanzieren sich über private Geldgebende bzw. institutionelle Anleger:innen. Die Aufnahme in die Förderung erfolgt über einen Bewerbungsprozess. Es können Studiengebühren und Lebenshaltungskosten für das Studium im In- oder Ausland finanziert werden. Die Förderung beträgt in der Regel maximal 2.000 Euro pro Monat, insgesamt zwischen 30.000 und 70.000 Euro.

---

2 https://www.che.de/download/che-studienkredit-test-2022, abgerufen am 02.10.2022.

Im Gegensatz zu einem Studienkredit erfolgt die Rückzahlung der Studienförderung einkommensabhängig nach dem Berufseinstieg. Innerhalb einer vorab festgelegten Zeitspanne zahlen die geförderten Studierenden einen individuell berechneten, festen Prozentsatz ihres Bruttoeinkommens an den Fonds zurück. Es gibt keinen festen Zinssatz oder Tilgungsraten wie bei einem Darlehen. Vorteil dieser Art der Finanzierung ist, dass einerseits die Rückzahlung nach oben hin begrenzt ist und andererseits im Falle von andauernder Arbeitslosigkeit sich diese reduziert oder gegebenenfalls entfällt. Nachteil ist jedoch, dass ein Auswahlverfahren durchlaufen werden muss. Da die Fondsinitiator:innen darauf hoffen, dass die geförderten Studierenden sich nach Studienabschluss einträgliche Arbeitsplätze suchen, werden vornehmlich überdurchschnittlich leistungsorientierte, engagierte und motivierte Studierende gefördert.

Die Förderung über einen Fonds ist mit anderen Finanzierungsmöglichkeiten (z. B. BAföG, Bildungskredit, Stipendium) kombinierbar. Einen guten Überblick bietet auch hier der CHE-Studienkredit-Test 2022 von Ulrich Müller.

Finanzierung durch (Auslands-)BAföG?

Viele LL.M.-Interessierte kennen die Studienförderung nach dem Bundesausbildungsförderungsgesetz (BAföG). Eine solche Förderung ist grundsätzlich auch für Auslandsstudien möglich, aber nach § 7 Abs. 2 Nr. 2 BAföG für ein Aufbaustudium nur dann, wenn die Ausbildung für die Aufnahme des angestrebten Berufes rechtlich erforderlich ist. Die VwV BAföG, Ziff. 7.2.11, führt hierzu aus: „Erforderlich ist die weitere Ausbildung für Auszubildende, die nach dem von ihnen erreichten Ausbildungsstand den Zugang zu dem Beruf nur durch diese Ausbildung erreichen können. Nicht erforderlich ... ist eine weitere Ausbildung, wenn durch sie lediglich eine höhere Qualifikation im gleichen Ausbildungsberuf erreicht werden kann." Ziff. 7.2.12: „Die Zugangsbedingung zu dem angestrebten Beruf muss in einer Rechtsvorschrift (z. B. Gesetz, Rechtsverordnung) geregelt sein; Verwaltungsvorschriften oder eine Einstellungspraxis der Wirtschaft oder von Behörden begründen die rechtliche Erforderlichkeit nicht."

Der LL.M.-Titel ist jedoch in der Regel für Juristinnen und Juristen keine rechtliche Voraussetzung für die Berufszulassung. Nötig zur Berufszulassung sind in Deutschland zwei (Staats-)Examina, im Ausland besondere Prüfungen wie zum Beispiel das bereits erwähnte Bar Exam. Auch eine Förderung nach § 7 Abs. 2 Nr. 3 des BAföG ist nicht möglich. Deshalb ist ein LL.M.-Studium grundsätzlich nicht förderungswürdig im Sinne des BAföG. Anders ist die Situation, wenn man das LL.M.-Studium vor Abschluss der Ersten Juristischen Prüfung absolviert. Wenn die im LL.M.-Studium erbrachten Studienleistungen auf das Studium in Deutschland anrechenbar sind, kann das sogenannte Auslands-BAföG gewährt werden. Darüber hinaus ist es von der finanziellen Situation der Antragstellenden und der ihrer Familie abhängig, ob sie BAföG erhalten.

TIPP: Einzelheiten zur Förderungsfähigkeit des konkret ausgewählten LL.M.-Programms erfragen Interessierte am besten direkt beim Amt für Ausbildungsförderung beziehungsweise beim Studierendenwerk ihrer Universität.

Allgemeine Informationen zum BAföG gibt es unter www.bafög.de. Für Fragen steht auch die gebührenfreie Hotline bereit, die das Bundesministerium für Bildung und Forschung gemeinsam mit dem Deutschen Studierendenwerk unter der Nummer 0800 2236341 oder 0800 BAFOEG1 anbietet.

Fazit: Eine Förderung des LL.M.-Studiums über BAföG ist im Regelfall nicht möglich. Nur bei einem LL.M.-Studium vor der Ersten Juristischen Prüfung kann man eventuell eine Förderung in Anspruch nehmen.

(Teil-)Erlass von Studiengebühren

Ein weiterer Aspekt der Finanzierung eines Auslandsstudiums ist die Reduzierung der Kosten. Vor allem bei Universitäten in Nordamerika besteht die Möglichkeit, die Kosten für das Studium durch einen (Teil-)Erlass der Studiengebühren zu verringern.

Eine Möglichkeit, einen solchen (Teil-)Erlass zu erhalten, bietet die Teilnahme an einem Austauschprogramm der eigenen Universität in Deutschland. Alle deutschen Universitäten unterhalten Kooperationsprogramme oder Partnerschaften mit ausländischen Hochschulen. Im Rahmen solcher Kooperationsvereinbarungen sagen ausländische Universitäten (ehemaligen) Studierenden der deutschen Partneruniversität LL.M.-Studienplätze zu. Hinzu kommen nicht selten Zusagen für die Ermäßigung oder den Erlass von Studiengebühren. Die Voraussetzungen für die Teilnahme an einem solchen Austauschprogramm werden von den jeweiligen Universitäten individuell festgelegt. Nähere Informationen hierzu geben die Akademischen Auslandsämter der Hochschulen. Einen ersten Überblick über internationale Hochschulkooperationen bietet der Hochschulkompass unter www.hochschulkompass.de.

Besteht zwischen der Heimatuniversität und der ausländischen Wunschuniversität keine Kooperation, kann es sich insbesondere bei den Universitäten in Nordamerika lohnen, eine Ermäßigung oder einen Erlass der Studiengebühren anzustreben. Viele Universitäten verfügen über einen finanziellen Spielraum, der es ihnen erlaubt, die Studiengebühren anzupassen. Die Bezeichnungen für den (Teil-)Erlass variieren; neben dem selbsterklärenden „tuition waiver“ wird er teilweise auch „scholarship“ genannt. Exklusive Stipendien vergeben manche Universitäten im Rahmen des e-fellows.net LL.M. Day speziell an Teilnehmende des Informationstages.

Um einen Erlass der Gebühren zu erwirken, können sich Studierende, sobald sie die Zahlungsaufforderung für die Studiengebühren erhalten haben, an die „Financial Aid“-Büros der jeweiligen Universität wenden. Diese sind für Gebührenermäßigungen und -erlasse an den Hochschulen eingerichtet worden. Eine Anfrage bei der ausländischen Universität, ob es „scholarships“ gibt, hilft häufig weiter.

Steuerliche Absetzbarkeit[3]

Neben den finanziellen Mitteln sollte man die steuerlichen Auswirkungen des Studiums bedenken. Die Kosten für das Studium können als Sonderausgaben, Betriebsausgaben oder Werbungskosten das zu versteuernde Einkommen und damit die Einkommensteuer verringern. Absolvent:innen können dadurch einen Teil ihrer Ausgaben durch verminderte Steuerzahlungen in den Folgejahren kompensieren. Faktisch ist die Investition in ein Aufbaustudium also eine Steuervorauszahlung. Auch wenn einem das Thema Steuern eher fernliegt, lohnt sich die Berücksichtigung steuerlicher Aspekte bei der Planung der Finanzen auf jeden Fall. Die steuerlichen Auswirkungen hängen im Einzelnen davon ab, ob das LL.M.-Studium vor oder nach einer Erstausbildung bzw. dem Ende des Erststudiums abgeschlossen wird. Da die steuerliche Geltendmachung ein sehr komplexes Thema ist, kann im Folgenden nur ein grober Überblick gegeben werden. Im Einzelfall ist es besser, Rat bei Steuerberater:innen oder Steuerjurist:innen einzuholen.

Nach der Ersten Juristischen Prüfung

Aufwendungen für ein LL.M.-Studium können steuermindernd geltend gemacht werden, wenn sie beruflich veranlasst sind und dem Studium eine abgeschlossene Berufsausbildung oder ein abgeschlossenes Erststudium vorausgegangen ist. Zudem muss es sich bei dem Zweitstudium um ein Zusatzstudium handeln, durch das die im Rahmen des Erststudiums erworbenen Kenntnisse ergänzt und vertieft werden und das nicht den Wechsel zu einem andersgearteten Beruf ermöglicht. Diese Voraussetzungen sind in der Regel bei einem LL.M.-Studium, das nach erfolgreichem Abschluss der Ersten Juristischen Prüfung absolviert wird, erfüllt.

Demnach können die Kosten für ein LL.M.-Studium nach Abschluss der Ersten Juristischen Prüfung unabhängig von der konkreten Art der (späteren) juristischen Tätigkeit steuermindernd geltend gemacht werden. Arbeitet man in einem Anstellungsverhältnis, setzt man die Kosten als sogenannte Werbungskosten bei den Einkünften aus nichtselbstständiger Tätigkeit ab. Wird man selbstständig tätig, zum Beispiel als niedergelassener Anwalt, macht man sie als Betriebsausgaben bei den Einkünften aus selbstständiger Tätigkeit geltend. Werbungskosten und Betriebsausgaben haben den gleichen steuerlichen Effekt. Im Folgenden werden aus Vereinfachungsgründen nur die Werbungskosten ausdrücklich genannt.

TIPP: Um die entstandenen Kosten steuermindernd geltend machen zu können, muss man alle Rechnungen und Belege aufbewahren, um sie auf Nachfrage beim Finanzamt vorlegen zu können. Spätestens beim Erhalt des Steuerbescheids (und der Einkommensteuererstattung) sieht man, dass sich die Mühe auszahlt.

---

3 Stand der Informationen: September 2022.

Die für das LL.M.-Studium getätigten Aufwendungen können sich aber auch dann steuermindernd auswirken, wenn sie in einem Zeitraum anfallen, in dem man keine Einnahmen erzielt und damit keine Einkommensteuer gezahlt hat.

Die Aufwendungen werden in diesem Fall als sogenannte vorweggenommene Werbungskosten berücksichtigt und als Verlust vorgetragen. Dieser Verlust wird dann mit Einkünften in künftigen Jahren verrechnet. Voraussetzung hierfür ist, dass es einen konkreten Zusammenhang zwischen Studium und künftig beabsichtigter Tätigkeit gibt. Es spielt keine Rolle, dass zur Zeit des Studiums noch kein konkretes Arbeitsverhältnis besteht. Der Bundesfinanzhof hat in einem Urteil[4] zum Werbungskostenabzug für ein LL.M.-Studium ausgeführt, dass das Auslandsstudium der Vertiefung und Ergänzung des juristischen Wissens im internationalen Recht dient. Kenntnisse fremder Rechtsordnungen werden vielfach nicht nur in der Privatwirtschaft, sondern auch bei Tätigkeiten in Organisationen oder der Verwaltung verlangt. Nach dem erfolgreichen Abschluss verbessern sich die Chancen erheblich, den erstrebten Arbeitsplatz zu erhalten.[5] Für den Zeitraum seines LL.M.-Studiums sollte man daher auch dann eine Steuererklärung abgeben, wenn keine Einnahmen erzielt wurden.

TIPP: Wichtig für eine steuerliche Berücksichtigung ist, dass nach Abschluss des Studiums Einnahmen in Deutschland anfallen. Werden steuerpflichtige Einnahmen im Ausland erzielt, findet das deutsche Steuerrecht nicht zwangsläufig Anwendung. Unter Umständen können die Kosten jedoch auch im Ausland geltend gemacht werden. In derartigen Fällen sollte man unbedingt professionellen Rat einholen!

Abzugsfähige Kosten

Werbungskosten sind alle Aufwendungen zur Erwerbung, Sicherung und Erhaltung von Einnahmen. Werbungskosten von Arbeitnehmer:innen sind Ausgaben, die beruflich veranlasst sind, also in einem unmittelbaren Zusammenhang mit der beruflichen Tätigkeit stehen. Die in einem LL.M.-Studium erworbenen Kenntnisse werden von der Absolventin oder dem Absolventen nach erfolgreichem Studienabschluss im Berufsleben angewendet und stehen somit in unmittelbarem Zusammenhang mit der Erzielung von Einkünften entweder in einem Angestelltenverhältnis oder in selbstständiger Tätigkeit.

4 BFH, Urteil v. 22.07.2003, VI R 4/02, BFH/NV 2004, S. 32.

5 Dies gilt auch für ein MBA-Studium, BFH, Urteil v. 19.04.1996, Az. VI R 24/95; BFHE 180, S. 360.

Konsequenz dieser Rechtsprechung ist: Als Werbungskosten abziehbar sind sämtliche Erwerbsaufwendungen, die im Zusammenhang mit dem Studium stehen. Es sind im Einzelnen:

1. Kosten im Vorfeld

- Reisekosten zum Studienort und zurück
- Bewerbungskosten für die Bewerbung bei der Universität, wie Bearbeitungsgebühren, Kopier- und Druckkosten, Kosten für Bewerbungsmappen, Porto, Beglaubigungen, Übersetzungen, Sprachtest, ggf. Englischkurse zur Vorbereitung des Tests
- Bewerbungskosten für Stipendien, Kosten für die Beschaffung des Visums und damit verbundene Aufwendungen wie ärztliche Untersuchungen

2. Eigentliche Studienkosten

- Studiengebühren
- Aufwendungen für Arbeitsmittel wie Lehrbücher und Zeitschriften, Computer
- laufende Studienkosten wie Beiträge zu Studierendenvereinigungen, Druckkosten
- Fahrtkosten für die Wege zwischen Uni und Wohnung (in Höhe von 30 Cent pro Entfernungskilometer für die ersten 20 km und ab dem 21. km 35 Cent)

3. Kosten nach Studienabschluss

- Zinsen für ein Ausbildungs-/Studiendarlehen, auch wenn sie nach Abschluss der Berufsausbildung/des Studiums gezahlt werden; Aufwendungen zur Tilgung sind hingegen nicht abziehbar.

Auch die Kosten, die durch die Planung und Vorbereitung der Studienfinanzierung anfallen, kann man später steuerlich geltend machen.

Doppelte Haushaltsführung

Wer sein LL.M.-Studium im Ausland absolviert und seine Wohnung in Deutschland nicht aufgeben will, kann neben den oben genannten Kosten unter bestimmten Voraussetzungen auch Kosten für die Unterkunft am Studienort und die Lebenshaltungskosten steuermindernd geltend machen. Diese Aufwendungen werden im Steuerrecht unter dem Begriff „doppelte Haushaltsführung“ zusammengefasst.

Bei einer doppelten Haushaltsführung unterhält man neben seiner Wohnung, in der man seinen Hausstand führt beziehungsweise in der die Familie lebt, aus beruflichen Gründen eine zweite Wohnung am Studienort. Auch Singles können Kosten für die doppelte Haushaltsführung geltend machen. Voraussetzung ist, dass man einen eigenen Hausstand sowohl am Studienort als auch am eigentlichen Wohnort, an dem sich weiterhin der Lebensmittelpunkt befindet, unterhält. Unterhalten bedeutet die Führung eines Haushalts mitzubestimmen.[6] Ein gewichtiges Indiz dafür ist die Kostentragung.[7] Für die Anerkennung der doppelten Haushaltsführung ist es erforderlich, dass mindestens 10 Prozent der monatlich anfallenden Kosten (z. B. Miete, Mietnebenkosten, Aufwendungen für Lebensmittel und andere Dinge des täglichen Bedarfs) getragen werden.

6 BFH, Beschluss v. 01.03.2017, Az. VI B 74/16, BFH/NV 2017, 903.

7 BFH, Urteil v. 14.06.2007, Az. VI R 60/05, BFH/NV 2007, 1996.

TIPP: Sofern man also seine Wohnung am Heimatort behält, gibt es die Möglichkeit, die Kosten für Unterkunft und Verpflegung am Studienort bis 1.000 Euro monatlich sowie notwendige Kosten für Einrichtungsgegenstände, Fahrtkosten und Umzugskosten steuerlich geltend zu machen. Diese Möglichkeit der Steuerminderung sollte jedoch nicht allein Anlass sein, die Wohnung im Heimatland beizubehalten. Denn trotz des Steuersparpotenzials ist die finanzielle Belastung bei zwei Wohnsitzen erheblich.

Um die Kosten steuerlich geltend machen zu können, muss am Hauptwohnort eine abgeschlossene Wohnung zur Verfügung stehen. Hierbei können die Wohnverhältnisse am Lebensmittelpunkt vergleichsweise einfach und beengt sein.[8] Auch wer an seinem Hauptwohnort bei dem oder der Lebenspartner:in unterkommt und sich dort an der gemeinsamen Haushaltsführung finanziell (mindestens zehn Prozent der monatlich anfallenden Kosten) beteiligt, kann die Ausgaben für den doppelten Haushalt am Studienort steuerlich geltend machen. Das „Kinderzimmer" bei den Eltern gilt jedoch in der Regel auch dann nicht als eigener Hausstand, wenn es entgeltlich überlassen wird. Als Zweitwohnung am Studienort gilt jede zur Übernachtung geeignete Unterkunft, zum Beispiel eine gemietete Wohnung oder ein möbliertes Zimmer. Absetzbar sind die tatsächlichen Ausgaben, Unterkunftskosten von bis zu 1.000 Euro pro Monat, dazu gehören Miete, Betriebskosten, Reinigungskosten, Zweitwohnungssteuer und Hausratversicherung.

Bis einschließlich 2007 konnten Studierende anstelle der tatsächlich angefallenen Kosten im Ausland auch (aus steuerlicher Sicht wesentlich günstigere) pauschale Auslandsübernachtungsgelder zugrunde legen. Diese Möglichkeit besteht seit 2008 nicht mehr. Es werden nur noch die tatsächlichen Kosten anerkannt.[9] Aber zumindest werden pauschale Verpflegungskosten für die ersten drei Monate nach Bezug der Zweitwohnung als Werbungskosten akzeptiert. Die Pauschalbeträge sind länderspezifisch, das heißt, sie variieren von Land zu Land. Die länderspezifischen Einzelheiten finden sich in dem BMF-Schreiben vom 03.12.2020 - IV C 5 - S 2353/19/10010:002 - 2020/1163533.

Arbeitszimmer

Die Aufwendungen für ein häusliches Arbeitszimmer können seit dem 1. Januar 2007 nur noch dann vollumfassend steuermindernd berücksichtigt werden, wenn das Arbeitszimmer den Mittelpunkt der gesamten beruflichen Betätigung bildet.

Wird das LL.M.-Studium berufsbegleitend und -ergänzend betrieben, steht in der Regel ein (Haupt-)Arbeitsplatz beim Arbeitgeber zur Verfügung. Wer demnach seinem Studium neben einer Vollzeitbeschäftigung im Betrieb des Arbeitgebers nachgeht, kann keine Kosten für sein Arbeitszimmer zum Abzug bringen.

Kandidat:innen, die neben dem Studium keiner beruflichen Tätigkeit nachgehen, deren einziger Betätigungsmittelpunkt das häusliche Arbeitszimmer ist und die keine doppelte Haushaltsführung geltend machen, sollten die anteilig auf das Arbeitszimmer entfallenden Kosten (z. B. anteilige Betriebsausgaben und Miete, Reinigungs-

---

8 BFH, Urteil v. 14.10.2004, Az. VI R 82/02, BStBl. 2005 II, S. 98.

9 R9.11 Abs. 8 LStR 2015.

kosten, Renovierungskosten, Tapete, Teppich, Gardinen etc.) steuermindernd geltend machen. Bei unterjähriger Nutzung des Arbeitszimmers können nur die zeitanteiligen Aufwendungen berücksichtigt werden.

Hierfür müssen die folgenden Voraussetzungen erfüllt sein:

- Das Arbeitszimmer muss ausschließlich oder nahezu ausschließlich (private Nutzung mehr als zehn Prozent) zu beruflichen Zwecken (also zum Studium) genutzt werden und auch dementsprechend eingerichtet sein.[10]
- Wohnung und Arbeitszimmer sind räumlich voneinander getrennt. Es ist ein separater Raum, der von der übrigen Wohnung durch eine Tür oder Wand abgetrennt ist, erforderlich. Ein Raumteiler, eine Arbeitsecke oder ein Durchgangszimmer genügen nicht.[11]
- Kandidat:innen und ihrer Familie verbleibt ein ausreichendes Raumangebot für die privaten Wohnbedürfnisse.

Fazit: Ein Arbeitszimmer steuerlich geltend zu machen, mindert die Kosten, allerdings nur bei einem Vollzeitstudium ohne gleichzeitige Berufstätigkeit.

Steht kein separates Arbeitszimmer zur Verfügung, können Studierende seit dem Jahr 2020 ggf. die sog. Homeoffice-Pauschale[12] für jeden Kalendertag, an dem sie ausschließlich zu Hause gelernt haben und nicht an der Hochschule oder in Bibliothek waren, geltend gemacht werden. Wird das Studium vom heimischen Schreibtisch aus und nicht im Hörsaal absolviert, können mit der Homeoffice-Pauschale pro Arbeitstag in den eigenen vier Wänden fünf Euro von der Steuer abgesetzt werden. Die Pauschale ist auf höchstens 600 Euro im Jahr begrenzt. Das entspricht 120 Arbeitstagen (120 Tage × 5 Euro = 600 Euro).

Steuerliche Behandlung von Stipendien

Studierende, die ein Stipendium erhalten, können Kosten im Zusammenhang mit dem Studium gar nicht oder nur begrenzt steuermindernd geltend machen – das ist abhängig vom Umfang des Stipendiums. Der Hintergrund: Stipendien sind in der Regel einkommensteuerfrei, wenn sie aus öffentlichen Mitteln oder von einer öffentlichen Stiftung gezahlt werden und zum Zweck der Förderung der Erziehung, Ausbildung oder Wissenschaft gewährt werden.[13] Diese Voraussetzungen dürften bei Stipendien des DAAD und den meisten anderen deutschen Stiftungen vorliegen.[14] Werbungskosten können jedoch nur von steuerpflichtigem Einkommen abgezogen werden und auch nur dann, wenn derjenige, der sie geltend macht, tatsächlich finanziell belastet ist. Wenn Werbungskosten in unmittelbarem wirtschaftlichem Zusammenhang mit den Einnahmen aus dem steuerfreien Stipendium stehen, können diese nicht steuer-

---

10 BFH, Beschluss vom 27.07.2015, Az: GrS 1/14, DStR 2016, 210.

11 BFH, Beschluss vom 27.07.2015, Az: GrS 1/14, DStR 2016, 210.

12 § 4 Abs. 5 Nr. 6b Satz 4 EStG

13 § 3 Nr. 44 EStG.

14 Das gleiche gilt für Beihilfen, die aufgrund des Fulbright-Abkommens gezahlt werden, § 3 Nr. 42 EStG.

mindernd geltend gemacht werden.[15] Sofern die Aufwendungen durch die Zahlung des Stipendiums erstattet werden, entfällt der Werbungskostenabzug.

Ein Beispiel: Studiengebühren sind bei einer Übernahme durch Stipendiengebende nicht absetzbar. Die von Stipendiengebenden gewährten Mittel sind dabei nach ihrem Zweck zu beurteilen. Es ist zwischen Büchergeld, Reisezuschüssen, Studiengebühren und Lebenshaltungskosten zu unterscheiden.

TIPP: Kosten, die über das gewährte Stipendium hinaus anfallen, kann man weiterhin als Werbungskosten absetzen. Auch wer ein Stipendium erhält, sollte steuerliche Aspekte weiter im Blick behalten, um die finanzielle Belastung zu senken.

Vor der Ersten Juristischen Prüfung

Wird das LL.M.-Studium im Ausland absolviert und vor der Ersten Juristischen Prüfung abgeschlossen, und ist dem Studium keine andere abgeschlossene Ausbildung (nichtakademische Berufsausbildung, berufsqualifizierendes Studium) vorausgegangen, handelt es sich um ein im Ausland abgeschlossenes Erststudium.[16] Die hierfür entstandenen Kosten sind nach der Gesetzeslage gem. § 4 Abs. 9 EStG bzw. § 9 Abs. 6 EStG nicht als Betriebsausgaben bzw. Werbungskosten abziehbar. Die Kosten für ein Erststudium werden von der Finanzverwaltung daher derzeit nur als Ausbildungskosten i.S.d. § 10 Abs. 1 Nr. 7 S. 1 EStG anerkannt und sind damit nur begrenzt als Sonderausgaben abziehbar (maximal 6.000 Euro jährlich einschließlich auswärtiger Unterbringung). Als Sonderausgaben können die bereits oben als Werbungskosten aufgezählten, direkt im Zusammenhang mit dem Studium anfallenden Aufwendungen berücksichtigt werden. Eine weitere Beschränkung der steuerlichen Geltendmachung liegt darin, dass die Ausbildungskosten nur dann als Sonderausgaben angerechnet werden können, wenn die Absolvent:innen im gleichen Jahr eigene Einkünfte erzielen. Ohne eigene Einkünfte ist eine steuerliche Berücksichtigung nicht möglich. Da die meisten Studierenden vor Abschluss der Ersten Juristischen Prüfung über keine oder nur geringe Einkünfte verfügen, sind in diesem Fall nur sehr geringe oder gar keine steuerlichen Vorteile zu erzielen.

Fazit: Die Kosten für ein LL.M.-Studium vor der Ersten Juristischen Prüfung und ohne vorhergehende abgeschlossene Ausbildung können nur in sehr begrenztem Umfang steuerlich geltend gemacht werden.

---

15 § 3c Abs. 1 EStG.

16 BFH, Urteil v. 18.06.2009, Az. VI R 14/07, BFHE 225,393; BMF-Schreiben vom 22.09.2010, IV C 4 - S 2227/07/10002.

Geltendmachung der entstandenen Kosten

Wer Steuervergünstigungen in Anspruch nehmen will, muss seine Steuererklärungen sehr sorgfältig ausfüllen. Die entstandenen Werbungskosten werden in den Anlagen N (beim Studium im Inland) bzw. N-AUS (beim Studium im Ausland) der Einkommensteuererklärung für das Jahr eingetragen, in dem die Kosten tatsächlich angefallen sind. Zusätzlich muss man die Belege aufbewahren und ggf. nach Aufforderung dem Finanzamt vorlegen. Abhängig davon, ob bereits Einkünfte erzielt wurden, wird die Einkommensteuer im gleichen Jahr gemindert oder die entstandenen Kosten werden als Verlust festgestellt, der mit den Einkünften in einem künftigen Jahr verrechnet wird.

Sofern man im Jahr des Studienantritts Einkünfte erzielt hat, mindern die Werbungskosten diese Einkünfte und damit die Einkommensteuer. Bereits gezahlte Lohnsteuer (bei Angestellten) oder Einkommensteuervorauszahlungen (bei Selbstständigen) werden erstattet. Übersteigen die Werbungskosten die gesamten Einkünfte des entsprechenden Jahres, wird zusätzlich ein Verlust in Höhe des übersteigenden Betrags festgestellt. Dieser Verlust wird mit Einkünften des dem Verlustjahr vorangegangenen Jahres verrechnet, und die in jenem Jahr gezahlten Steuern werden erstattet. Wurden im Jahr des Studienantritts und davor keine Einkünfte erzielt, werden die entstandenen Kosten als Verlust festgestellt und in darauffolgenden Jahren mit Einkünften verrechnet, bis der Verlust aufgebraucht ist.

Die Steuererklärung muss spätestens vier Jahre nach Ablauf des jeweiligen Kalenderjahres abgegeben werden. Die Einkommensteuererklärung für das Jahr 2022 beispielsweise muss also bis spätestens 31. Dezember 2026 beim Finanzamt eingegangen sein.

TIPP: Diese Frist kann nicht verlängert werden.[17] Dennoch besteht bei unverschuldeter Fristversäumnis ausnahmsweise die Möglichkeit, einen Antrag auf „Wiedereinsetzung in den vorigen Stand" nach § 110 AO zu stellen, beispielsweise wegen überlanger Postlaufzeiten.

Weitere steuerliche Gestaltungsmöglichkeiten

Verlustvortrag auf der elektronischen Lohnsteuerkarte

Eine erste Möglichkeit bietet die Berücksichtigung bei den elektronischen Lohnsteuerabzugsmerkmalen (ELStAM). Hat man vor dem Studienantritt keine Einkünfte erzielt und wird ein verbleibender Verlustvortrag festgestellt, kann der Verlust bei den ELStAM des darauffolgenden Jahres beantragt werden. Bei der Berechnung der monatlichen Lohnsteuerabzüge berücksichtigt der Arbeitgeber dann den Verlust aus dem Vorjahr und behält entsprechend geringere Abzugsbeträge ein. Durch die Eintragung entsteht ein Liquiditäts- bzw. Zinsvorteil. Den Antrag auf Lohnsteuerermäßigung stellt man bei dem Finanzamt, in dessen Bezirk man zum Zeitpunkt der Antragstellung wohnt. Den nötigen Vordruck gibt es im Internet oder direkt beim Finanzamt.

---

17 BFH, Urteil v. 03.06.1986, Az. IX R 121/83, BStBl II 1987, S. 421.

Die Antragsstellung kann vom 1. Oktober des Verlustjahres bis zum 30. November des Folgejahres gestellt werden. Der Freibetrag wird grundsätzlich mit Wirkung vom Beginn des auf die Antragstellung folgenden Monats bei den ELStAM berücksichtigt. Wird der Antrag jedoch im Januar gestellt, so erfolgt die Eintragung mit Wirkung ab 1. Januar des jeweiligen Jahres. Wird kein Eintrag bei den ELStAM vorgenommen, wird die Einkommensteuer nach Einreichen der Einkommensteuererklärung erstattet.

Verrechnung mit vorherigen Einkünften

Eine zweite Möglichkeit der steuerlichen Gestaltung ist die Verteilung der Studienkosten auf zwei Kalenderjahre. Hat man bereits vor der Aufnahme des Studiums steuerpflichtige Einkünfte erzielt, während des Studiums dagegen keine, lassen sich durch die Verteilung der Kosten auf zwei Kalenderjahre die besten steuerlichen Effekte erzielen, wenn das Studium Mitte des Jahres eins aufgenommen und Mitte des Jahres zwei abgeschlossen wird.

Werden also beispielsweise die Studiengebühren pro Semester bezahlt (also ein Teil im Jahr eins und ein Teil im Jahr zwei), lassen sich die Werbungskosten auf zwei Jahre verteilen. So fällt eine Hälfte der Werbungskosten im Jahr eins und die andere im Jahr zwei an. Der Vorteil dieser Kostenverteilung liegt in der besseren Nutzung des Grundfreibetrags. Dies hat folgenden Hintergrund: Jeder Steuerpflichtige hat einen sogenannten Grundfreibetrag, der der Absicherung des Existenzminimums dient. Das zu versteuernde Einkommen ist bis zum Grundfreibetrag (für Ledige 2022: 10.347 Euro) einkommensteuerfrei. Überschreitet das zu versteuernde Einkommen den Grundfreibetrag, zahlt man Einkommensteuer auf den Betrag, der über dem Freibetrag liegt. Mindern die Werbungskosten das zu versteuernde Einkommen auf einen Betrag, der unter dem Grundfreibetrag liegt, bleibt das Einkommen des entsprechenden Jahres steuerfrei. Hierbei ist es steuerlich unwesentlich, ob der Grundfreibetrag nur um wenige Euro oder um einen großen Betrag unterschritten wird. Die geltend gemachten Werbungskosten sind „verloren". Dies soll an folgendem vereinfachten Beispiel verdeutlicht werden:
Kandidatin A und Kandidat B sind angestellt als Rechtsanwältin und Rechtsanwalt mit einem Jahreseinkommen von jeweils 40.000 Euro. Beide entschließen sich dazu, ein LL.M.-Studium zu absolvieren, das Gesamtkosten von jeweils 26.000 Euro mit sich bringt. Kandidatin A beginnt ihr Studium am 1. Juli des Jahres eins und schließt es am 30. Juni des Jahres zwei ab. Vom 1. Januar bis zum 30. Juni des Jahres eins und anschließend wieder ab dem 1. Juli des Jahres zwei erzielt sie Einkünfte als angestellte Anwältin. Kandidat B nimmt sein Studium bereits am 1. Januar des Jahres eins auf und schließt es am 31. Dezember des gleichen Jahres ab. Ist man beim Studienbeginn flexibel, so kann man mit der Verteilung der Werbungskosten auf zwei Jahre zusätzlich Steuern sparen, wie die folgende vereinfachte Beispielrechnung zeigt.

Kandidatin A

Jahr eins	Einkünfte	20.000 Euro
	Werbungskosten	13.000 Euro
	zu versteuerndes Einkommen (< 10.347 Euro, Grundfreibetrag)	7.000 Euro
	zu zahlende Einkommensteuer	0 Euro
Jahr zwei	Einkünfte	20.000 Euro
	Werbungskosten	13.000 Euro
	zu versteuerndes Einkommen (< 10.347 Euro, Grundfreibetrag)	7.000 Euro
	zu zahlende Einkommensteuer	0 Euro
	Einkommensteuer in den Jahren eins und zwei	**0 Euro**

Kandidat B

Jahr eins	Einkünfte	0 Euro
	Werbungskosten	26.000 Euro
	zu versteuerndes Einkommen (< 10.347 Euro, Grundfreibetrag)	0 Euro
	zu zahlende Einkommensteuer	0 Euro
	Verlustvortrag im Jahr eins	**26.000 Euro**
Jahr zwei	Einkünfte	40.000 Euro
	Verlustvortrag	26.000 Euro
	zu versteuerndes Einkommen (< 10.347 Euro, Grundfreibetrag)	14.000 Euro
	zu zahlende Einkommensteuer	1.600 Euro
	Einkommensteuer in den Jahren eins und zwei	**1.600 Euro**

Beispiele zur steuerlichen Geltendmachung von Werbungskosten im Studium

Darlehensverträge mit Angehörigen

Studierende, die ihr Studium mit einem Darlehen (teil-)finanzieren, können die Zinszahlungen als Werbungskosten steuermindernd geltend machen. Das trifft auch auf verzinsliche Darlehen zu, die man von Verwandten erhält. Allerdings muss man zwei Punkte beachten: Zum einen sollte man zu Dokumentationszwecken stets einen schriftlichen Darlehensvertrag abschließen. Zum anderen müssen die vertragliche Gestaltung und die tatsächliche Durchführung einem Fremdvergleich standhalten. Wichtig ist vor allem, dass der Darlehensvertrag zu Beginn des Vertragsverhältnisses geschlossen wird und übliche Vereinbarungen, vor allem über die Höhe der Darlehenssumme, die Laufzeit des Darlehens mit Rückzahlungsmodalitäten und die Verzinsung des geliehenen Kapitals, dessen Rückzahlung und Besicherung sowie die Kündigungsmöglichkeiten beider Parteien enthält. Ob im Einzelfall ein Vertrag zwischen Angehörigen anzuerkennen ist, richtet sich nach Auffassung des BFH[18] nach der Gesamtheit der objektiven Gegebenheiten und ist aufgrund einer Gesamtwürdigung aller Umstände des Einzelfalls zu entscheiden.

18 BFH, Beschluss v. 18.11.1998, Az. VIII B 27/98, BFH/NV 1999, S. 613.

Insbesondere schließt nicht jede geringfügige Abweichung vom Üblichen die steuerliche Anerkennung des Vertragsverhältnisses aus. Je mehr die Umstände auf eine private Veranlassung hindeuten, desto strengere Anforderungen sind jedoch an den Fremdvergleich zu stellen. Ist das Darlehen verzinslich ausgestaltet, unterliegen die von dem Angehörigen eingenommenen Zinsen der Einkommensteuer. Hinsichtlich der tatsächlichen Durchführung ist zu beachten, dass die Zinsen zu den Fälligkeitszeitpunkten entrichtet werden.

Achtung: Wurde ein Darlehensvertrag mit einem Drittanbietenden abgeschlossen und werden die dadurch entstehenden Kosten nicht von der oder dem Studierenden selbst, sondern von den Eltern (als Geschenk) getragen, ist ein Werbungskostenabzug weder für die Studierenden noch für die Eltern möglich: Der oder dem Studierenden sind die Aufwendungen nicht entstanden, und sie belasten ihn oder sie daher nicht; für die Angehörigen sind die Aufwendungen nicht im Rahmen ihrer eigenen Einkünfteerzielung entstanden und daher ebenfalls nicht berücksichtigungsfähig.

Zusammenfassung

Parallel zur Bewerbung sollte auch die Finanzierung des Studienvorhabens geplant und vorbereitet werden. Es gibt eine Vielzahl von Finanzierungsmöglichkeiten, entweder aus Eigenmitteln oder aus Drittmitteln. Hierbei ist zu beachten, dass die Finanzierung aus Drittmitteln in der Regel mit einem größerem Aufwand verbunden ist, weil man Dritten (z. B. Stipendiengebenden, Darlehensgeber:innen) gegenüber das Studienvorhaben rechtfertigen muss. Unterlagen aus dem Bewerbungsprozess bei den Universitäten können jedoch hier teilweise eine Zweitverwendung finden.

Nicht zu unterschätzen ist der steuerliche Effekt eines LL.M-Studiums, der sich daraus ergibt, dass man die Kosten für das Studienvorhaben steuermindernd geltend machen kann. Mit geschickter zeitlicher Planung kann sich ein Steuervorteil von mehreren tausend Euro ergeben.

6. Stipendienmöglichkeiten für LL.M.-Studierende

136 Stipendienangebote für das LL.M.-Studium
136 Informationen im Internet
137 Stipendienprogramme von Staat und Stiftungen
137 Förderprogramme der Fulbright-Kommission
138 Förderprogramm des DAAD
139 Stipendienprogramme der Studienstiftung des deutschen Volkes
140 Baden-Württemberg-STIPENDIUM für Studierende
140 Studienstipendien des Kölner Gymnasial- und Stiftungsfonds
141 Stipendien der Ranke-Heinemann Studienstiftung
142 Stipendien von Kanzleien
142 One Step AHEAD – das LL.M.-Stipendium von Gleiss Lutz
142 Walter-Oppenhoff-Stipendium von Oppenhoff & Partner

144 e-fellows.net – das Karrierenetzwerk
145 e-fellows.net – das Online-Stipendium

Stipendienangebote für das LL.M.-Studium

Die folgenden Seiten informieren über Stipendienangebote von staatlichen Institutionen, Stiftungen und Kanzleien. Hinweise zu Stipendien finden sich darüber hinaus meist auch auf den Websites der Law Schools selbst.

Informationen im Internet

Begabtenförderung	www.bmbf.de
British Council	www.britishcouncil.de www.britishcouncil.org
Bundesverband Deutscher Stiftungen	www.stiftungen.org
DAAD	www.daad.de
Deutscher Bildungsserver	www.bildungsserver.de
e-fellows.net-Stipendien-Datenbank	www.stipendiendatenbank.de
ELFI Servicestelle für ELektronische ForschungsförderInformationen	www.elfi.ruhr-uni-bochum.de Die Recherche in der ELFI-Datenbank ist kostenpflichtig; ein Überblick über Fördermöglichkeiten für Studierende ist kostenfrei.
Stifterverband für die Deutsche Wissenschaft	www.stifterverband.org
Stipendienübersicht	www.studieren.de
Studienstiftung des deutschen Volkes	www.studienstiftung.de

Stipendienprogramme von Staat und Stiftungen

Förderprogramme der Fulbright-Kommission

Stipendien zu Studien- und Forschungszwecken

- **Förderung:** Die Fulbright-Kommission vergibt Studienstipendien zur Vertiefung und Ergänzung des Studiums an einer amerikanischen Hochschule und zur Begegnung mit den USA. Die Stipendien sind bestimmt für deutsche Studierende/Graduierte, die als Jahresstipendiat:innen ein neunmonatiges bzw. als Semesterstipendiat:innen ein mindestens viermonatiges Vollzeit-Studium im Bereich der „Graduate Studies“ an der amerikanischen Gasthochschule absolvieren. Zusätzlich können Stipendien für deutsche Doktorand:innen bereitgestellt werden, wenn diese als „Visiting Student Researchers“ ein vier- bis sechsmonatiges Forschungsvorhaben im direkten Zusammenhang mit einer in der Anfangsphase stehenden Promotion an einer U.S.-Gasthochschule durchführen.
- **Förderhöhe/Leistungen:** 1. Die Förderung für die Studienstipendien bezieht sich auf die (anteilige) Finanzierung der Lebenshaltungskosten und Studiengebühren an der Gasthochschule. Dafür werden bis zu 3.833 US-Dollar pro Studienmonat bereitgestellt. Gegebenenfalls ist eine zusätzliche finanzielle Eigenleistung der Stipendiat:innen erforderlich. Die Stipendienleistungen schließen außerdem ein: transatlantische Reisekosten, Nebenkostenpauschale, Kranken-/Unfallversicherung, Teilnahme an einer Vorbereitungstagung, Teilnahme an Fulbright Cultural Enrichment Seminars in den USA.
  2. Die Stipendien für Doktorand:innen tragen für die Dauer des Forschungsaufenthalts mit der Zahlung einer monatlichen Pauschale von 1.600 Euro zur Finanzierung der Unterhaltskosten vor Ort bei. Außerdem beinhaltet das Stipendium: Kranken-/Unfallversicherung, in Einzelfällen die Teilnahme an Fulbright Cultural Enrichment Seminars in den USA. Eine Einschreibung der Stipendiaten in Studienkurse an der Gasthochschule ist im Stipendienprogramm für Doktorand:innen ausdrücklich nicht vorgesehen.
- **Bewerbungsvoraussetzungen:** Kernvoraussetzung in allen Programmen ist die deutsche Staatsangehörigkeit. Bewerber:innen, die die deutsch-amerikanische Doppelstaatsangehörigkeit besitzen, können wegen der visatechnischen Voraussetzungen zur Programmteilnahme nicht für die Förderung berücksichtigt werden. Außerdem: eine gute bis sehr gute fachliche Qualifikation, nachzuweisen durch entsprechende Studienleistungen, Abschlusszeugnisse, zwei Gutachten, sowie gute englische Sprachkenntnisse, nachzuweisen durch den TOEFL.
  1. Für die Studienstipendien ist zum Zeitpunkt des Stipendienantritts ein abgeschlossenes Bachelor-Studium (bzw. ein sechssemestriges Fachstudium in den traditionellen Studiengängen) erforderlich. Hochschulabsolvent:innen können sich für die Studienstipendien bewerben, wenn zum Zeitpunkt der Stipendienbewerbung der Hochschulabschluss (Bachelor-Examen bzw. in den Rechtswissenschaften das Erste Juristische Staatsexamen) nicht vor dem 1. April des Vorjahres erlangt wurde. Bewerber:innen aus den Rechtswissenschaften: Das Erste Staatsexamen muss zum Zeitpunkt der Bewerbungsfrist bereits vorliegen (mit mindestens „vollbefriedigend“).
  2. Bewerber:innen für Doktorand:innenstipendien weisen zusätzlich die Einschreibung im Promotionsstudium sowie die Einladung der U.S.-Gasthochschule und Aufnahme als „Visiting Student Researcher“ nach.

- **Bewerbung:** 1. Die Ausschreibung der Jahres- und Semesterstipendien erfolgt jährlich in der Zeit von Anfang April bis Anfang August über das Akademische Auslandsamt der Hochschulen.
  2. Die Stipendien für Doktorand:innen werden ganzjährig ausgeschrieben und bieten zwei Bewerbungszyklen mit Bewerbungsfristen jeweils am 1. April und 1. Oktober. Die Bewerbung erfolgt direkt bei der Fulbright-Kommission.

Reisestipendium für USA-Aufenthalte

- **Förderung:** Gefördert werden deutsche Studierende, die ihren Aufenthalt in den USA über Austauschvereinbarungen ihrer deutschen Hochschule (teil-)finanzieren.
- **Förderhöhe/Leistungen:** Übernommen werden transatlantische Reisekosten, Kranken-/Unfallversicherung, Vorbereitungstagung.
- **Bewerbungsvoraussetzungen:** deutsche Staatsangehörigkeit. Bewerber, die die deutsch-amerikanische Doppelstaatsangehörigkeit besitzen, können wegen der visatechnischen Voraussetzungen zur Programmteilnahme nicht für die Förderung berücksichtigt werden. Außerdem: gute bis sehr gute fachliche Qualifikation, nachzuweisen durch entsprechende Studienleistungen, Abschlusszeugnisse und zwei Gutachten; gute englische Sprachkenntnisse. Bachelor-Studierende müssen zum Zeitpunkt der Studienaufnahme in den USA mindestens vier abgeschlossene Fachsemester vorweisen; Master-Studierende schließen ihr Studium in Deutschland nach Ende des USA-Aufenthalts ab. Auch Studierende, die das Juristische Staatsexamen anstreben, können sich um die Förderung bewerben.
- **Bewerbung:** Die Ausschreibung der Reisestipendien erfolgt jährlich von November bis Mitte Januar. Während der Stipendienausschreibung sind aktuelle Bewerbungsrichtlinien und -formulare auf der Fulbright-Website hinterlegt.

Weitere Informationen zu den Fulbright-Förderprogrammen

- **Kontakt:** germanprograms@fulbright.de
- **Website:** www.fulbright.de

Förderprogramm des DAAD

Stipendien für ein LL.M. (Master of Laws) Aufbaustudium

- **Förderung:** Förderung von graduierten Jurist:innen an einer ausländischen Hochschule (weltweit) zum Erwerb des akademischen Grads LL.M. (Master of Laws)
- **Förderhöhe:** Die Stipendienhöhe richtet sich nach den Richtlinien des DAAD.
- **Bewerbungsvoraussetzungen:** Es gelten die Bewerbungsvoraussetzungen des DAAD für Graduierte. Zusätzlich gelten folgende Bedingungen: Zum Bewerbungstermin sollte bereits die Zulassung der Gasthochschule nachgewiesen werden; diese muss dem DAAD spätestens zum Antritt des Stipendiums vorgelegt werden. Für Bewerber:innen mit Erster Juristischer Prüfung: Zum Bewerbungstermin muss die Erste Juristische Prüfung mit mindestens „vollbefriedigend" nachgewiesen werden. Für Absolvent:innen eines rechtswissenschaftlichen Bachelor- oder Master-Studiengangs: Zum Bewerbungstermin muss dem DAAD das Bachelor-Abschlusszeugnis vorliegen. Ebenso muss dem DAAD zum Bewerbungstermin eine schriftliche Bestätigung des Prüfungsamts der Hochschule über die Notenverteilung in den juristischen Bachelor- und Masterstudiengängen der Hochschule sowie die Bestätigung, dass die Bewerberin oder der Bewerber zu den 20 Prozent

der besten Absolvent:innen des rechtswissenschaftlichen Studiengangs zählt, vorliegen. Der Hochschulabschluss bzw. das Examen sollte zum Zeitpunkt der Bewerbung nicht länger als fünf Jahre zurückliegen. Liegen bereits Bachelor- und Masterabschluss vor, ist auf den Zeitpunkt des Erwerbs des Masterabschlusses abzustellen. Liegt bereits das Zweite Juristische Staatsexamen vor, ist auf den Zeitpunkt des Erwerbs der Ersten Juristischen Staatsprüfung abzustellen.
- **Bewerbungsverfahren:** Online-Bewerbung über das DAAD-Portal
- **Bewerbungstermin:** In der Programmausschreibung sind die Bewerbungstermine aufgeführt.

Weitere Informationen zu den DAAD-Förderprogrammen

- **Detaillierte Informationen zu den einzelnen Förderungsmöglichkeiten:** www.auslands-stipendien.de
- **Kontakt:** Deutscher Akademischer Austauschdienst (DAAD), +49 228 882-0, postmaster@daad.de
- **Website:** www.daad.de

Stipendienprogramme der Studienstiftung des deutschen Volkes

ERP-Stipendienprogramm

- **Förderung:** Das Programm fördert Postgraduierte für ein- bis zweijährige Studien- oder Forschungsaufenthalte an amerikanischen Spitzenuniversitäten (ein- oder zweijähriger Master, erstes oder erstes und zweites Ph.D.-Kursjahr, Forschungsjahr). Bei zweijährigen Studienaufenthalten zum Erwerb eines Masterabschlusses wird erwartet, dass zwischen dem ersten und zweiten Studienjahr ein Praktikum im öffentlichen Sektor von zwei- bis dreimonatiger Dauer absolviert wird. Bei einjährigen Vorhaben gilt, dass das Praktikum im Anschluss an den Studien- oder Forschungsaufenthalt im öffentlichen Sektor absolviert werden sollte.
- **Förderhöhe/Leistungen:** Aufnahme in die Studienstiftung, monatliches Stipendium (1.900 US-Dollar), Zuschuss zu den Studiengebühren (maximal 25.000 US-Dollar pro Studienjahr), einmalige Reisekostenpauschale (1.000 US-Dollar), einmaliges Startgeld (500 US-Dollar)
- **Bewerbungsvoraussetzungen:** exzellenter Studienabschluss, bei Jurist:innen mindestens „vollbefriedigend“; mindestens Bachelor-Abschluss zum Bewerbungsschluss; letzter Hochschulabschluss darf nicht länger als fünf Jahre zurückliegen.
- **Bewerbungsschluss:** Die aktuellen Bewerbungstermine sind in der Stipendienausschreibung genannt

Haniel-Stipendienprogramm

- **Förderung:** Das Programm fördert mit bis zu sechs Stipendien jährlich einen mindestens zweisemestrigen Studienaufenthalt mit einem mehrmonatigen Praktikum in einem Wirtschaftsunternehmen im europäischen oder außereuropäischen Ausland.
- **Förderhöhe/Leistungen:** Aufnahme in die Studienstiftung, monatliches Stipendium (in europäischen Ländern 1.200 Euro, in Großbritannien, den USA und den meisten außereuropäischen Ländern 1.500 Euro), Übernahme der Studiengebühren für max. 2 Jahre (in Großbritannien und den USA bis zu 14.000 Euro pro Jahr, in allen übrigen Ländern bis zu 10.000 Euro pro Jahr), einmalige Reisekostenpauschale (1.000 Euro), einmaliges Startgeld (500 Euro)

- **Bewerbungsvoraussetzungen:** abgeschlossenes Hochschul- oder Fachhochschulstudium (mindestens Bachelor) spätestens bei Programmbeginn; exzellenter Studienabschluss, bei Jurist:innen mindestens „vollbefriedigend"; offen für Studierende aller Fachrichtungen; letzter Hochschulabschluss darf nicht länger als fünf Jahre zurückliegen
- **Bewerbungsschluss:** 15. Oktober

Weitere Informationen zu den Förderprogrammen der Studienstiftung
- **Informationen zum Bewerbungsverfahren:** www.studienstiftung.de/stipendienprogramme
- **Kontakt:** Studienstiftung des deutschen Volkes, Ahrstraße 41, 53175 Bonn

Baden-Württemberg-STIPENDIUM für Studierende

- **Förderung:** Das *Baden-Württemberg-STIPENDIUM für Studierende* der Baden-Württemberg Stiftung gGmbH unterstützt in Baden-Württemberg immatrikulierte Studierende und Postgraduierte aller Fachrichtungen, die für ein bis zwei Semester einen Studien-/Forschungsaufenthalt im Ausland absolvieren möchten. Im Gegenzug kommen Stipendiat:innen von Partnerhochschulen im Ausland nach Baden-Württemberg.
- **Anzahl der Stipendien:** insgesamt etwa 1.500 pro Jahr
- **Förderhöhe/Leistungen:** u. a. abhängig vom Studienfortschritt, mindestens 600 Euro pro Monat bis maximal 1.400 Euro pro Monat für Studierende an Hochschulen für die Dauer von drei bis maximal elf Monaten
- **Bewerbungsverfahren:** beim International Office der jeweiligen Hochschule in Baden-Württemberg zu erfragen
- **Kontakt:** studierende@bw-stipendium.de
- **Website:** www.bw-stipendium.de

Studienstipendien des Kölner Gymnasial- und Stiftungsfonds

- **Förderung:** Die Studienstipendien richten sich an junge Menschen mit wissenschaftlicher Begabung, sozialem und gesellschaftlichem Engagement und nachweisbarem finanziellen Förderbedarf. Es werden Stipendien vergeben für: Studien an Hochschulen mit staatlich anerkannten Abschlüssen; ein zeitweiliges, fachspezifisch begründetes Studium im Ausland; Aufbaustudien, die für den angestrebten Beruf von Bedeutung sind; Promotionen.
- **Förderhöhe/Leistungen:** Über die Höhe der Zuschussstipendien wird unter Berücksichtigung der finanziellen und sozialen Situation der Bewerberin oder des Bewerbers entschieden. Ergänzt wird die finanzielle Förderung durch Bildungs- und Mentoringangebote.
- **Bewerbungsvoraussetzungen:** Durchschnittsnote des Reifezeugnisses (Abitur, Feststellungsprüfung) mind. 2,0; Immatrikulationsnachweis (Förderung frühestens ab dem dritten Hochschulsemester); Durchschnittsnoten der Studienleistungen (Scheine, Examenszeugnis) mind. 2,5; Studienabschluss innerhalb der Regelstudienzeit (Überschreitung der Regelstudienzeit in begründeten Fällen bis maximal 30 Prozent der Regelstudienzeit); Studienabschluss bis zum vollendeten 30. Lebensjahr

- **Bewerbungszeiträume:** 1. Februar bis 1. März und 1. August bis 1. September
- **Kontakt:** Andreas Buschmann, +49 221 406331-5, andreas.buschmann@stiftungsfonds.org
- **Website:** www.stiftungsfonds.org/stipendien/fuer-studenten

Stipendien der Ranke-Heinemann Studienstiftung

IRH Studienbeihilfe

- **Förderung:** Studierende, die sich in das Institut Ranke-Heinemann Förderprogramm aufnehmen lassen, um sich bei einer australischen oder neuseeländischen Hochschule zu bewerben, können die garantierte IRH Studienbeihilfe beantragen, die die Studienkosten für ein Semester erheblich reduziert. Fast alle Hochschulen sind dem Förderprogramm angeschlossen.
- **Förderhöhe/Leistungen:** Die IRH Studienbeihilfe beträgt zehn Prozent der Studiengebühren für ein Semester für fast alle Studienprogramme in Australien und Neuseeland, bei denen internationale Studiengebühren erhoben werden.
- **Bewerbungsvoraussetzungen:** Alle, die sich in das IRH Förderprogramm aufnehmen lassen, haben automatisch Zugang zur garantierten Beihilfe. Die Förderung wird nach dem ersten Semester nach Einreichung eines Erfahrungsberichts ausgezahlt.
- **Bewerbungsschluss:** Die Bewerbung für die Studienbeihilfe erfolgt durch das Einsenden eines Erfahrungsberichtes und einiger Fotos nach dem ersten Semester.

Vollstipendium

- **Förderung:** Das Institut vergibt ein Vollstipendium und Reisestipendien. Sowohl Undergraduate- als auch Postgraduate-Studiengänge werden gefördert.
- **Förderhöhe/Leistungen:** Das Vollstipendium ist leistungsabhängig und umfasst die kompletten Studiengebühren für ein Semester.
- **Bewerbungsvoraussetzungen:** Aufnahme in das Förderprogramm, Alter nicht über 30 Jahre; Wohnsitz in Deutschland, Österreich oder der Schweiz; Nachweis über ein Studienplatzangebot durch das Institut Ranke-Heinemann und ein Motivationsschreiben. Das Auslandssemester in Australien, Neuseeland oder Kanada soll auf einen deutschen, österreichischen bzw. Schweizer Studiengang aufbauen oder ihn ergänzen.
- **Bewerbungsschluss:** 31. Januar für das erste Semester im Jahr, 30. Juni für das zweite Semester im Jahr. Kanada: 31. Juli für das Herbstsemester, 1. Dezember für das Wintersemester.

Weitere Informationen zu den Förderprogrammen

- **Kontakt:** Informationszentrum Essen, +49 201 252552, info@ranke-heinemann.de
- **Website:** www.ranke-heinemann.de/stipendien-foerderprogramm

Stipendien von Kanzleien

One Step AHEAD – das LL.M.-Stipendium von Gleiss Lutz

- **Förderung:** Die Sozietät Gleiss Lutz vergibt vier Teilstipendien à 10.000 Euro für ein englischsprachiges Master-Programm im Ausland. Ziel der Kanzlei ist die Förderung von Auslandsstudien ihrer Nachwuchsjurist:innen, um so einen wichtigen Beitrag zum Verständnis ausländischer Rechtsordnungen und zum internationalen Austausch zu leisten.
- **Anzahl der Stipendien:** fünf Stipendien pro Jahr
- **Förderhöhe/Leistungen:** Teilstipendium in Höhe von je 10.000 Euro
- **Bewerbungsverfahren:** Bewerben können sich alle (ehemaligen) Praktikant:innen, Referendar:innen und wissenschaftlichen Mitarbeiter:innen von Gleiss Lutz. Es müssen aussagekräftige Bewerbungsunterlagen und ein ausführliches Motivationsschreiben eingereicht werden. Am Bewerbertag können die eingeladenen zukünftigen LL.M.-Student:innen dann in Gesprächen und einer Präsentation zeigen, dass sie die Richtigen für die Stipendien sind.
- **Bewerbungsschluss:** 31. Januar für ein Programm ab April desselben bis einschließlich März des darauffolgenden Jahres
- **Kontakt:** Sarah Roth, HR Legal, +49 69 95514-634, sarah.roth@gleisslutz.com

Walter-Oppenhoff-Stipendium von Oppenhoff & Partner

- **Förderung:** Ziel der Walter-Oppenhoff-Stiftung ist die Förderung deutscher Jurist:innen, die nach Abschluss ihres Ersten oder Zweiten Staatsexamens ein LL.M.-Studium an einer Hochschule in den Vereinigten Staaten aufnehmen wollen.
- **Anzahl der Stipendien:** jährlich bis zu drei Teilstipendien
- **Bewerbungsverfahren:** Bewerbung (gerne auch per E-Mail) mit aussagefähigen Bewerbungsunterlagen (Lebenslauf, Zeugnissen, Referenzen, Gutachten, Beschreibung des Studienvorhabens, Zusage(n) der Law School(s))
- **Bewerbungsschluss:** 30. April für das im Herbst beginnende akademische Jahr
- **Kontakt:** Dr. Stephan König, +49 221 2091-487, stephan.koenig@oppenhoff.eu
- **Website:** www.oppenhoff.eu

Wie Sie als Mitglied von e-fellows.net Ihre Karriere voranbringen

Einladung zu exklusiven Karriere-Events

Info-Veranstaltungen mit den besten Law Schools und Kanzleien:

- LL.M. Day für Student:innen, Referendar:innen und Volljurist:innen
- Perspektive Wirtschaftskanzlei für Absolvent:innen
- Karrieretag Jura für Student:innen

www.e-fellows.net/Events

Große LL.M.-Bewerbungsdatenbank

- Welche Noten braucht man für die besten Law Schools?
- Wann ist der richtige Zeitpunkt für die Bewerbung?
- Welche Law Schools kommen mit meinen Noten infrage?

www.e-fellows.net/LLM-Bewerbungsdatenbank

Sie sind ein kluger Kopf?
Von noch mehr Leistungen profitieren Sie, wenn Sie sich erfolgreich für das e-fellows.net-Stipendium bewerben.

Karriereratgeber als E-Book

Kostenlose Karriereratgeber der Reihe e-fellows.net wissen zum Download:

- *Perspektive Jura*
- *Der LL.M.*
- *Perspektive Unternehmensberatung*

Aktuelle Jobs und Praktika in Kanzleien und Unternehmen

- 3.000 Stellen für Student:innen, Absolvent:innen und Young Professionals
- passende Praktikums- und Jobangebote zu Ihrem Profil per E-Mail, z. B. von Freshfields oder BMW

Kostenlos als Mitglied anmelden: www.e-fellows.net/Mitglied-werden

Wie Sie als e-fellows.net-Stipendiat:in Ihren Kommiliton:innen voraus sind

50 geldwerte Leistungen für Studium und Berufseinstieg

- kostenloser Zugriff auf beck-online und juris
- Kurse des Online-Repetitoriums Juracademy
- 25 Abos führender Zeitungen, z. B. *DIE ZEIT*, *WirtschaftsWoche*, *Handelsblatt* und *F.A.Z. Einspruch*
- Fernbus-Gutscheine

juris Das Rechtsportal

beck-online DIE DATENBANK

Vernetzung mit mehr als 60.000 Stipendiat:innen und Alumni bzw. Alumnae

- fachlicher und privater Austausch mit anderen Student:innen und Young Professionals, darunter 16.000 Jurist:innen
- Netzwerken mit e-fellows.net-Stipendiat:innen und -Alumni bzw. -Alumnae bei City-Group-Treffen in vielen Unistädten

Persönlicher Kontakt zu Freshfields, Hengeler Mueller, Clifford Chance und Co.

- Online-Expertenforen zu Praktika, Referendariat und Berufseinstieg
- Coaching durch mehr als 200 berufserfahrene Mentor:innen
- beste Verbindungen in die Personalabteilungen von 170 Unternehmen – auch außerhalb der Kanzlei

---

Karriereratgeber und Fachbücher per Post nach Hause

- kostenlose Lieferung aller Karriereratgeber aus der Reihe e-fellows.net wissen, z. B. *Perspektive Jura*
- monatliche Verlosung von mehr als 200 Fachbüchern von 13 Verlagen

Für das Stipendium bewerben: www.e-fellows.net/e-fellows.net-Stipendium

7. Erfahrungsberichte von LL.M.-Absolvent:innen

148 Der LL.M. als Pause vom Berufsleben – ein Jahr an der Harvard Law School
150 Getting ready for New York – Planung, Vorbereitung und Ausführung
152 University of California, Los Angeles – Wirtschaftsrecht und eine Stadt am Meer
154 Sonne, Strand und Top-Law School – ein Jahr an der USC in Los Angeles
156 Die Vereinten Nationen auf einem Campus
158 LL.M. in London – That's Just my Cup of Tea!
160 LL.M. in DC und Bar Exam in NY: What I wish I had known …
162 Bachelor (LL.B.) und Master (LL.M.) gleichzeitig? Das geht!
164 (M)ein Jahr in Cambridge voller Traditionen und neuer Erkenntnisse
166 Vier Jahreszeiten in Neuenglands Hauptstadt Boston
168 LL.M. an der McGill in Montréal: Multikulturelle Vielseitigkeit in Nordamerika
170 Ein Jahr in der Stadt der Engel – ein LL.M. in Los Angeles
172 LL.M. in Deutschland – „Loser-Abschluss" oder Karrieresprungbrett?
174 Ein Jahr auf der Countryside der Ivy League – Masterstudium an der Cornell Law School
176 Living in a Land Down Under – LL.M. in Australien (und online)
178 LL.M. – Made in China

Enis Arkat

LL.M. (Harvard)

Syndikusrechtsanwalt

N26 Bank

ab Juli 2023: General Counsel bei finmid

Der LL.M. als Pause vom Berufsleben – ein Jahr an der Harvard Law School

Eine der häufigsten Fragen, die mir von Bekannten gestellt wird, ist: „Wann ist der richtige Zeitpunkt für einen LL.M.?" Meine typische Juristenantwort darauf lautet: „Es kommt darauf an." Dennoch will ich die folgenden Zeilen nutzen, um für einen LL.M. nach ein paar Jahren praktischer Berufserfahrung (oder zumindest dem Referendariat) zu werben und von meiner persönlichen Zeit in Boston zu berichten.

Warum erste Berufserfahrung so wertvoll sein kann

Für mich war nach dem ersten Examen klar, dass ich den LL.M. erst nach dem Referendariat absolvieren will. Zum einen wollte ich mein einigermaßen frisches Wissen des materiellen Rechts mit ins Referendariat nehmen (was sich im Nachhinein als Vorteil erwiesen hat). Zum anderen verlangten einige meiner Wunsch-Unis in den USA mindestens zwei Jahre praktische Berufserfahrung, wobei das Referendariat zum Großteil angerechnet wird. Rückblickend bin ich sehr froh, die zwei Jahre Berufserfahrung „im Gepäck gehabt" zu haben.

Das fing bereits bei der Bewerbung an. Für Harvard muss man ein Essay schreiben, in dem man ein selbst identifiziertes „wichtiges Problem" beschreibt und eine Lösung vorschlägt. Meine Berufserfahrung im Startup Bereich ermöglichte es mir, das Problem eng mit meinem Personal Statement zu verzahnen und ein Thema zu wählen, das sich vermutlich von allgemeinen politischen Themen absetzte. Auch an der Uni selbst hatte ich das Gefühl, dass Kommiliton:innen mit Berufserfahrung allgemein glücklicher waren. Nicht nur konnte man bei der Kurswahl viel strategischer vorgehen, weil man die eigenen Interessenschwerpunkte bereits besser kannte. Sondern insbesondere war man nach dem oftmals stressigen Berufsalltag dankbar und glücklich, wieder an einer Uni sein zu dürfen. Den Luxus, sich akademisch mit Professor:innen über Probleme austauschen und seine Zeit komplett frei einteilen zu dürfen, wusste zumindest ich nach dem ersten Examen nicht zu schätzen. Schließlich ist das Recht, wie es an US-Unis gelehrt wird, sehr viel Prozess-lastiger. Daher kann das Wissen aus dem Referendariat enorm hilfreich sein, um verfahrensrechtliche Fragen in den Vorlesungen besser einordnen zu können

Der Vollständigkeit halber will ich aber die Nachteile nicht verschweigen. Für die Bewerbung sind Empfehlungsschreiben von Professor:innen erforderlich. Je länger die universitäre Ausbildung zurückliegt, desto schwerer kann es sein, ein solches Schreiben zu bekommen. Außerdem bleibt neben dem Vollzeitjob kaum Zeit, sich um die umfangreichen Bewerbungen zu kümmern. Oft habe ich sogar gehört, dass Leute nach dem Berufsstart so beschäftigt waren, dass sie die LL.M.-Bewerbung immer aufgeschoben und irgendwann aufgegeben haben. Hier sind Disziplin und Durchhaltevermögen gefragt, um sich am Wochenende noch hinzusetzen und die Bewerbungen fertigzustellen.

Die Bewerbung kostet Zeit, Nerven und leider auch Geld

Für die Bewerbung an einer US-Uni muss man Zeit einplanen, konkret spätestens ein Jahr vor Studienbeginn. Die Formalien sind umständlich und an jeder Uni etwas anders. Insbesondere die Empfehlungsschreiben zu bekommen kann Wochen oder sogar Monate dauern, da Professor:innen natürlich auch anderes zu tun haben. Ich empfehle zudem, sich an mindestens drei Unis zu bewerben, um die Chancen einer Zusage zu erhöhen. Man muss ehrlicherweise sagen, dass bei den Bewerbungen Glück eine große Rolle spielt. Wer bewirbt sich in dem Jahr noch? Wer liest meine Bewerbung? Sucht die Uni neuerdings nach speziellen Profilen? All das sind Dinge, auf die man keinen Einfluss hat, die aber letztlich für Zu- oder Absage entscheidend sind. Die Extra-Zeit und -Kosten (pro Bewerbung ca. 60–80 Euro) sollte man investieren, wenn man den LL.M. unbedingt machen will. Wenn man Alumni der Uni kennt, sollte man sich unbedingt Tipps für das Personal Statement holen und dieses gegebenenfalls sogar gegenlesen lassen.

Fachlich und persönlich eine extreme Bereicherung

Ich empfehle wirklich jedem von Herzen, einen LL.M. in den USA zu absolvieren. Dabei muss es keine Ivy League-Uni sein, damit es sich lohnt. Allein der „Style of Teaching" in den USA ist erfrischend anders. Während man in Deutschland oft das Gefühl hat, dass Lehre (insbesondere für die älteren) Lehrenden eher eine Last ist, so ist es für Professor:innen in den USA eine Freude, die nächste Generation von Jurist:innen auszubilden. Fast alle arbeiten mit der sokratischen Methode, in der der:die Professor:in eher Moderator:in einer angeregten Diskussion zwischen den Studierenden ist. Dabei ist mir immer wieder aufgefallen, wie die amerikanischen Studierenden die Debatte mit interessanten Argumenten bereichern. Dabei kommen vor allem die unterschiedlichen Perspektiven zum Vorschein, welche die Studierenden in ihren jeweiligen undergraduate studies gewonnen haben. Es war für mich faszinierend, wie ausgebildete Ökonom:innen, Philosoph:innen und Ingeneur:innen über das US-Verfassungsrecht debattierten. Abschließend sei noch erwähnt, dass sich US-Professor:innen enorm für ihre Studierenden engagieren und jederzeit für Gespräche erreichbar sind. Auch wenn es mir als deutschem Studenten anfangs merkwürdig vorkam, mit den Professor:innen eine so joviale Beziehung zu führen, sollte man diese Möglichkeit unbedingt nutzen. Ich hatte enorm spannende Diskussionen während der angebotenen Sprechstunden, konnte das Thema meiner Masterarbeit ausgiebig mit verschiedenen Lehrenden besprechen und habe zahlreiche Intros zu weiteren interessanten Gesprächspartnern bekommen.

Ein weiterer Vorteil der US-Ausbildung ist, dass diese weit über den Tellerrand hinausschaut. Nicht nur werden an der Law School Kurse angeboten, die stark interdisziplinär geprägt sind (z. B. Corporate Finance, Behavioral Economics oder „writing for non-legal audiences"). Vielmehr ist essentieller Bestandteil der juristischen Lehre das „Policy-Making" – also die Frage, was das Recht sein soll, und nicht nur, was es derzeit ist. Dies ermutigt den Nachwuchs, die geltenden Regeln in Frage zu stellen. Zudem ermöglicht es den Alumni, künftige Herausforderungen für das Recht besser einzuordnen und anzugehen. Als besonderes „Bonbon" bieten viele US-Unis die Möglichkeit, sich an anderen Fakultäten (z. B. der Harvard Business School oder dem MIT) einzuschreiben und dort Kurse zu besuchen. Insbesondere die an den Business Schools genutzte „Case Method" war für mich komplett neu und hat mich gelehrt, dass es oftmals nicht nur eine „richtige Entscheidung" in schwierigen (beruflichen) Situationen gibt.

Dr. Max Alles

LL.M. (Columbia), MBA (Cambridge), Attorney-at-Law (New York), Solicitor (England & Wales)

Rechtsanwalt

Freshfields Bruckhaus Deringer, München

Getting ready for New York – Planung, Vorbereitung und Ausführung

Deine zukünftige Alma Mater

Bei der Frage nach der passenden Universität gibt es kein richtig oder falsch. Hier kommt es auf individuelle Präferenzen an und darauf, was man mit dem LL.M. erreichen möchte. Steht die persönliche Erfahrung verbunden mit einem selbstbestimmten, kreativen Jahr im Ausland im Vordergrund, so sind die Möglichkeiten nahezu unbegrenzt. Möchte man später hingegen im internationalen Kontext praktizieren, so sollte es schon ein englischsprachiges Programm sein. Neben den üblichen Reisezielen USA und England gibt es eine Reihe von hervorragenden Universitäten in Australien, Südafrika oder Schottland, die zum einen den Geldbeutel weniger belasten, zum anderen aber auch niedrigere Zulassungsvoraussetzungen haben. Wer sich mit dem Prestige der Universität schmücken möchte, für den kommen ohnehin nur ganz bestimmte Adressen in Frage. Hier muss man allerdings nicht nur das Portemonnaie deutlich weiter öffnen, sondern auch die entsprechenden Qualifikationen/Noten mitbringen. Zudem ist der LL.M. an einer Top-Universität meist kein „walk in the park" – neben hohen akademischen Anforderungen wird häufig auch außercurriculares Engagement erwartet. Wer daneben noch die Stadt erkunden und das Land bereisen möchte, darf sich auf einen straffen Zeitplan einstellen.

Vorbereitung, Finanzierung und Bewerbungsverfahren

Die Vorbereitung eines LL.M-Studiums sollte mindestens eineinhalb Jahre vor dem eigentlichen Studienbeginn starten. Da die Bewerbungsfristen für viele Stipendien teilweise mehr als ein Jahr vor dem Studienbeginn enden (ERP, Haniel Stipendienprogramm, Bucerius Jura-Programm), ist ausreichend Vorlauf hilfreich, aber auch notwendig. Im Vorfeld an die Stipendienbewerbung müssen nämlich Sprachtests (TOEFL, IELTS) abgelegt, diverse Motivationsschreiben vorbereitet und Professorengutachten eingeholt werden. Neben den bekannten Förderungswerken wie DAAD oder Studienstiftung vergeben auch einzelne Kanzleien kleinere Reisestipendien. Daneben bieten die meisten Universitäten auch „hauseigene" Stipendien an. Einige davon können sich Studieninteressierte bei den LL.M. Days von e-fellows sichern. Studienkredite sollten, sofern nicht zinsfrei, nach Möglichkeit gemieden werden, denn die Konditionen sind meist nicht sehr gut.

Bei der Bewerbung und den Motivationsschreiben sollte man darauf achten, ein möglichst fokussiertes und in sich stimmiges Gesamtprofil zu präsentieren. Bewerber:innen, bei denen die akademischen Stationen (und idealiter auch die außercurricularen Aktivitäten) so auf einander abgestimmt sind, dass sie eine bestimmte inhaltliche Ausrichtung/Karriere vorzeichnen, werden gegenüber Generalist:innen, die alles einmal ausprobiert haben, bevorzugt. Das bedeutet nicht, dass man während des Studiums nicht über den Tellerrand schauen sollte – ganz im Gegenteil. Eine gewisse Stringenz in der Darstellung sollte allerdings nicht fehlen. Als Faustformel sollte man sich merken: Top-Universitäten wünschen sich Kandidat:innen, die dem Archetypus eines bestimmten Berufsbildes entsprechen, z. B. M&A-Anwalt/-Anwältin, Verfassungsrichter:in, Diplomat:in etc.

Mittendrin statt nur dabei – wohnen auf dem Campus der Columbia University
Wer das Studentenleben an der Columbia hautnah miterleben möchte, sollte sich am besten eine Unterkunft auf dem oder in der Nähe des Campus suchen. Off-Campus-Unterkünfte sind zwar häufig etwas günstiger, die Pendelwege/-zeiten erschweren es aber, kurzfristig an Veranstaltungen teilzunehmen oder sich spontan mit Freund:innen auf einen Kaffee zu treffen. Für die Unterkünfte der Universität kann man sich zentral über ein Portal der Hochschule mit einer einzigen Anmeldung bewerben. Das spart Zeit und Organisationsaufwand vor Ort. Zudem ist ein gewisser Hygiene- und Sicherheitsstandard garantiert, der bei einer Wohnungssuche auf dem freien Markt in New York stark variieren kann. Ich habe mich damals für ein Apartment im traditionsreichen International House in New York entscheiden. Dieses ist zwar nicht besonders luxuriös, liegt aber nah am Campus und bietet neben einem eigenen Pub, Musikraum, Fitnessstudio und einer eigenen Kantine hochkarätige Veranstaltungen (u. a. mit Nobelpreisträger:innen oder Staatsoberhäuptern), eine internationale Community und ein einzigartiges Netzwerk.

New York Bar Exam – *must-have, nice-to-have* oder doch *waste of time*?
Immer wieder werde ich gefragt, ob die Anwaltszulassung im Staat New York sinnvoll ist. Meine typische Juristenantwort: es kommt darauf an. Wer im Anschluss an den LL.M. in New York bleiben und dort praktizieren möchte, für den ist das Bar Exam selbstredend ein „must-have"; ohne Anwaltszulassung sind die Job-Chancen verschwindend gering. Für alle anderen ist das Bar Exam in New York meines Erachtens ein nettes Goodie, das sich nicht nur gut auf der Visitenkarte tut, sondern auch eine interessante Erfahrung beschert.

Einerseits ist zwar das Bar Exam mit zusätzlichen Kosten und erheblichem Zeitaufwand verbunden. Auch die Entscheidungsfreiheit bei der Auswahl der Vorlesungen wird stark eingeschränkt, weil knapp die Hälfte der erforderlichen LL.M.-Credits über bestimmte Pflichtvorlesungen erreicht werden muss. Zudem hält sich der praktische Anwendungsbereich des Erlernten meist in Grenzen. Andererseits verschafft der Prüfungsstoff einen guten Gesamtüberblick über das US-amerikanische Rechtssystem. Diesen bekommt man nicht notwendigerweise bereits durch das LL.M.-Studium, da man bei der Kurswahl typischerweise Schwerpunkte setzt. Zudem gilt das New York Bar Exam in vielen Teilen der Welt als „gold standard", so etwa im asiatischen Raum.

Wer sich für das Bar Exam entscheidet, sollte die erforderlichen Dokumente für das Pre-Evaluations-Verfahren beim Board of Law Examiners am besten noch vor dem Studienbeginn und aus Deutschland heraus vorbereiten. Die Prüfung zum Standesrecht (Multistate Professional Responsibility Examination – MPRE) sollte im ersten LL.M.-Semester (meist im November), die zum New Yorker Recht (New York Law Exam – NYLE) im zweiten Semester (meist im März) abgelegt werden. Die erforderlichen Pro-Bono-Stunden können während der Spring Break eingesammelt werden. Die Universität bietet hierzu diverse Programme an. Nach der Graduierungsfeier, die meist Mitte Mai stattfindet, sollte die Vorbereitung auf das Uniform Bar Examination (UBE) möglichst zeitnah beginnen. Der Prüfungsstoff ist umfangreich, die Vorbereitungszeit knapp und man gerät angesichts der Stofffülle ansonsten schnell unter Zeitdruck. Schließlich sollten die Themen Unterkunft und Verlängerung des Visums (OPT) rechtzeitig angegangen werden.

Der Autor steht bei Fragen gerne zur Verfügung: max.alles@gmx.de

University of California, Los Angeles – Wirtschaftsrecht und eine Stadt am Meer

Jan Reiter

LL.M. (UCLA)

Anwalt, Attorney-at-Law New York

Willkie Farr & Gallagher LLP

Abwechslung. Der Hauptgrund, warum ich mich ganz grundsätzlich für ein LL.M.-Studium im Ausland entschieden hatte. USA. Die Aussicht, auch eine ausländische Rechtsanwaltszulassung zu erhalten, um potenziell auch im Ausland arbeiten zu können. Los Angeles. Eine Stadt am Meer mit viel Sonne und einer unschlagbaren Nähe zu Südamerika und Hawaii. UCLA. Top Ausbildung in einer sozial sehr inklusiven Umgebung, in der ich mich thematisch auf meinen Traumjob im Wirtschaftsrecht vorbereiten konnte. Das sind die Gründe, warum ich meinen LL.M. damals an der University of California, Los Angeles - School of Law gemacht habe. Hat es sich gelohnt? Ja. Würde ich heute etwas anders machen? Ebenfalls ja.

Der ominöse „richtige" Zeitpunkt für einen LL.M.

Wie zu erwarten war: Es gibt keinen „richtigen" Zeitpunkt. Alle Zeitpunkte sind „richtig" und es kommt nur auf die persönlichen Präferenzen und Zielsetzungen an. Ich habe meinen LL.M. nach dem Ersten Staatsexamen absolviert, weil ich nach den vielen Stunden am Schreibtisch dringend etwas Anderes tun und erleben wollte. Gerne im juristischen Kontext, vor allem aber auch mit viel Abwechslung und vielen tollen Lebenserfahrungen. All das habe ich damals bekommen, würde es heute zeitlich aber anders machen.

Meines Erachtens bringt der LL.M. fachlich dann am meisten, wenn man schon ein bis zwei Jahre Berufserfahrung gesammelt hat. Zu dieser Zeit hat man bereits einen geschärften Blick für bestimmte Themen. Was sich akademisch teilweise recht eindeutig und nachvollziehbar anhört, kann sich in der Praxis als durchaus komplex, zeitaufwändig und teilweise schwer umsetzbar darstellen. Allein etwa das Wissen darum, wie zeitaufwändig bestimmte Schritte in einer M&A-Transaktion ausfallen oder welche praktischen Konsequenzen bestimmte Klauseln in einem Anteilskaufvertrag für den Mandanten haben können, lassen einen ganz anders zuhören, wenn es im LL.M.-Studium aufgegriffen wird. Man studiert mit Berufserfahrung schlicht praxisorientierter und meines Erachtens auch mit einem besseren Verständnis.

Und wo überhaupt?

Ich habe meinen Studienort anhand der für mich wichtigen Kriterien ausgesucht: Ausbildungsangebot, Möglichkeit der ausländischen Rechtsanwaltszulassung und last but not least eine „Stadt am Meer". Parallel zu den USA habe ich mich an Universitäten in Australien und England beworben. Schließlich konnte aber nur der LL.M. an der UCLA alle drei Kriterien erfüllen und war damit die richtige Wahl für mich.

In fachlicher Hinsicht war es mir wichtig, dass ich meine Kenntnisse rund um die Gebiete des Gesellschafts- und Kapitalmarktrechts weiter vertiefen konnte. Ob es jetzt US-amerikanisches oder australisches Gesellschafts- oder Kapitalmarktrecht gewesen wäre, war für mich damals zweitrangig. Mir ging es ganz allgemein darum, ein besseres Gefühl für diese Rechtsgebiete zu bekommen. Gleichwohl war mir natürlich klar, dass zum Beispiel dem US-amerikanischen Kapitalmarktrecht eine größere praktische Bedeutung zukommt als dem australischen. Neben diesen fachlichen Kriterien habe ich aber auch einen starken Fokus auf private Kriterien gelegt. Denn: Wann hat man schon mal die Chance, einen Teil seines Lebens in einer „Stadt am Meer" zu verbringen? Diese Erfahrung hätte ich auf keinen Fall missen wollen und habe mich auch deshalb für die UCLA entschieden. Bei der Universitätswahl ist schließlich noch zu beachten, dass eine Universität gegebenenfalls zwar sehr viele interessante Kurse anbietet, man aber nur ca. zehn Monate vor Ort ist. Das heißt, man kann nur eine begrenzte Anzahl aller angebotenen Kurse besuchen. Wenn man dann noch seine Kurswahl an die Erfordernisse der Rechtsanwaltszulassungsprüfung anpassen muss, wird der Auswahlspielraum noch geringer.

Was ich heute anders machen würde? Ich würde definitiv auch Vorlesungen oder Kurse an der jeweiligen Business School besuchen. Ich würde den Fokus nicht mehr alleine auf die juristische Ausbildung legen, sondern mich vermehrt auch auf betriebswirtschaftliche Themen fokussieren, insbesondere auf das Thema Personalführung. An der UCLA ist der Besuch der Business School, der UCLA Anderson School of Management, möglich.

Das liebe Geld …

Das LL.M.-Studium ist gerade in den USA sehr teuer; ein weiterer Grund, sich den Zeitpunkt des LL.M. gut zu überlegen. Schließlich möchte man in Anbetracht der Kosten so viel wie möglich mitnehmen – bang for the buck! Die Studiengebühren an der UCLA liegen aktuell bei ca. 72.000 Dollar (inkl. Krankenversicherung etc.). Dazu kommen noch die Kosten für Wohnung und Verpflegung in LA. Bezüglich der Miete sollte man hier mit ca. 1.500 Dollar pro Monat kalkulieren. Für Verpflegung und sonstige Kosten muss man mit ca. 500 Dollar pro Monat rechnen. Auch die Bücher für die Law School können teuer sein. Teilweise bis zu stolzen 200 Dollar pro Buch. Grob gerechnet sollte man bei einem zehnmonatigen Aufenthalt in LA mit bis zu 100.000 Dollar „all in" rechnen. Wenn man dann noch die Rechtsanwaltszulassungsprüfung ablegen möchte, sollte man für den Vorbereitungskurs, Prüfungsgebühren etc. nochmal ca. 8.000 Dollar oben draufschlagen.

Das Wichtigste: LL.M.-Interessierte sollten sich von diesen Zahlen nicht abschrecken lassen! Erstens vergeben die Universitäten selbst sehr großzügige Stipendien. Zweitens kann man sich als sogenannter „Representative" bei den Veranstaltern der Vorbereitungskurse für die Rechtsanwaltszulassungsprüfung melden, für diese Werbung machen und dadurch dann gegebenenfalls deren Vorbereitungskurs kostenfrei besuchen. Und drittens gibt es natürlich auch externe Stipendiengeber (DAAD, Fulbright etc.). Eine Reduzierung von ca. 50 Prozent der Kosten ist alleine durch die beiden erstgenannten Punkte möglich. Je nach Verhandlungsgeschick und weiterer externer Finanzierung ist der LL.M. zwar immer noch teuer aber finanziell machbar(er) als anfangs vielleicht gedacht. Nur Mut!

Und nun? Hat es sich gelohnt?

Die Antwort ist: Ja! Ich möchte meine Zeit in LA (und in Südamerika und auf Hawaii) nicht missen. Für meinen Job bei Willkie Farr & Gallagher hat sich gerade meine US-Ausbildung im Kapitalmarktrecht sehr gelohnt. Hier konnte ich schon sehr oft auf mein Wissen und mein Verständnis aus dem LL.M.-Studium zurückgreifen. Ich kann den LL.M. all denjenigen ans Herz legen, die gerne international arbeiten wollen. Fachlich ergibt diese Art der Zusatzausbildung, meiner Meinung nach, nur in dieser Umgebung Sinn. Persönlich ist der LL.M. aber stets eine Bereicherung.

Der Autor steht bei Fragen gerne zur Verfügung: jreiter@willkie.com

Sonne, Strand und Top-Law School – ein Jahr an der USC in Los Angeles

Philipp Behr
LL.M. (USC)
Rechtsanwalt
Flick Gocke Schaumburg

Die amerikanische Judikative und die amerikanische Kultur haben mich seit Beginn des Studiums der Rechtswissenschaften fasziniert. Daher war es mein Traum, an einer amerikanischen Top-Law School mit Studierenden aus der ganzen Welt zusammenzukommen. Dieser Traum ist mit dem einjährigen LL.M.-Studium (2019/2020) an der University of Southern California (USC) in Erfüllung gegangen. Der LL.M. fördert nicht nur die juristischen Kenntnisse der Studierenden, sondern vor allem auch die Persönlichkeit durch den Austausch mit anderen Kulturen.

Der Zeitpunkt

Ich habe mit dem LL.M.-Studium unmittelbar nach dem Ersten Staatsexamen begonnen und kann diese Entscheidung nur weiterempfehlen. Der LL.M. bietet eine anspruchsvolle Abwechslung zum Alltag aller Jura-Studierenden, die das Ersten Staatsexamen erfolgreich absolviert haben. Im Vorfeld habe ich selbst viele Erfahrungsberichte gelesen, die ein LL.M.-Studium nach dem Zweiten Staatsexamen empfehlen. Rückblickend ist dieser Ansicht zuzustimmen, dass das juristische Wissen mit Blick auf das Assessorexamen während der vielen tollen Erlebnisse teilweise in Vergessenheit gerät und die Vorbereitung auf das Zweite Staatsexamen dadurch nicht erleichtert wird. Allerdings bietet der LL.M. auch die Möglichkeit, Kraft für das Zweite Staatsexamen zu tanken. Darüber hinaus ist zu berücksichtigen, dass der Altersunterschied zu den meist jüngeren Kommiliton:innen nach dem Ersten Staatsexamen im Vergleich zu einem LL.M. nach dem Zweiten Staatsexamen geringer ist. Zudem ist die Lebensplanung und Realisierbarkeit eines LL.M. nach dem Ersten Staatsexamen meist planbarer als nach dem Zweiten Staatsexamen.

Die Wahl der Universität

Ein LL.M.-Studium ist auf der ganzen Welt an vielen renommierten Universitäten möglich. Die Unterschiede bestehen in regionaler, kultureller und finanzieller Hinsicht. Für mich persönlich stand fest, dass ich unbedingt an einer amerikanischen Top-Universität studieren möchte, die mir neben fachlich hoch interessanten Kursen auch die Möglichkeit bietet, kulturelle und sportliche Angebote wahrzunehmen. Die USC befindet sich im Herzen von Los Angeles im atemberaubenden Kalifornien und vereint nach meiner Ansicht alle Wünsche, die LL.M.-Studierende mit fachlichem Anspruch und Entdeckungslust haben. Die juristische Fakultät (Gould School of Law) bietet Studierenden jeder Fachrichtung (z. B. IP, Corporate/M&A, Tax, Criminal Law, Entertainment Law etc.) eine Vielfalt an Kursen, die beim („General") LL.M. frei gewählt werden können. Dadurch können unter anderem die Zulassungsvoraussetzungen für die verschiedenen Bar Exams (z. B. NY, California) und Zertifikate (z. B. Business Law, Transnational Law and Business etc.) erlangt werden.

Ferner besteht auch die Möglichkeit, sich bereits mit Beginn des LL.M.-Studiums zu spezialisieren und das Studium mit einem LL.M. in Alternative Dispute Resolution, Privacy Law and Cybersecurity oder International Business and Economic Law abzuschließen. Die Kurswahl ist in diesen Fällen vorgegeben und befähigt in der Regel nicht zur Teilnahme am Bar Exam, es sei denn, die nötigen Module, wie z. B. civil and criminal law, werden gegen Aufpreis nach bestandener Prüfung erfolgreich abgeschlossen. Neben der fachlichen Ausbildung punktet die USC jedoch vor allem für deutsche Studierende im Vergleich zu anderen US-Law-Schools mit großzügigen Stipendien. e-fellows.net-Stipendiat:innen dürfen sich beispielsweise über 50 Prozent Scholarship und Housing-Zuschüsse freuen. Da die Funds hierfür zum Teil begrenzt sind, empfiehlt es sich, mit den LL.M.-Bewerbungen frühzeitig zu beginnen. Insoweit sind die jeweiligen Deadlines der Universitäten zu beachten, wobei ein Überschreiten dieser Frist aus persönlicher Erfahrung nicht schädlich sein muss.

Das Leben auf dem Campus und abseits der Law-School

Zu Beginn des LL.M.-Studiums habe ich den Stolz der USC-Studierenden als deutscher Jura-Student ein wenig belächelt. Mit „Trojan Family" und „Fight on" wird einem der Zusammenhalt aller Studierenden jedoch ab Tag eins vermittelt, sodass man sich wegen der vielen Angebote auf dem Campus in den verschiedenen Societies oder Sport Clubs schnell heimisch fühlt. Aus eigener Erfahrung kann ich allen Studierenden nur wärmstens empfehlen, die Angebote auch außerhalb der Law-Schools wahrzunehmen und so beispielsweise bei mehrtägigen Ausflügen oder Sportwettkämpfen neue Freundschaften zu schließen. Die USC bietet aufgrund ihrer geografischen Lage ferner allen Reiselustigen die Möglichkeit, die schönsten Ecken der USA und ihre Natur mit dem Auto in nur kurzer Zeit zu erreichen. Im Vergleich zu Universitäten an der Ostküste haben Studierende an der Westküste nach meiner Ansicht daher noch bessere Voraussetzungen, die USA mit all ihren Unterschieden in einem Jahr besser kennenzulernen.

Die Finanzierung des LL.M.

Ein LL.M. in den USA ist trotz großzügiger Stipendien im Vergleich zu einem LL.M. in Südafrika o.ä. nicht zuletzt wegen der hohen Lebensunterhaltungskosten teuer. Neben den bereits erwähnten Scholarships der Universitäten kommen ferner umgekehrte Generationenverträge oder herkömmliche Finanzierungsformen, wie z.B. Darlehen, in Betracht. Das finanzielle Volumen dürfte bei allen Studierenden wegen der individuellen Lebensweise und zugesagten Scholarships unterschiedlich hoch ausfallen. Im Vergleich zu deutschen Universitäten ist es üblich und möglich, die Studiengebühren unter Vorlage weiterer Zusagen anderer Law-Schools zu verhandeln. Demnach lassen sich die Kosten unter Umständen deutlich senken. Darüber hinaus ist zu berücksichtigen, dass die Studienkosten als Werbungskosten regelmäßig einen steuerlichen Verlustvortrag hervorrufen, der bei einer Verrechnung mit positiven Einkünften in Folgejahren zu einer teilweisen Erstattung der getragenen Kosten führt.

Fazit

Der LL.M. ist allen Jura-Studierenden wärmstens zu empfehlen, da nicht nur die fachlichen, sondern vor allem die kulturellen Erkenntnisse das Leben für immer bereichern werden. Die während dieses Jahres geschlossenen Freundschaften sollten ebenfalls nicht unterschätzt werden, da sich Menschen aus der ganzen Welt zusammenfinden, um voneinander zu lernen. Im Ergebnis bietet die USC – insbesondere nach Gesprächen mit anderen LL.M.-Student:innen anderer Law-Schools – meiner Meinung nach alle Voraussetzungen, um ein unvergessliches Jahr in den USA und Eindrücke über den juristischen Tellerrand hinaus zu haben.

Der Autor steht bei Fragen gerne zur Verfügung: philipp.behr@icloud.com

Die Vereinten Nationen auf einem Campus

Julia Elser

Dr. iur., LL.M. (Turin)

Rechtsanwältin

Freshfields Bruckhaus Deringer

Nach dem ersten Examen stellte sich mir die Frage, ob ich lieber promovieren oder bei einem LL.M. Auslandserfahrung sammeln und mein Profil im internationalen Wirtschaftsrecht schärfen möchte. Ich wollte beides, aber zum einen wollte ich das Referendariat und den Berufseinstieg nicht allzu lange hinauszögern und zum anderen wollte ich auf keinen Fall Schulden für Studiengebühren und Lebenshaltungskosten im Ausland aufnehmen. Das LL.M.-Programm in International Trade Law mit seinem hybriden Modell aus fünfmonatiger Präsenzphase auf dem Campus der Vereinten Nationen in Turin und Distanzunterricht bot daher die optimale Möglichkeit für mich, neben der Promotion noch einen LL.M. in einem sehr spannenden und praxisrelevanten Bereich zu absolvieren.

Wirtschaftsvölkerrecht, internationale Transaktionen und Rechtsdurchsetzung

Neben den moderaten Kosten hat mich vor allem die internationale Ausrichtung des LL.M. angesprochen. Das International Training Centre der International Labour Organisation bietet den Master in Kooperation mit der Universität Turin, der United Nations Commission on International Trade Law (UNCITRAL) sowie dem International Institute for the Unification of Private Law (UNIDROIT) an. Daneben unterstützen die World Trade Organisation (WTO), die United Nations Conference on Trade and Development (UNCTAD), die Europäische Union (EU) sowie die International Chamber of Commerce (ICC) das LL.M.-Programm durch Entsendung von Dozent:innen. Anwältinnen und Anwälte renommierter Kanzleien vermitteln zudem das theoretische und praktische Rüstzeug für die Verhandlung von wirtschaftsrechtlichen Verträgen mit grenzüberschreitendem Bezug und die internationale Rechtsdurchsetzung.

Inhaltlich gliederte sich der LL.M. im Wesentlichen in drei Themenblöcke: Um ein grundlegendes Verständnis für den Rahmen zu schaffen, innerhalb dessen internationaler Handel stattfindet, wurden die rechtspolitischen Grundlagen und der institutionelle Rahmen internationalen Handels vermittelt. Wir beschäftigten uns mit der Ideengeschichte internationalen (Frei-)Handels, lernten beispielsweise das System der WTO, die Aufgaben von Organisationen wie der Weltbank, des Internationalen Währungsfonds und der International Labor Organisation sowie die Funktionsweise regionaler Integration wie ASEAN, NAFTA oder Mercosur kennen. Schnell wurde klar, dass es bei diesem LL.M. nicht nur um Wissensvermittlung, sondern auch um internationalen Austausch geht. Ich habe die Diskussionen über diese Themen als sehr bereichernd empfunden und möchte die Perspektive meiner Kommiliton:innen unterschiedlichster Herkunft, wie etwa Finnland, Kuba, Uganda, Kenia, Kolumbien, Russland, Iran oder Kamerun, auf die politische Dimension der behandelten Themen nicht missen. Aufgrund der diversen Zusammensetzung der Studierenden waren die Diskussionen bisweilen hitzig, trugen aber zugleich zu einem besseren Verständnis der Funktionsweise und Hürden internationaler Kooperation bei.

Im zweiten Themenblock brachten uns Praktiker:innen die Grundlagen internationaler Verträge näher. Erfahrene Anwältinnen und Anwälte aus unterschiedlichen Jurisdiktionen erklärten, worauf beispielsweise bei M&A-Transaktionen zu achten ist, wie sich geistiges Eigentum als Wirtschaftsgut kommerzialisieren und schützen lässt, wie ein Franchise-System oder der internationale Vertrieb mittels Handelsvertreter aufgebaut und – aus der Perspektive der einen oder anderen Partei – vertraglich abgesichert werden können. Unser neu erworbenes Wissen probierten wir in Rollenspielen und anhand der Anpassung von Modellverträgen gleich in der Praxis aus. Die interaktive Gestaltung des Unterrichts hatte den positiven Nebeneffekt, dass wir Studierenden untereinander ins Gespräch kamen und uns so besser kennlernten.

Im dritten Themenblock beschäftigen wir uns mit internationaler Rechtsdurchsetzung. Der Fokus lag zum einen auf internationalem Investitionsschutz über zwischenstaatliche und multilaterale Investitionsabkommen mit Schiedsgerichtsklauseln und auf Handelsschiedsverfahren nach dem UNCITRAL Model Law on International Commercial Arbitration. Zum anderen lernten wir die Grundlagen internationaler Rechtsdurchsetzung vor staatlichen Gerichten wie insbesondere die Gerichtsbestandbestimmung und Fragen der Vollstreckbarkeit ausländischer Gerichtsentscheidungen.

Was hat der LL.M. gebracht?

Mittlerweile arbeite ich bei einer internationalen Großkanzlei als Anwältin im Bereich Konfliktlösung, d. h. ich vertrete inländische und ausländische Unternehmen etwa bei Streitigkeiten im Zusammenhang mit M&A-Transaktionen und berate beispielweise Finanzinstitute zu der Frage, in welchen Jurisdiktionen ihnen Rechtsstreitigkeiten drohen können. Ich profitiere also in meiner täglichen Arbeit von dem Wissen, das ich während des LL.M. erworben habe. Darüber hinaus war der interkulturelle Austausch eine großartige Erfahrung und hat mich persönlich weitergebracht. Ich habe zudem Freundinnen gefunden, mit denen ich bis heute – über sieben Jahre nach unserem Abschluss – noch in regem Kontakt stehe und die ich ab und an irgendwo auf der Welt treffe. Auch mit meiner Alma Mater stehe ich sporadisch in Kontakt. Anfang 2020 waren die Alumni beispielsweise zu einem Aperitivo auf dem Campus eingeladen, was eine schöne Gelegenheit für ein Wiedersehen mit Kommiliton:innen und Dozent:innen war.

Aus meiner Sicht hat sich der LL.M. daher absolut gelohnt, auch wenn er finanziell gesehen keine Vorteile gebracht hat. Das lässt sich aber verschmerzen, zumal die Lebenshaltungskosten in Turin eher etwas unter denen in deutschen Studentenstädten liegen und die Studiengebühren mit derzeit 9.000 Euro moderat sind. Falls gewünscht, kann während der Präsenzphase die Unterbringung auf dem Campus inklusive Reinigungsservice und Frühstück kostenpflichtig hinzugebucht werden. Ich habe mir damals wie die meisten meiner Kommiliton:innen ein kleines Apartment in der Stadt gemietet. Turin ist eine attraktive Stadt, die kulturell sehr viel bietet und auch mit einem sehenswerten Umland, insbesondere für Weinliebhaber, punkten kann. Insgesamt hat mir der LL.M. also neben praxisrelevantem Wissen, interkultureller Kompetenz, einem internationalen Netzwerk und einer Handvoll dauerhaften Freundschaften auch eine schöne Zeit in Norditalien gebracht, an die ich sehr gerne zurückdenke.

Die Autorin steht bei Fragen gerne zur Verfügung: julia.elser@freshfields.com

Caroline Rolf

LL.M. (Queen Mary University of London)

Anwältin

CMS Hasche Sigle

LL.M. in London – That's Just my Cup of Tea!

Für mich war seit Beginn meines Studiums klar, dass ich einen LL.M. machen wollte. Raus in die Ferne, internationale Freundschaften knüpfen und einfach mal über den Tellerrand schauen – gesagt, getan. Kurz nach meinem zweiten Staatexamen habe ich mich für das LL.M.-Programm „Commercial and Corporate Law" and der Queen Mary University of London entschieden und ich hätte keine bessere Wahl treffen können. Hohes akademisches Niveau, sehr internationale Studenten und ein ausgeprägtes Studentenleben – I am sold.

Frühzeitige Vorbereitungen – nicht an der Queen Mary University

Kurz vor meiner mündlichen Prüfung im Dezember 2020 habe ich mich mit potenziellen LL.M.-Studiengängen auseinandergesetzt. Als ich sah, dass die Queen Mary University, als eine der wenigen Universitäten, einen Einstieg im Januar anbot, war die Entscheidung für mich schnell gefallen. Mir war insbesondere wichtig, dass ich mein Englisch verbessern und inhaltlich auch etwas mitnehmen kann. Die Queen Mary University, mit mehr als 20 verschiedenen LL.M.-Spezialisierungen, war daher perfekt. Spontan bewarb ich mich also knapp zwei Monate vor geplantem Studienbeginn. Hierzu benötigte ich Empfehlungsschreiben von Professoren, Übersetzungen der Zeugnisse sowie einen Sprachtest. Viele meiner Kommilitonen haben sich für einen fachspezifischen LL.M. entschieden. Daneben bestand jedoch auch die Möglichkeit, einen General LL.M. zu belegen, in dessen Rahmen man sich wiederum spezialisieren kann.

Wenige Wochen nach der Bewerbung erhielt ich bereits die Zusage. Voller Vorfreude stürzte ich mich in die Wohnungssuche. Dies erwies sich als schwieriges Unterfangen, da die Wohnungspreise in London enorm sind. Die Uni stellt zwar Studentenwohnheime zur Verfügung, die Preise sind jedoch nicht mit deutschen Studentenwohnheimen vergleichbar. Für ein WG-Zimmer sollte man ca. 1000 Euro einplanen. Dafür bekommt man aber ein Zimmer in zentraler Lage, was ich unbedingt empfehlen würde, weil sich die Jura-Fakultät im Stadtzentrum befindet.

Anspruchsvoller als gedacht...

Der LL.M. war inhaltlich deutlich anspruchsvoller als gedacht. Die Queen Mary University bietet viele internationale Kurse an, aus denen man einen echten Mehrwert ziehen kann. Inhalte aus Kursen wie „International Arbitration" „Mergers and Acquisitions" oder „International Tax Law" helfen mir heute in meinem beruflichen Alltag. Außerdem bieten die vielfältigen Kurse die Möglichkeit, noch einmal in andere Rechtsgebiete „reinzuschnuppern", bevor man sich auf den Arbeitsmarkt begibt. Die Professoren sind alle äußerst hilfsbereit und motiviert. Die Qualität der Vorlesungen ist deutlich besser als in Deutschland. Wenn man die Vorlesungen besucht und die „Readings" liest, ist man bestens auf die Klausuren vorbereitet.

Daneben sollte man bei der Wahl der Kurse unbedingt die Form der Prüfung am Semesterende beachten. Neben Hausarbeiten, welche den im Jura-Studium anzufertigenden Hausarbeiten vom Umfang her ähneln, gibt es auch 24-Stunden-Klausuren, die einem einiges abverlangen. Den Titel bekommt man also keinesfalls geschenkt.

Bis kurz vor den Prüfungen ist aber genügend Zeit, das Londoner Nachtleben kennenzulernen und bei einem Pint Bier neue Kontakte zu knüpfen. In meinem Semester waren wenige Europäer – stattdessen habe ich Menschen aus der ganzen Welt kennengelernt, die heute noch zu meinen Freunden zählen. Viele Kommilitonen kamen aus Ländern wie Indien, Ägypten, Libanon oder Südamerika, was ich wahnsinnig spannend fand. Die Studierenden waren alle sehr offen und freundlich, so dass wir uns fast täglich in großen Gruppen zur gemeinsamen Freizeit- und Abendgestaltung zusammengefunden haben. Spaß und Vergnügen kommen also nicht zu kurz.

Mein persönliches Highlight war eine Reise in den Semesterferien durch verschiedenste Städte Englands mit sechs Menschen unterschiedlicher Herkunft und Glaubensrichtung, bei der wir abends von Bar zu Bar gezogen sind und das Weltgeschehen diskutiert haben – wann kommt man schon mal mit so vielen unterschiedlichen Kulturen zusammen.

Kosten vs. Nutzen
Eins nehme ich vorweg: Ein LL.M. in London ist teuer. Im Verhältnis zu amerikanischen Universitäten halten sich die Studiengebühren zwar noch in Grenzen. Die Lebenshaltungskosten sind jedoch erheblich. Ich hatte mir vorgenommen, auch mal zu kochen und sparsam zu leben. Wenn sich die Kommilitonen in Bars, Cafés und Restaurants treffen, geht man jedoch einfach mit, denn den LL.M. macht man ja nur einmal im Leben. Manche Kanzleien zahlen Bewerber:innen, die einen LL.M. an einer ausländischen Uni absolviert haben, bis zu 10.000 Euro mehr Gehalt, so dass man einen Teil des Betrags darüber refinanzieren kann. Für mich persönlich war die Zeit in London allerdings unbezahlbar: Die internationalen Freundschaften, die gemeinsamen Erlebnisse und die Möglichkeit, für ein Jahr in einer multi-kulti Stadt wie London gelebt zu haben, helfen einem vor allem, die eigene Persönlichkeit weiterzuentwickeln. Das Studium hat meinen Blick auf die Welt geändert und mir geholfen, die Denkweise von Menschen anderer Kulturen – auch im beruflichen Kontext – besser zu verstehen. Zudem verbessern sich die Englisch-Kenntnisse wahnsinnig schnell, wie von allein, und die gute Ausbildung, die man an der Queen Mary University erhält, ist eine nützliche Ergänzung für die eigene berufliche Zukunft.

Fazit
Das Studium an der Queen Mary University hat alle meine Erwartungen übertroffen. Ich habe viel gelernt und konnte über mich hinauswachsen. Wer einen LL.M. mit Anspruch, gepaart mit einem umfangreichen *multi-kulti* Studentenleben sucht, ist hier genau richtig.

Die Autorin steht bei Fragen gerne zur Verfügung: carolinerolf@gmx.de

LL.M. in DC und Bar Exam in NY: What I wish I had known …

Esther Birlin-Spake

LL.M., Esq., CIPP/E

Educational Entrepreneur

LearnGerman-Online030

Ich habe meinen LL.M. 2016–2017 an der American University Washington College of Law (WCL) in Washington, D.C., gemacht. Die Wahl des Ortes war für mich sehr leicht. Ich habe meinen Mann während meines Auslandsjahres in DC kennengelernt und bin 2016 in die USA ausgewandert. Das mit der Uni war allerdings nicht ganz so leicht und ich habe einige leichtsinnige Fehler gemacht, die ich hätte vermeiden können. Dieser Bericht ist vor allem interessant für alle, die planen, in den USA in der Rechtsbranche zu arbeiten. Für mich war klar, dass der LL.M. „nur" Mittel zum Zweck sein wird. Um als Anwältin in den USA arbeiten zu können, musste ich unbedingt ein Bar Exam (das Äquivalent zum Staatsexamen) machen und bestehen. Um als Nicht-„JD" (das hiesige Jurastudium) Studentin zum Bar Exam zugelassen zu werden, musste ich einen LL.M.-Studiengang absolvieren. Das wusste ich, aber die Details waren mir unklar und ich habe mich leider viel zu viel auf die Infos meiner Uni verlassen.

Wahl der Uni

Ich hatte in meinem Auslandsjahr sowohl an der WCL als auch an der Georgetown studiert und so die Möglichkeit, sehr unkompliziert an beiden für das LL.M.-Programm angenommen zu werden. Georgetown ist sehr viel bekannter in den USA und higher ranked, dafür hatte WCL ein recht bekanntes LL.M.-Programm in „meinem" Bereich – International Legal Studies. Außerdem hatte die WCL mir zugesichert, dass mir meine Credits aus dem Auslandssemester für das LL.M.-Studium angerechnet werden. Das waren ca. 10.000 Dollar und nachdem mir von Seiten WCLs auch noch zugesichert wurde, dass alle LL.M.-Programme gleichermaßen für ein Bar Exam qualifizieren, habe ich mich (natürlich) für die WCL entschieden. Mir wurde von meiner Uni gesagt, dass Nicht-JDs mit LL.M. entweder das New York State Bar Exam (NYS) machen können oder das California Bar Exam. Alle anderen Bar Exams hätten Voraussetzungen, die ein LL.M.-Studium nicht erfüllen könne. Heads up: Das stimmt nicht!

Am ersten Tag des Semesters stellte sich dann heraus, dass ich falsche Infos bekommen hatte. Die Credits aus dem Auslandssemester werden von dem NYS Bar Exam NICHT akzeptiert. Ich musste also das gesamte Programm absolvieren und bezahlen. Das hat meine finanziellen und materiellen Pläne ziemlich durchkreuzt. Takeaway ist also: Verlasst euch nicht auf die Aussagen einer einzigen Person. In den USA muss man meiner Meinung nach alle Infos selbst zusammentragen. Mir passiert es hier oft, dass Leute (bewusst oder unbewusst) schlichtweg falsche Aussagen machen nach dem Motto „Take the money first, explain later". Ich kenne es aus Deutschland so, dass eine schriftliche Antwort verlässlich ist. Hier ist das nicht so. Macht euch selbst sachkundig, fragt an verschiedenen Stellen nach, lest selbst das Kleingedruckte usw.

Die zweite Enttäuschung kam sehr viel später. Da fand ich nämlich heraus, dass LL.M.-Studierende auch das DC Bar Exam machen können. Dafür müssen ein paar andere Kurse gewählt werden. Die WCL bot das nicht an – ich hätte meine Kurse aber trotzdem so legen können, dass ich die Voraussetzungen erfülle. Die Georgetown University allerdings lässt LL.M.-Studierenden die Wahl, ob sie den Studiengang so machen wollen, dass er etwas günstiger ist und sie sich für das NYS/CA Bar Exam qualifizieren, oder ob sie etwas mehr bezahlen wollen und dafür aber das DC Bar Exam machen können. Für mich ist das NYS Bar Exam relativ nutzlos. Ich möchte nicht nach New York umziehen, sondern in DC bleiben, kann aber mit dem NYS Bar Exam hier nur sehr bedingt arbeiten. Vor Gericht darf ich nicht auftreten und das Fehlen des DC Bar Exams macht es sehr schwer, hier als Ausländer einen Job zu bekommen. Nach den jetzigen Bestimmungen darf ich nach fünf Jahren Zulassung in NYS in die DC Bar „waiven". Fünf Jahre sind aber lang. Außerdem wird oft behauptet, dass das NY Bar Exam zusammen mit dem CA Bar Exam das schwerste der Nation sei und DC im Vergleich relativ leicht. Who knows… Takeaway ist also: Überlege dir gut, in welchem Staat du praktizieren willst und dann schau dir die Voraussetzungen gründlich an. Auch hier gilt: Verlasse dich nicht auf Aussagen deiner Uni oder Anderer. Wenn du weißt, welche Voraussetzungen du erfüllen musst, sprich gründlich und oft mit deiner Uni, um sicherzugehen, dass du dein Studium so gestalten kannst, dass alle Voraussetzungen erfüllt werden.

New York State Bar Exam

Die Vorbereitungszeit für das NYS Bar Exam beträgt ca. zehn Wochen. In den zehn Wochen müssen LL.M.-Studierende das gesamte amerikanische und Bundesland-Recht lernen. Es gibt auch in den USA Reps – die bekanntesten sind BARBRI und Themis. Alle sind unfassbar teuer und ähnlich aufgebaut. Ich habe mich für BARBRI entschieden, einfach weil die sehr präsent waren. Ich fand das Programm gut. Man muss wirklich nicht nachdenken – alles ist getaktet und organisiert. Aber die zehn Wochen Bar Prep waren definitiv anstrengender als ein deutsches Rep. Man arbeitet da tatsächlich täglich zehn Stunden jeden Tag. Pausen sind nicht vorgesehen, aber es ist sicher vergleichbar mit den letzten Wochen vor dem Staatsexamen. BARBRI wiederholt oft und gerne „Trust the process". Ich kann das bestätigen.

Zu meiner Zeit war unklar, an welchem Ort in NY State ich schreiben muss, und ich habe deshalb FRÜH in jeder Stadt Hotels in Laufnähe der Orte gebucht. Das hat sich gelohnt. Ich habe dann in NYC geschrieben und war dort im einzigen Hotel in Laufnähe, was die zwei Tage erleichtert hat. Mein Testort war das Armory Track und man hat auf Klapptischen und Klappstühlen schreiben müssen. Es war kalt und relativ laut. Die MC Fragen waren teilweise krass. Da wurden Vergewaltigungs- und Suizidfälle geschildert ohne Ende. Gerade für Menschen mit solchen Erfahrungen war das schockierend. Außerdem kann man dort seine Sachen nicht sicher verwahren. Die werden einfach in einen leicht zugänglichen Raum gebracht und in der Pause saßen dann Hunderte in diesem Raum und haben wie verzweifelt Leitz Ordner und Karteikarten durchgelesen, sodass man Schwierigkeiten hatte, seine Sachen zu finden. Die Einlasskontrolle war sehr willkürlich. Viele verbotene Dinge wurden durchgewunken, während andere eigentlich erlaubte Gegenstände verboten wurden. Für das Examen empfehle ich: Wenn ihr eine Examensroutine habt, wendet sie an. Lasst euch von der extremen Panik nicht anstecken. Bringt keine Wertsachen mit, habt einen Plan für das Mittagessen und informiert euch gründlich über die erlaubten Gegenstände. Als Deutsche haben wir allen anderen beim Examen schreiben viel Erfahrung voraus. Das hilft. Viel Erfolg!

Bachelor (LL.B.) und Master (LL.M.) gleichzeitig? Das geht!

Joel Ziv
LL.M. (UConn)
Student und Praktikant im Private Equity
Freie Universität Berlin; FLEX Capital

Während meine Kommiliton:innen im dritten Semester ihre Aufmerksamkeit dem Schuldrecht BT gewidmet haben, habe ich mich parallel für den LL.M. beworben. Sich im dritten Semester für den LL.M. zu bewerben? Da denken die meisten nicht einmal an die Wahl des Schwerpunktes, sondern überlegen sich ihr nächstes Reiseziel.

Ich habe mein Jurastudium an der Freien Universität in Berlin abgeschlossen. Die FU bietet ein Doppelabschlussprogramm an, bei dem man während des Schwerpunktbereichs im dritten Studienjahr eine amerikanische Partneruniversität besuchen und dort den LL.M.-Abschluss machen kann. Zu meiner Studienzeit bestand eine solche Kooperation nur mit der University of Connecticut School of Law (UConn), allerdings hat die FU ihr Netzwerk an Partneruniversitäten zwischenzeitlich ausgeweitet. Technisch funktioniert das so, dass man die LL.M.-Kurse an einer der Partneruniversitäten absolviert, die gleichzeitig als Schwerpunktbereichsprüfung anerkannt werden. Nachdem man alle Module und den Schwerpunkt bzw. die LL.M.-Kurse absolviert hat, wird von der FU der Bachelor of Laws (LL.B.) verliehen. Anschließend reicht man den LL.B. bei der Partneruniversität ein und erhält dann offiziell den LL.M.-Grad. Leider fiel mein LL.M. genau in die Coronazeit. Die USA hatten die Einreise in die USA gestoppt und verboten. Daher konnte ich nur Online an den Vorlesungen teilnehmen.

Die Vorbereitung: Das Ziel vor Augen

Die Vorbereitung für den LL.M. nimmt sehr viel Zeit in Anspruch, sodass man sich zu einem sehr frühen Zeitpunkt mit dem Thema auseinandersetzen sollte. Grundsätzlich kommt den Noten der ersten Semester kein erhebliches Gewicht zu, da sie sich nicht auf das Staatsexamen auswirken. Für den LL.M. im Rahmen des Doppelabschlussprogramms bewirbt man sich jedoch mit den Zwischenergebnissen der ersten drei Semester, sodass es sich empfiehlt, sich bereits ab dem ersten Semester intensiv auf die Prüfungen vorzubereiten, um die Notenvoraussetzungen zu erfüllen.

Da das Jurastudium insgesamt sehr zeitintensiv ist, ist langfristige Planung unerlässlich. Ich habe ca. 18 Monate vor Bewerbungsschluss angefangen, alle erforderlichen Unterlagen einzuholen, mich auf den Sprachtest vorzubereiten und meinen Lebenslauf sowie das Motivationsschreiben zu erstellen. Dadurch hatte ich keinen Zeitdruck, meine Bewerbung neben dem intensiven und vollgepackten Studium fertigzustellen.

Meine Highlights und Lowlights

Der Start an einer Universität in einem fremden Land, in einer fremden Sprache, mit einem völlig anderen Studien- und Lernsystem kann einem viele Sorgen und Ängste bereiten. An der UConn hat man jedoch schon vor Studienbeginn einen Studienkoordinator:in als Ansprechperson, welche bei der Kurswahl, der Organisation und dem Umgang mit den technischen Portalen hilft. Diese stand mir auch jederzeit für Fragen zur Verfügung.

Ich habe den LL.M. in U.S. Legal Studies absolviert. Dabei bietet die UConn eine enorme Breite an Kursmöglichkeiten an, die man frei wählen kann. Somit hat man die Möglichkeit unter anderem Kurse im Umwelt-, Versicherungs-, Steuer- oder Urheberrecht zu wählen. Außerdem kann man durch eine bestimmte Kurswahl einen Schwerpunkt wählen und dadurch ein Certificate in diesem Schwerpunkt erhalten. Ich habe mich für das Certificate in Corporate and Regulatory Compliance entschieden, worin ich auch meine Masterarbeit zum Wirecard-Skandal geschrieben habe. Dieses Certificate kann ich Personen mit wirtschaftlichem Interesse sehr empfehlen. Gerade bei einem Online LL.M. ist es nicht leicht, sich sofort zu orientieren und neue Kontakte zu knüpfen. Die UConn bietet jedoch gezielt kleine Kurse mit 20 bis 50 Personen an. Darüber hinaus läuft der Unterricht nach dem Sokrates-Modell ab. Das bedeutet, dass der:die Professor:in Fragen stellt und anstatt Wortmeldungen abzuwarten, Studierende ungefragt aufgerufen werden. Gerade beim ersten Mal ist die Angst, sich zu blamieren oder eine Antwort nicht zu wissen, sehr groß. Dabei wird im Gegensatz zum deutschen Rechtssystem oft die Stellung eines Anwalts oder einer Anwältin eingenommen und praxisnah diskutiert, wodurch der Horizont beim Umgang mit neuen Rechtsproblemen erweitert wird. Im Grunde geht es allen Studierenden gleich und man sitzt im selben Boot, sodass die gesamte Kursatmosphäre sehr entspannt ist. Dadurch war es leicht, Zugang zu anderen zu schaffen, indem man diese lediglich angeschrieben hat und anstatt sich auf einen Kaffee in der Mensa zu treffen, einen Wein über Zoom getrunken hat. Es war überaus spannend so über seinen eigenen Schatten zu springen und neue Menschen aus verschiedenen Kulturen kennenzulernen. Die größte Hürde war allerdings die Zeitumstellung. Obwohl mein Tag mit der ersten Vorlesung um 14 Uhr sehr spät gestartet ist und ich den gesamten Vormittag lernen konnte, gingen Kurse teilweise bis 3 Uhr nachts. Dabei schaut man den ganzen Tag auf seinen Monitor und Zoom, wodurch die Konzentration sehr schnell nachlassen kann. Dies merkte ich gerade in den späten Abendstunden. Allerdings wussten die Professor:innen stets über meine Umstände Bescheid und haben darauf Rücksicht genommen. Im Umkehrschluss wirkte sich die Zeitverschiebung leider auch auf den sozialen Umgang aus, da die Studierenden sich meist nach der Uni verabredet haben, also um 0 Uhr deutscher Ortszeit.

Vorteile des LL.M.: Prestige, Karriere, Gehalt und Kenntnisse

Durch den LL.M. konnte ich mir umgehend zwei Praktika bei den Wirtschaftskanzleien Hengeler Mueller und Noerr, eine Werkstudentenstelle bei Dentons und ein Praktikum im Private Equity Bereich sichern. Dabei hat man erstmals den Wert des LL.M. bemerkt, welcher mir gegenüber anderen Mitbewerber:innen einen erheblichen Wettbewerbsvorteil gebracht hat. Ich konnte nicht nur meine erlernten Kenntnisse unmittelbar anwenden, sondern auch der Umgang mit unbekannten und komplexen Themenbereichen ist mir erheblich leichter gefallen. Unabhängig vom Prestige wurde mein LL.M. bei diversen Gehaltsverhandlungen dem Ersten Staatsexamen gleichgestellt, wodurch ich eine bessere Verhandlungsposition und vor allem mehr Spielraum bei der Gehaltsvorstellung hatte.

Fazit

Der LL.M. an der UConn ist gerade wegen seiner vergleichsweisen geringen Studiengebühren eine sehr gute Alternative zu anderen amerikanischen Law Schools. Gerade im Rahmen des Doppelabschlussprogramms der FU bietet der LL.M. gegenüber anderen Studierenden einen erheblichen Wettbewerbsvorteil, der sich gerade bei Großkanzleien spüren lässt. Wer also eine Karriere in einer Großkanzlei anstrebt, ins Ausland möchte und dabei zwei Fliegen mit einer Klatsche schlagen möchte, sollte sich unbedingt diesen LL.M. anschauen. Weiterempfehlung? Ein klares Ja!

Der Autor steht bei Fragen gerne zur Verfügung: benjaminjoel.ziv@gmail.com

Martha Wendt

LL.M. (Cambridge)

Referendarin

Oberlandesgericht Brandenburg an der Havel

(M)ein Jahr in Cambridge voller Traditionen und neuer Erkenntnisse

Nach langen Jahren der Vorbereitung auf das erste juristische Staatsexamen war es endlich soweit: Ich hatte das erste Examen in der Tasche und war bereit für Neues: Für ein neues Land, eine neue Universität, neue Leute und neue Erkenntnisse. Ein LL.M. im Ausland bietet einem praktischerweise all das. So habe ich im Jahr 2020/2021 einen völkerrechtlichen Master an der Cambridge University absolviert.

Ohne Fleiß kein Preis

Begonnen hat meine Vorbereitung auf den LL.M. bereits gut ein Jahr vor Beginn des Masters. Die Bewerbungsfrist läuft zirka zehn Monate vor Beginn des Studiums ab. Zu diesem Zeitpunkt muss man bereits eine Reihe von Voraussetzungen erfüllen und entsprechende Nachweise beifügen. Wie bei vielen englischsprachigen Programmen muss man unter anderem einen Sprachnachweis beifügen, bei dem ein recht hohes Niveau erreicht werden muss. Auch um die Referenzschreiben sollte man sich frühzeitig kümmern. Wichtig ist bei der Bewerbung in Cambridge (ebenso wie in Oxford) auch die Wahl des Colleges. Dazu muss man wissen und verstehen, wie die Universitäten in Cambridge und Oxford organisiert sind. Alle Studierenden werden Mitglieder in einem College. Diese organisieren das soziale Leben der Studierenden (man kann sich dies wie die verschiedenen Häuser in Hogwarts bei Harry Potter vorstellen). Ich würde empfehlen, die Möglichkeit, eine Präferenz anzugeben, zu nutzen. Tut man dies nicht, wird man einem College zugewiesen. Bewerben kann man sich auch, wenn man zum Bewerbungsstichtag noch keinen Abschluss hat. In diesem Fall erhält man dann im Zweifel ein conditional offer, also eine bedingte Zusage. Nach meiner persönlichen Erfahrung liegt die Notengrenze hier bei einem „gut" (11,5 Punkte) im Gesamtzeugnis der ersten juristischen Prüfung. Neben der Note spielen aber natürlich auch andere Aspekte eine Rolle. Viele meiner Kommiliton:innen hatten beispielsweise bereits Auslandserfahrung (z. B. durch Erasmus oder ein ähnliches Programm), haben an einem Moot Court teilgenommen oder hatten andere extracurriculare Aktivitäten vorzuweisen. Generell sollte man sich vorsichtshalber bei mehreren Masterprogrammen bewerben, da die Erfolgsaussichten vorher nie zuverlässig abgeschätzt werden können. Im besten Fall hat man dann die Qual der Wahl.

Ich habe mich letztlich für die Universität Cambridge entschieden, da ich einen völkerrechtlichen Schwerpunkt wählen wollte und die Universität Cambridge in dem Bereich weltweit führend ist. Allgemein spielen bei der Wahl natürlich auch die Studiengebühren eine Rolle, die sich zuletzt für deutsche Studierende aufgrund des Brexit deutlich erhöht haben. Hinsichtlich der Wahl zwischen Oxford und Cambridge kann ich natürlich nicht behaupten, unvoreingenommen zu sein. Die Studiengänge unterscheiden sich aus meiner Sicht vor allem darin, dass in Cambridge die Vorlesungen und Tutorien in etwas größeren Gruppen stattfinden und nicht in gleicher Weise wie in Oxford Essays eingereicht werden müssen. Dadurch ist die Arbeitsbelastung und der Druck, regelmäßig Ausarbeitungen einzureichen, in Cambridge meiner Einschätzung nach nicht ganz so hoch wie in Oxford. In jedem Fall sollte man sich bei seiner Entscheidung bewusst sein, dass ein Master in Cambridge arbeitsintensiv ist. Man muss daher bereit sein, hart zu arbeiten und intellektuelle Herausforderungen anzunehmen.

Hier erlebt man jahrhundertealte Traditionen und wissenschaftliche Exzellenz

Wer sich dieser Herausforderung annimmt, wird mit einem vielseitigen und intensiven Studienjahr belohnt. Die größten Pluspunkte an Cambridge sind aus meiner Sicht zunächst der Austausch mit anderen sehr motivierten, klugen und interessanten Studierenden aus aller Welt. Daneben ist natürlich auch die Lehre auf einem wissenschaftlich sehr hohen Niveau mit herausragenden Dozierenden aus der Wissenschaft und auch aus der Praxis. Einzigartig sind auch die vielfältigen Angebote, die einem von der Universität, den Colleges und den vielen Studierendeninitiativen geboten werden. Und nicht zuletzt fand ich diese wunderschöne historische Stadt, die vor Geschichte und Tradition nur so strotzt, sehr lebenswert. Es macht einfach Spaß, durch die Gassen zu laufen, in einem Punt über die Cam zu staken und nacheinander verschiedene Colleges zu besuchen. Das ein oder andere Mal fühlt man sich hier ein bisschen wie in einem Harry Potter-Film, wenn man etwa im traditionellen Umhang und bei Kerzenlicht beim Abendessen sitzt.

Die Kurse kann man bei einem Master in Cambridge frei wählen. Es gibt eine große Auswahl, aus denen man vier Kurse zu belegen hat. Dabei kann wahlweise noch ein Schwerpunkt gewählt werden. In den Kursen besucht man dann jeweils Vorlesungen und zusätzliche Workshops. Abgeschlossen werden die Kurse grundsätzlich mit einer Klausur, in welcher man zu drei Fragen einen kurzen Essay schreiben muss. Es besteht aber auch die Möglichkeit, in einem Fach anstelle einer Klausur eine Hausarbeit zu schreiben (Achtung: Diese muss bereits während des Semesters vor den Klausuren erstellt werden). Nicht unterschätzen sollte man den Arbeitsaufwand für die Kurse. Es gibt extensive Reading Lists, die Gegenstand der Vorlesung sind und in den Klausuren diskutiert werden sollten. Vorkenntnisse sind in aller Regel aber nicht erforderlich. Hilfreich ist es, mit Anderen Lerngruppen zu bilden, Prioritäten festzulegen und entsprechend dem alten englischen Sprichwort *„keep calm and carry on"* auch mal eine Pause einzulegen und eine *„cup of tea"* zu trinken. Man sollte außerdem angesichts der Stoffmenge nicht versäumen, die Angebote zu nutzen, die Cambridge bietet. Bei der Cambridge Union kann man etwa Reden bedeutender Persönlichkeiten lauschen, in den Sälen der Colleges brunchen, an formal halls teilnehmen oder sich frühmorgens zum Rudern aus dem Bett begeben und die Morgenstunden auf dem Fluss Cam genießen.

Eine Bereicherung für das ganze Leben

Wer sich für einen Master in Cambridge entscheidet, wird Cambridge reicher verlassen. Wahrscheinlich nicht im wörtlichen Sinn, da Studiengebühren und Lebenshaltungskosten zu Buche schlagen. Aber reicher an einem Wissen, welches man kaum sonst in so kurzer Zeit erlangen wird. Reicher an einem Netzwerk, welches sich über die ganze Welt erstreckt. Reicher an einmaligen Erinnerungen, von denen man – da bin ich sicher – ein Leben lang zehren wird.

Die Autorin steht bei Fragen gerne zur Verfügung: mlw54@cantab.co.uk

Kira Tabea Schuck
LL.M. (Boston)
Rechtsreferendarin
Landgericht Düsseldorf

Vier Jahreszeiten in Neuenglands Hauptstadt Boston

Zu einem LL.M. an der Boston University School of Law gehören sommerliche Strände, ein leuchtend bunter Herbst, klirrend kalte Schneestürme und Kirschblüten im Frühling. Genauso abwechslungsreich wie die Jahreszeiten in Boston war auch mein LL.M.-Studium an der BU, das ich nach dem Ersten Staatsexamen absolvierte.

Viele Entscheidungen

Wer sich entschieden hat, einen LL.M. zu machen, steht vor einer unüberblickbaren Vielzahl von weiteren Entscheidungen. In welchem Land, in welcher Stadt möchte ich studieren? Welche Law School, welches Programm passt zu mir? Um sich in dem großen Angebot zurecht zu finden, hilft es, sich ganz zu Beginn zu überlegen, welche Ziele man mit dem LL.M. erreichen möchte und was einem besonders wichtig ist.

Zu den ersten Entscheidungen, die ich getroffen habe, gehörte, dass ich gerne in einem englischsprachigen Land mit Common Law-Rechtssystem studieren wollte. Nach dem streng vorgegebenen Pflichtstoff für das erste Examen suchte ich ein Studium mit fachlichen Freiräumen, wo ich an meinen (wenig examensrelevanten) Schwerpunkt im internationalen Recht und Rechtsvergleichung anknüpfen konnte. Zugleich wollte ich gerne in praxisnahen Kursen Kompetenzen wie Verhandlungsführung ausbauen. Um den dafür notwendigen Freiraum bei der Kurswahl zu haben, war für mich ein allgemeines LL.M.-Programm passender als ein LL.M. mit Spezialisierung in einer bestimmten Fachrichtung. Zudem erschien mir für die von mir gewollte Praxisnähe ein kursbasierter LL.M. geeigneter als ein Programm, bei welchem die Abschlussarbeit einen Großteil der zu erbringenden Studienleistung darstellt. Wer mit seiner Masterarbeit eine spätere Dissertation vorbereiten möchte, wird hingegen möglicherweise einen LL.M. mit umfangreicher Abschlussarbeit bevorzugen. Es gibt hier je nach Law School ganz unterschiedliche Varianten und Gestaltungsmöglichkeiten. Dabei bieten Law Schools in den USA im Vergleich zum UK tendenziell häufiger kursbasierte Programme an, so auch die Boston University.

Selbstverständlich spielt auch die (leidige) Frage der Finanzierung bei der Entscheidung für ein Land und eine Law School eine große Rolle. In den USA muss neben den bekanntermaßen hohen Studiengebühren auch mit hohen Lebenshaltungskosten gerechnet werden. Da die Bewerbungsfristen für die meisten Stipendienprogramme früh auslaufen, ist es sinnvoll, mit einem deutlichen zeitlichen Vorlauf nach passenden Stipendien Ausschau zu halten, zum Beispiel dem LL.M.-Stipendium des DAAD. Den Gedanken, Bewerbungen für Stipendien zu schreiben, obwohl ich noch keine Zusage von einer Law School hatte, fand ich zunächst komisch. Dies ist aber meist nicht vermeidbar und daher auch seitens der Stipendiengeber unproblematisch. Es ist nicht erforderlich, sich in der Stipendienbewerbung schon auf eine Law School festzulegen oder eine Zusage nachzuweisen. Neben Stipendienprogrammen aus Deutschland lohnt es sich auch, bei den Law Schools selbst nach einem tuition fee waiver zu fragen. Die BU hat mir unkompliziert bereits aufgrund meiner Teilnahme am e-fellows.net LL.M. Day einen anteiligen waiver gewährt, der mir die Finanzierung zusätzlich erleichtert hat.

Studieren an der BU und Leben in Boston

Warum nach allen Vorüberlegungen dann die Boston University? Das allgemeine LL.M.-Programm der BU zeichnet sich durch große Flexibilität aus. LL.M.-Studierende können speziell für den LL.M. angebotene Kurse sowie nahezu alle Kurse aus dem umfangreichen Curriculum der J.D.-Studierenden belegen. Diese Freiheiten und das konkrete Kursangebot der BU passten schlicht am besten zu meinen fachlichen Interessen. Zudem war bereits während der Bewerbungsphase in Aussicht, dass die BU ihre Kurse ab meinem Einstiegssemester wieder in Präsenz anbietet und auch die Einreise in die USA funktionieren würde, beides Faktoren, die aufgrund der Corona-Pandemie von Unsicherheit geprägt waren. Nicht zuletzt war Boston als Stadt ausschlaggebend - eine U.S.-amerikanische Großstadt direkt am Meer, in Wochenend-Trip-Entfernung von New York City und der wunderschönen Natur der nordöstlichen Bundesstaaten. Auch wenn es viele zum LL.M. in den Süden zieht, möchte ich mich hier für die oben bereits geschilderten, das Lebensgefühl in der Stadt deutlich prägenden unterschiedlichen Jahreszeiten Bostons aussprechen, die es ermöglichen, alle paar Monate die Stadt wieder neu kennen zu lernen.

An der BU angekommen musste ich enttäuscht feststellen, dass einige der Kurse, die ich hatte belegen wollen, nicht angeboten wurden. Aufgrund des breiten Kursangebots fand ich jedoch schnell Ersatz, der ebenfalls meinen Interessen entsprach und letztlich sogar zu meinen Lieblingskursen gehörte. Wer gerne das Bar Exam absolvieren möchte, sollte schon bei der Kurswahl berücksichtigen, welche Pflichtkurse Voraussetzung für die Prüfungsanmeldung sind. Ich entschied mich gegen diese Option, da ich durch die Vorgaben nicht die Kurse hätte wählen können, die mich fachlich interessierten. Während des Semesters stellte sich ferner heraus, dass der Leistungsanspruch in den J.D.-Kursen tendenziell höher war als in den LL.M.-Kursen, sodass die Kombination beider Kursformen eine gute Mischung ergab. Aus dem deutschen Staatsexamen kommend empfand ich den Leistungsdruck im LL.M. als deutlich geringer. Durch wöchentliche readings und assignments sowie die Klausuren und Hausarbeiten war man gut beschäftigt, es blieb aber auch genug Zeit für Aktivitäten und Wochenend-Trips.

Was die BU besonders auszeichnet, ist die gelebte Diversität (Martin Luther King Jr. gehört zu ihren bekanntesten Absolventen, worauf die Uni auch sichtlich stolz ist) und die Internationalität des LL.M.-Studiengangs. Das LL.M.-Programm der BU ist groß, sodass Nationalitäten aus allen Ecken der Welt vertreten sind. Neben spannenden Diskussionen darüber, wie rechtliche Probleme in den unterschiedlichen Rechtssystemen angegangen werden, bleibt es die schönste Erfahrung dieses erlebnisreichen Jahres, mit so vielen unterschiedlichen Menschen Freundschaften geschlossen zu haben.

Wieder zurück in Deutschland – Fazit und Ausblick

Wenn ich gefragt werde, was mir am LL.M. besonders gefallen hat, weiß ich nicht, wie ich diese Frage ohne maßlose Untertreibungen beantworten sollte. Ich kann nur empfehlen, sich von dem vorherigen Organisationsaufwand und etwaigen Hindernissen - wie den hohen Studiengebühren oder einer weltweiten Pandemie - nicht abschrecken zu lassen. Der Gegenwert dieses besonderen Jahres ist unbezahlbar.

Die Autorin steht bei Fragen gerne zur Verfügung: kschuck@bu.edu

LL.M. an der McGill in Montréal: Multikulturelle Vielseitigkeit in Nordamerika

Dr. Michael Fischer

LL.M. (McGill)

Richter am Landgericht

Während der Vorbereitung auf das Erste Staatsexamen entschloss ich mich zu einem LL.M. im außereuropäischen Ausland. Meinen Schwerpunkt wollte ich auf die Rechtsvergleichung legen. Daher entschied ich mich für die McGill Universität in Montréal, Kanada. Diese Universität verpflichtet sich besonders der Rechtsvergleichung, indem sie Civil Law (Rechtsordnungen geprägt vom römischen Recht) und Common Law (anglo-amerikanische Rechtstradition) in ihrem Curriculum verbindet.

Perfekter Zeitpunkt für das LL.M.-Studium?

Einen LL.M. im Ausland war für mich nach dem Ersten Staatsexamen eine willkommene Abwechslung. Zudem versprach ich mir, neue Erfahrungen zu sammeln und meine juristische Ausbildung zu vertiefen. Der Zeitpunkt nach dem ersten Examen bietet den Vorteil, mögliche Wartezeiten auf das Referendariat zu überbrücken. Ferner zieht es viele Referendar:innen erfahrungsgemäß direkt nach dem zweiten Examen in die Arbeitswelt, sodass keine Zeit mehr für diese wertvolle Auslandserfahrung bleibt. Anderseits spricht für die Zeit nach dem Zweiten Staatsexamen eine bessere steuerliche Abzugsfähigkeit der Studiengebühren. Im Hinblick auf eine spätere Promotion bietet ein LL.M-Studium die zusätzliche Möglichkeit, ein passendes Promotionsthema zu finden.

Eine multikulturelle Erfahrung außerhalb Europas

Das LL.M-Studium bietet die Möglichkeit, Studienerfahrungen außerhalb der Europäischen Union zu sammeln. Nach einem Erasmus-Studium in Schottland wollte ich die Gelegenheit nutzen, ein Jahr außerhalb Europas zu leben und insbesondere die Studienatmosphäre einer nordamerikanischen Universität zu erleben. Kanada war allein wegen der atemberaubenden Landschaft schon immer ein Traum von mir. Auch reizte es mich, das hybride Rechtssystem (Mischung aus Common und Civil Law) in Québec vor Ort näher kennenzulernen. Die englischsprachige Universität McGill bot im französischsprachigen Québec zugleich die Möglichkeit, das Schulfranzösisch etwas aufzufrischen. Zudem versprach ich mir mit der Wahl Kanadas eine deutlich internationalere Klasse mit vielen Studierenden aus Afrika, Asien und Südamerika.

Die Vorbereitungsphase

Die Vorbereitungsphase begann für mich schon ein Jahr vor Studienbeginn, weil der Bewerbungsschluss bereits Anfang Februar des jeweiligen Studienjahres liegt. Gerade das Erstellen von Gutachten von Professor:innen und der passende Termin für einen TOEFL-Test können eine gewisse Zeit in Anspruch nehmen. Nach der Zusage im März/April begann die heiße Vorbereitungsphase für Flug, Visum und Wohnung für mich erst drei Monate vor dem Abflug. Für einen Studienaufenthalt, der länger als sechs Monate dauert, ist ein Visum für das Land Kanada (Study Permit), sowie ein Visum für die Provinz Québec (Certificat d'Acceptation du Québec) notwendig. Diese sind bei der kanadischen Botschaft in Berlin bzw. bei der Landesvertretung der Provinz Québec in Berlin zu beantragen. Die Wohnungssuche war durch Internetportale im Voraus problemlos möglich.

Studienfinanzierung und Lebenshaltungskosten

Die Studiengebühren in Kanada sind deutlich höher als in Europa. Für den LL.M. muss man drei Trimester eingeschrieben sein. Ein Trimester kostete im Jahr 2010 ca. 8000 kanadische Dollar. Neben deutschen Stipendien bestehen Möglichkeiten, ein Stipendium von McGill oder einen tuition waiver zu erhalten, welche die Studiengebühren deutlich senken können. Lebensmittel sind ebenfalls teurer als in Deutschland. Dagegen sind Mieten im Vergleich zu anderen nordamerikanischen Großstädten immer noch etwas günstiger (ca. 400–550 kanadische Dollar im Jahr 2010 für ein WG-Zimmer oder eine kleine Wohnung).

Meine Highlights im LL.M.

Besonders gewinnbringend war für mich die internationale und multikulturelle Gemeinschaft der LL.M.-Klasse. Neben guten Vorlesungen und Seminaren habe ich vor allem von den anderen Studierenden in zahlreichen Gesprächen und Konferenzen sehr viel über die unterschiedlichen Rechtsordnungen und Rechtskulturen erfahren können. McGill bietet in verschiedenen Veranstaltungen die Gelegenheit, Professor:innen oder andere Fachleuten aus Anwaltschaft oder Verwaltung in Diskussionen oder Empfängen näher kennenzulernen. Montréal ermöglicht mit seiner kulturellen Vielseitigkeit eine abwechslungsreiche Freizeitgestaltung. Die beeindruckende Landschaft Québecs und Kanadas und die Nähe zu den USA geben die Möglichkeit für abwechslungsreiche Reisen oder Ausflüge.

Was hätte besser laufen können?

Die rechtstheoretische Herangehensweise und häufige Verknüpfung mit anderen Wissenschaftsbereichen war für viele LL.M.-Studierende zunächst sehr ungewohnt und fiel nicht immer leicht. Durch Einführungsvorlesungen hätte dieser Einstieg erleichtert werden können. Außerdem bot das Institute of Comparative Law leider nicht so viele Veranstaltungen außerhalb der Vorlesungen an wie etwa das Institute of Air and Space Law.

Der Autor steht bei Fragen gerne zur Verfügung: michael.fischer5@gmail.com

Moritz Paul Reinhard

LL.M. (USC)

Assessor

Ein Jahr in der Stadt der Engel – ein LL.M. in Los Angeles

Wenn ich an mein LL.M-Studium an der University of Southern California Gould School of Law zurückdenke, fallen mir viele Adjektive ein, um meine Zeit dort zu beschreiben. Keines davon drückt Reue darüber aus, die Mühe der Vorbereitung und Organisation auf mich genommen zu haben. Dieser Bericht soll zum einen aufzeigen, wie man die am Anfang doch schier unüberwindbar erscheinende organisatorische Hürde eines LL.M.-Studiums nehmen kann und wie sich ein solcher LL.M. auch danach bezahlt macht.

Die Wahl des richtigen Zeitpunktes

Eine Frage, die ich mir immer gestellt habe, ist die, wann der richtige Zeitpunkt ist, um einen LL.M. zu machen. Für mich war dieser Zeitpunkt nach dem Ersten Staatsexamen gekommen. Ich wollte nach dem langen Studium etwas anderes machen, bevor ich mich wieder für eine Prüfung anmelde. Die Angst, nach dem LL.M. aber zu sehr aus dem Lernen heraus zu sein, kann ich allen nehmen. Ich habe hier in meinem Referendariat keine Nachteile empfunden und auch in die Untiefen der juristischen Probleme kommt man schnell wieder hinein. Hier kann ich jedem nur raten, das zu machen, was das Bauchgefühl rät, und sich nicht allzu sehr aufhalten zu lassen von den eigenen Bedenken. Der gesamte LL.M. ist ein Abenteuer, das gilt umso mehr für die Vorbereitung.

Die Vorbereitung – die Wahl der Universität

Bei der Planung eines LL.M.-Studiums ist die erste Frage, die sich immer stellt, die Frage nach der Wahl des Studienortes und damit verbunden auch die Frage nach der Wahl des Landes, in dem man sein Studium absolvieren möchte. Für mich war die Frage nach dem Land schnell abgeschlossen. Es war für mich von Anfang an klar, dass ich meinen LL.M. in den USA absolvieren möchte. Aber auch für all diejenigen, die sich hierüber noch nicht so klar sind, gibt es viele Angebote und Informationsquellen, um bei der Entscheidung zu helfen.

Mein erster Anlaufpunkt für die Frage, welche der vielen, vielen Universitäten ich denn in den Blick nehmen und wo ich mich bewerben möchte, waren LL.M.-Messen. Ich kann allen, die sich für ein LL.M-Studium interessieren, auch wenn die Planung noch weit in der Zukunft liegt, empfehlen, eine solche Messe zu besuchen. Ich selbst habe die e-fellows.net LL.M. Days besucht. Der Vorteile einer solchen Messe liegen für mich auf der Hand. Hier hat man die Gelegenheit, mit Repräsentant:innen der verschiedenen Law Schools einmal persönlich zu sprechen und sich zu informieren. Außerdem hat beinahe jede Law School auch ehemalige Studierende auf der Messe dabei, die hier einen Einblick in das Leben und auch die für deutsche Studierenden spezifischen Hürden und wie man sie überwindet geben können. Neben dem informativen Charakter dieser Messen gibt es aber auch klare finanzielle Anreize, diese Messen zu besuchen. Viele Law Schools, welche auf den e-fellows.net LL.M.-Days vertreten sind, bieten Studierenden, welche die Messe besucht haben und sich später erfolgreich bei der Universität beworben haben, einen automatischen Rabatt auf die Studiengebühren an. Hierbei kann es sich gut und gerne um Beträge im Bereich von bis zu 35.000 Dollar handeln.

Bewerbungsphase

Nachdem ich auf verschiedenen Messen mit ganz unterschiedlichen Universitäten in Kontakt gekommen bin, habe ich mich letzendlich dafür entschieden, mich an vier verschiedenen Law Schools zu bewerben. Die nächste Hürde hierbei ist das Zusammenstellen der für die Bewerbung benötigten Unterlagen. Auch hierbei hoffe ich, dass ich die Angst, vor der doch sehr umfangreich wirkenden Aufgabe nehmen kann. Ich kann allen Bewerber:innen empfehlen, sich die Zeit zu nehmen, für jede einzelne Bewerbung ein individuelles Motivationsschreiben zu verfassen und sich nicht darauf zu verlassen, ein standardisiertes Schreiben an alle zu versenden. Wer sich hier etwas mit dem Curriculum der jeweiligen Universität auseinandersetzt und in der Lage ist, eine Verbindung zu seinem eigenen bisherigen Werdegang oder auch den eigenen Interessen herzustellen, der kann der Universität aufzeigen, warum man sich gerade genau hier bewirbt.

Neben dem Motivationsschreiben benötigt jede Bewerbung auch die von manchen gefürchteten Empfehlungsschreiben. Wer mit einem Professor oder einer Professorin oder ehemaligen Arbeitgebern Kontakt hat und frühzeitig um ein solches Schreiben bittet, der wird hier keine Probleme haben, ein solches zu erhalten. Meiner Erfahrung nach haben die meisten Professor:innen, insbesondere diejenigen, die selbst einen LL.M. absolviert haben, ein solches Schreiben schnell und auch gerne aufgesetzt.

Das Jahr in Los Angeles

Nachdem ich im November 2018 bereits meine Zusage für das LL.M.-Programm an der University of Southern California Gould School of Law erhalten habe, ist die Zeit bis zum Start des LL.M. im August 2019 gefühlt wie im Fluge vergangen. Das erste Mal so richtig realisieren, dass es jetzt los geht, konnte ich erst, als ich in Los Angeles aus dem Flieger gestiegen bin und die Weite der Stadt nur im Ansatz überblicken konnte. Für mich hat sich die Wahl eines LL.M. im sonnigen Los Angeles bezahlt gemacht. Neben dem wunderbaren Campus der Universität haben die Stadt und der Bundestaat schier unendliche Möglichkeiten geboten, um die Zeit neben dem Studium zu gestalten. Strand und Berge an einem Tag – wo kann man so etwas schon erleben?

Aber nicht nur das Wetter in Los Angeles hat mich überzeugt. Auch die Universität und das gesamte LL.M.-Studium haben es. Wir waren bei der Wahl unserer Kurse komplett frei und konnten uns dadurch in einer Art und Weise frei ausleben wie ich es aus dem deutschen Studium so nicht kannte. Meine Kursliste reichte von Criminal Procedure bis hin zu Civil Rights. Für mich lag genau hierin die Stärke des Programms an der USC, die Freiheit, seinen LL.M. zu gestalten, wie man dies selbst möchte.

Wenn ich nun, beinahe drei Jahre nach dem Ende meines Studiums, an meine Zeit zurückdenke, fallen mir beinahe wöchentlich Dinge ein, an die ich gerne zurückdenke, sei es wegen der dort geknüpften Kontakte, aber auch wegen der Erfahrungen und den Erinnerungen, die durch Bilder von Los Angeles hervorgerufen werden, woran es freilich in Filmen und Serien nicht mangelt.

Der Autor steht bei Fragen gerne zur Verfügung: Mo.Reinhard@web.de

LL.M. in Deutschland – „Loser-Abschluss“ oder Karrieresprungbrett?

Natalia Bliznyakova

Diplomjuristin (Moskau), LL.M. (Bonn)

Vertragsmanagerin/ Legal Specialist

Mein Weg zu einem ausländischen Mastertitel

Ganz genau, ich habe mich nicht vertippt - ein Masterstudiengang in Bonn war für mich ein „ausländischer“ Abschluss, weil ich zuvor mein Diplom in Moskau erworben hatte. Wenn ich jetzt, nach fast zehn Jahren, die Frage beantworte, warum ich meinen Job damals aufgegeben habe, um plötzlich für ein Studium nach Deutschland zu ziehen, würde das den Rahmen dieses Berichts sprengen. Ich formuliere es mal so: Ein Master macht meiner Meinung nach nur dann Sinn, wenn man bereits eine gewisse Berufserfahrung gesammelt hat. Der Zeitpunkt für mein Studium in Bonn war ideal: Als Senior Lawyer war ich berufserfahren, aber immer noch „jung“ genug und Single, um mir so ein Abenteuer leisten zu können.

Die Auswahl des Programms fiel mir leicht. Bonn war eine Partner-Uni meiner Juristischen Akademie und ich hatte dort schon ein Semester als Austauschstudentin verbracht. Zusätzlich hatte ich mich noch für ein Studium an der LMU in München und der HU in Berlin beworben. Da es um ein DAAD-Stipendium ging (welches ich im Endergebnis nicht bekommen habe), sollte ich drei LL.M.-Programme auswählen. Was meine Auswahlkriterien angeht, würde ich vielleicht mit meinem heutigen Kenntnis- und Erfahrungsstand eher ein Programm mit einem klareren Schwerpunkt auswählen. Allerdings bringt einer ausländischen Juristin eine Vertiefung wenig, wenn sie die Grundsätze des deutschen Rechtssystems nicht gelernt hat. Zum Glück haben die Rechtssysteme (zumindest, was die Gesetzestexte betrifft) beider Länder mehr gemeinsam, als man erwartet. Das LL.M.-Programm in Bonn hat den Studierenden die Möglichkeit gegeben, zwei Fliegen mit einer Klatsche zu schlagen. Man konnte die Pflicht- und Wahlmodule so kombinieren, dass man zusätzlich zu den Grundlagen jeden beliebigen Schwerpunkt (vom Kartell- oder Steuerrecht bis hin zu Telekommunikations- oder Markenrecht) wählen konnte.

Die Vorbereitung fürs Studium in Deutschland sieht für jemanden mit internationalem Background wahrscheinlich ein bisschen anders aus als für eine:n Einheimische:n, weil man sich mit Visumsfragen auseinandersetzen muss. Deswegen begannen die Vorbereitungen für mich zirka ein Jahr vor dem tatsächlichen Semesterbeginn. Die Wohnungssuche aus dem Ausland war abenteuerlich (oder vielleicht ist „nahezu unmöglich“ eine bessere Beschreibung). Ich habe mein Bestes gegeben, um mithilfe des Studentenwerks eine Wohnung im Studentenwohnheim zu kriegen. Das war übrigens genau im gleichen Jahr, in dem es das G8-Abitur gab. Das heißt, ich musste mit doppelt so vielen Abiturient:innen als sonst bei der Wohnungssuche konkurrieren. Mit einem Quäntchen Glück (oder die Leitung hatte einfach nur Mitleid mit mir), gelang es mir am Ende, eine Wohnung zu finden. So konnte ich mich in Ruhe mit anderen stressigen bürokratischen Sachen beschäftigen.

Studienverlauf

Zunächst einmal ein paar Worte zum Organisatorischen. Das Masterstudium in Deutschland unterscheidet sich in vielerlei Hinsicht von dem, was ich aus Moskau kenne. Ein gutes Beispiel ist der Tagesablauf. Man hat an einer Moskauer Uni in jedem Semester fest vorgeschriebene Lehrveranstaltungen mit Anwesenheitspflicht von etwa 9 bis 17 Uhr. Deshalb kann man sich sicherlich gut vorstellen, wie verzweifelt ich an einer deutschen Uni war, als ich versucht habe, meine Fächer einigermaßen zu „sortieren". Erschwerend kam hinzu, dass fast keine:r der Professor:innen am Freitag unterrichten wollte und viele für mich interessante und relevante Vorlesungen gleichzeitig stattfanden. Das war für mich Chaos pur damals. Wenn man alle Zeit der Welt hat, kann man bestimmt einige Vorlesungen auf die nächsten Semester verschieben, aber ich wollte ja in ein bis eineinhalb Jahren mein Studium abschließen.

Der Studienplan beinhaltete bestimmte Pflicht- und Wahlmodule, eine Seminar- sowie eine Masterarbeit inklusive Disputation. Als Masterstudierende:r wählt man eines von drei „Hauptfächern" (Zivilrecht, Öffentliches Recht, Strafrecht), um in diesem Rahmen noch die entsprechenden Grund- und Spezialisierungsmodule auszuwählen. Das bedeutet natürlich nicht, dass man die anderen Vorlesungen, Seminare und Arbeitsgemeinschaften nicht besuchen darf, aber um mit dem Masterstudium zügig fertig zu werden, muss man sich auf die wichtigsten Themen konzentrieren. In meinem Fall waren es hauptsächlich dank der Arbeit IT-, IP- und Telekommunikationsrecht. Ich arbeite passenderweise gerade in diesen Bereichen. Ich hatte mich auch für Investitionen, Banken- und Finanzrecht interessiert, aber mir haben die wirtschaftlichen Kenntnisse gefehlt. Aus diesem Grund habe ich während des Studiums noch ein Praktikum bei einer Bank gemacht. Im Nachhinein frage ich mich, ob nicht ein Masterstudiengang in Wirtschaftsrecht die bessere Option für mich gewesen wäre. Jedenfalls habe ich meinen Mangel an wirtschaftlichen Kenntnissen einige Jahre später durch ein BWL-Fernstudium behoben. Heute erkenne ich, dass meine Erwartungen an ein deutsches Masterstudium zu hoch waren, denn ich wollte alles in einem und möglichst schnell. Eine etwas unrealistische Vorstellung von einem rechtswissenschaftlichen Studium in Deutschland kam noch dazu. Ehrlich gesagt kann ich immer noch nicht wirklich verstehen, warum man die „klassische" juristische Ausbildung mit zwei Staatsexamina und gleichzeitig eine Kombination aus Bachelor- und Masterstudiengängen hat. Die zahlreichen Diskussionen (inklusive der kürzlich gemachten Aussage zum „Loser-Bachelor") zeigen, dass ich nicht die Einzige mit dieser Meinung bin.

Was die Studien- und Lebenshaltungskosten anbelangt, ist meine Erfahrung wahrscheinlich für die meisten eher irrelevant. Als internationale Studentin musste ich einige Voraussetzungen für ein Studentenvisum erfüllen und einen Finanzierungsnachweis (heutzutage ca. 900 Euro pro Monat) vorlegen. Diese Summe habe ich damals während der Vorbereitungsphase monatlich von meinem Gehalt zur Seite gelegt (und ja, vor zehn Jahren war das noch möglich – mit dem heutigen Währungskurs ist das kaum vorstellbar).

Fazit

Trotz einiger Fehler, die ich bei der Auswahl des Programms und der Fächer wahrscheinlich gemacht habe, war ich mit dem LL.M.-Programm sehr zufrieden. Das war eine einzigartige Gelegenheit, neue Leute kennenzulernen (mit vielen Kommiliton:innen bin ich immer noch in Kontakt), meine Fremdsprachenkenntnisse zu verbessern und das deutsche Rechtssystem zu erlernen. Nach einem erfolgreichen Abschluss kann man entweder den akademischen Weg wählen und promovieren oder als Unternehmensjurist:in, Compliance Officer, Datenschutz-Spezialist:in oder Vertragsmanager:in arbeiten.

Die Autorin steht bei Fragen gerne zur Verfügung: nbliznyakova@gmail.com

Dr. Peter Siemens

LL.M. (Cornell)

Ein Jahr auf der Countryside der Ivy League – Masterstudium an der Cornell Law School

Dass es mich für mein LL.M.-Studium nach Ithaca in Upstate New York verschlägt, hätte ich mir zu Beginn der Vorbereitungen nicht vorstellen können. Das Studium in der Kleinstadt in der Mitte zwischen New York City und der kanadischen Grenze war dennoch genau das, was ich mir für mein LL.M.-Studium nur wünschen konnte.

Das einzigartige Campusleben

Ein ausschlaggebender Faktor, der mich von der Cornell Law School überzeugte, ist die dort garantierte klassisch amerikanische Campus-Erfahrung. Nach meinem Studium in einer Großstadt wollte ich die Chance nutzen, noch einmal das Gegenteil zu erleben. Der Campus der Cornell University und die umliegende Natur sind einmalig schön und äußerst weitläufig. Die Hälfte der lokalen Bevölkerung sind Studierende. Es gibt unzählige Möglichkeiten, sich in einzigartigen Sportkursen einzuschreiben (inklusive Ski-Kursen auf der Skipiste um die Ecke im Winter und Segelkursen auf dem Cayuga Lake). Neben vielen studentischen Bars sind auch die typischen Frat House Parties zu erleben, wo ganze Straßenzüge von feierwütigen College-Studierenden bevölkert werden.

Die Law School Community

Die Größe des Programms an der Cornell Law School ist mit rund 100 Studierenden vergleichsweise klein und innerhalb der Ivy-League das zweitkleinste hinter dem der Yale-University. Dies war mir wichtig, um Kurse mit mehreren hundert Leuten zu vermeiden. Das Ergebnis ist, dass man mit brillanten Jurist:innen aus aller Welt in familiärer Atmosphäre zusammenkommt, um sich nicht nur juristisch, sondern auch kulturell und menschlich fortzubilden. Als Class sind wir eng zusammengewachsen und ich bin froh, dabei viele gute Freund:innen gewonnen zu haben. Weiterhin ist zu beachten, dass die Cornell Law School umfangreiche Stipendien anbietet (es gibt ein großzügiges Stipendiumsprogramm für e-fellows, die Universität geht häufig mit ihrer Unterstützung darüber hinaus). Dies hat nicht nur den Vorteil, dass es die Finanzierung des Studiums deutlich erleichtert, sondern ist auch ein Indikator dafür, dass die Universität einen als Teil der Academic Community gewinnen möchte und weniger als „Cash-Cows" versteht.

Der Ruf der Universität

Während es meines Verständnisses nach für den deutschen Rechtsmarkt weitgehend unerheblich ist, an welcher Universität man seinen LL.M. absolviert, gilt das Gegenteil für die USA. Wer also mit dem Gedanken spielt oder plant, nach dem Studium in den USA zu arbeiten, sollte darauf achten, an einer T14-School zu studieren. Die Cornell Law School ist hierfür ideal, weil sie durch das Ivy-League Branding großes Ansehen in den USA genießt und mit knapp 75 Prozent den größten Anteil ihrer Absolvent:innen aller US-Universitäten in Großkanzleien unterbringt.

Die Kurswahl

An der Cornell Law School kann man aus vielen Kursen wählen. Angeboten werden exotische Kurse (etwa die Death Penalty Clinic oder African Law verbunden mit einer Reise nach Südafrika), aber auch klassische Kurse wie etwa Contracts, Torts oder Criminal Law. Besonders empfehlenswert, wenn auch fordernd, sind die Kurse von Professor Charles K. Whitehead (insbesondere Business Organizations), die praxisnah, lehrreich und kurzweilig sind. Herausstellen möchte ich dabei aber, dass das Curriculum einem Freizeit lässt und man seinen Fokus nicht nur auf das (akademische) Lernen, sondern auch auf das Erleben der Community, der Umgebung und das Reisen innerhalb der USA legen sollte.

Exkurs: Zu beachtende Dinge für jene, die in den USA bleiben möchten

Für diejenigen, die sich hierfür interessieren, sind mehrere Dinge zu beachten, die die Chancen auf dem für LL.M.-Studierenden schwierigen amerikanischen Arbeitsmarkt deutlich erhöhen. Zunächst ist die Anmeldung für das Bar Exam wichtig. Zudem sollte die Bewerbungsphase früh beginnen. Dies bedeutet nicht nur, die Bewerbungsunterlagen auf die amerikanischen Gepflogenheiten umzustellen, sondern auch proaktiv zu agieren. Weder sollte man auf Karrieremessen noch auf Bewerbungsportale warten und setzen. Beide sind meiner Erfahrung nach für die Mehrzahl der LL.M.-Studierenden wenig vielversprechend. Stattdessen sollte man versuchen, mit Arbeitgebern in persönlichen Kontakt zu kommen. Häufig sind Alumni oder Professor:innen, die Kontakte in die Praxis haben, hilfsbereit.

Das Wetter

Ithaca ist kalt. Im Winter ist es gelegentlich auch sehr kalt. Eine dicke Winterjacke, Mütze und Handschuhe sind unerlässlich. Gleichzeitig muss man sich aber, wenn man deutsche Winter gewohnt ist, nicht vor dem Wetter fürchten. Frühling und Sommer in Ithaca sind sehr sonnig und warm. Die atemberaubende Natur in der Region lädt zu vielen Aktivitäten wie Wanderungen zu den Wasserfällen und entlang der Gorges, Kayaking auf dem Cayuga Lake oder Barbecuing im Stewart Park ein.

Lage und Anbindung

Auch wenn Ithaca und Upstate New York recht abgelegen anmuten, ist die Lage ideal zum Reisen. New York City, Philadelphia, Boston, Washington D.C., Montreal und die Niagara-Fälle sind allesamt innerhalb von wenigen Stunden erreichbar. Ithaca hat einen Flughafen, der unter anderem New York City ansteuert. Zudem stehen Fernbusse zur Verfügung. Häufig bietet es sich an, in Gruppen zu reisen und Mietwagen zu teilen.

Fazit

Jedem, der eher die Natur und weniger die Großstadt sucht und sich nicht vor etwas kälteren Temperaturen im Winter fürchtet, kann ich die Cornell Law School wärmstens empfehlen. Sie bietet akademische Exzellenz, eine offene und familiäre Community und unvergleichliche Freizeitmöglichkeiten in atemberaubender Umgebung. Ich könnte mir keinen besseren Ort für mein LL.M.-Studium wünschen.

Der Autor steht bei Fragen gerne zur Verfügung: peter.siemens95@gmx.de

Living in a Land Down Under – LL.M. in Australien (und online)

Philipp Hoffmann

LL.M. (University of Melbourne)

Anwalt

Norton Rose Fulbright

Ein LL.M.-Studium in Australien ist etwas ganz Besonderes. Wann hat man sonst die Möglichkeit, ein Jahr am anderen Ende der Welt zu verbringen? Top Unis, ein wunderschönes Land und eine Erfahrung fürs Leben warten!

Studienort Australien – Auswahl und Bewerbung

Wohin soll es gehen? Bei der Qual der Wahl sollte man sich fragen, was man sich persönlich von einem LL.M. verspricht. Mir war das Leben im Ausland besonders wichtig. Die Erfahrungen in neuem Umfeld fernab der Heimat halte ich für noch gewinnbringender als jedes neu erworbene Fachwissen. Für mich sollte es daher möglichst weit weg gehen. Da ich mir von dem Studium an einer Top-Uni in einem Common Law-Land aber auch Vorteile für die Karriere als internationaler Wirtschaftsanwalt versprach, entschied ich mich – anders als bei meinen Studiumsaufenthalten und Referendarstationen in Japan und Hongkong – diesmal für das englischsprachige Ausland. Australien hat zudem den Vorteil, besonders weit weg von Deutschland zu sein. Anders als etwa in England ist man in Australien wirklich in einem ganz neuen Umfeld. Man sollte sich allerdings bewusst sein, dass der Reiz des Exotischen etwas fehlt. In kultureller Hinsicht unterscheidet sich das Leben in Australien kaum von dem in Europa. Das kann natürlich auch ein Pluspunkt sein, je nachdem wie abenteuerlustig man ist.

Die Bewerbung für ein LL.M.-Programm in Australien ist schnell und unkompliziert. Schon zwei Wochen nach Absendung meiner Bewerbungsunterlagen hatte ich die ersten Studienplatzangebote. Die Empfehlungsschreiben, die ich eigentlich noch nachreichen wollte, wollten die Unis gar nicht mehr sehen. Auch die Bewerbungskosten sind hier deutlich geringer als etwa in den USA, von den Studiengebühren ganz zu schweigen.

Studium an der University of Melbourne

Die University of Melbourne bietet eine Vielzahl von LL.M.-Studiengängen an. Neben dem allgemeinen LL.M. hat man die Möglichkeit, einen spezialisierten Abschluss in einem bestimmten Rechtsgebiet zu erwerben, etwa einen Master of Banking and Finance Law, Master of Construction Law, Master of Energy and Resources Law oder einen Master of International Tax. Viele der im Rahmen der spezialisierten Studiengänge angebotenen Kurse können aber auch im allgemeinen LL.M. besucht werden. Das verfügbare Spektrum an Kursen ist äußerst breit, sodass für jeden Geschmack etwas dabei ist.

Das LL.M.-Studium an der University of Melbourne besteht aus acht Kursen, die zum Großteil als einwöchige Intensiv-Blockveranstaltungen abgehalten werden. Kurse gibt es das ganze Jahr über, auch in den Semesterferien, sodass man sich seinen Stundenplan (und seine Ferien) sehr individuell flexibel gestalten kann. Wer also mal einen Monat komplett frei haben möchte, kann sich seine Kurse ohne Weiteres entsprechend zusammenstellen. Leistungsnachweise werden je nach Kurs entweder als viertägiges „take home exam“ oder als „research paper“ erbracht. Oft besteht sogar eine Wahlmöglichkeit.

Studium online

Leider hatte ich nicht gerade das glücklichste Timing erwischt: Nicht einmal einen Monat nach der Orientierungswoche kam im März 2020 Corona in Australien an und ich landete im längsten und einem der härtesten Lockdowns der Welt. Das Studium fand nur noch online statt. Einen Präsenzkurs ganz zu Beginn des Semesters hatte ich noch gehabt – danach war ich das ganze Jahr nicht mehr auf dem Campus. Leider weiß man so etwas nicht vorher. Aber zumindest hat die nächste Generation den Vorteil, sich eines derartigen Risikos bewusst zu sein. Daher bitte vorher gut überlegen, ob einem der LL.M. den Preis wert ist – auch wenn nicht alles nach Plan verlaufen sollte. Die University of Melbourne war kompromisslos und hat die Studiengebühren nicht reduziert. Der Gegenwert war aber deutlich gemindert: kein persönlicher Austausch mit Dozierenden und anderen Studierenden, keine Aktivitäten von Uni-Clubs, kein Uni-Sport etc. Der LL.M. wurde zum reinen Fernstudium – bei vollen Gebühren.

Während ich daher die Universitätsverwaltung nicht gerade loben kann, haben die Dozierenden sich wirklich Mühe gegeben, auch online lehrreiche und spannende Veranstaltungen auf die Beine zu stellen. Es gab einen Mix aus aufgezeichneten und im Voraus zur Verfügung gestellten Videovorlesungen und interaktiven Videoseminaren in größeren und kleineren Gruppen. Die Flexibilität war durchaus ein Vorteil: Man konnte sich nicht nur den Lesestoff, sondern auch das Videomaterial selbstständig einteilen und das Studium war von überall auf der Welt möglich. Besonders hilfreich fand ich, mir die Videoaufzeichnungen der Vorlesungen unmittelbar vor der jeweiligen Klausur noch einmal anschauen zu können.

Leben in Melbourne und Australien

Melbourne ist bekannt für das breite Angebot an Sportveranstaltungen (z. B. Formel 1, Australian Open) und Festivals, sowie für die riesige Auswahl sehr guter internationaler Restaurants in allen Preiskategorien. Wenn nicht gerade Lockdown ist, wird hier einiges geboten. Sydney hat dafür mehr Sehenswürdigkeiten, Großstadtflair, Strände zum Surfen und besseres Wetter. Wer einfach nur Strand und Sonne möchte, geht aber besten gleich an die Gold Coast. Schöne Natur hat man überall. Australien hat nicht nur Strände, sondern auch (kleine) Berge, Regenwälder und Wasserfälle zu bieten. Wer Tagesausflüge und Urlaub in der Natur zu schätzen weiß, ist hier genau richtig. Doch auch in Melbourne selbst lässt es sich gut aushalten. Die Stadt ist sehr grün und voller Gärten, Parks und Golfplätze. Zum Laufen und Spazierengehen unbedingt in den Yarra Bend Park! Wer süße Tierchen mag, kommt ebenfalls voll auf seine Kosten: Wilde Kakadus in der Nachbarschaft, sowie Wombats, Emus und Kängurus auf Wander- und Roadtrips werden euch haufenweise begegnen. Und nicht von Spinnen, Schlangen, Krokodilen und Haien abschrecken lassen – die sieht man weitaus seltener ihre angenehmeren Kollegen.

Was Australien außerdem sehr angenehm macht, ist die Mentalität der Leute. Alles ist irgendwie entspannter, lockerer. Jeder ist dein „mate" und ob mit einem „cold one" (Bier) beim „footy" (Australian Football) oder in „thongs" (Flipflops) beim „barbie" (Barbecue) am Strand – die Lebensfreude kommt in Straya jedenfalls nicht zu kurz. No worries!

Der Autor steht bei Fragen gerne zur Verfügung:
philipp.hoffmann@nortonrosefulbright.com

Sebastian Preißner
LL.M. (Peking)
Geschäftsführer

LL.M. – Made in China

Rechtswissenschaften in einem Land zu studieren, in dem die Rechtsstaatlichkeit häufig in Frage gestellt wird, wirkt sicherlich im ersten Moment etwas widersprüchlich. Fast so, als würde man einer Einladung eines Fleischereikonzerns zur Beratung für vegane Ernährung folgen. Nach meinem LL.M.-Programm an der Peking Universität - School of Transnational Law - komme ich jedoch zu dem Schluss, dass der erste Gedanke nicht immer der Richtige ist. Für alle, die sich mehr erwarten als einen Namenszusatz oder Exkurs in die Welt des Common Laws bietet vielleicht ein LL.M.-Programm in China die richtige Alternative.

Quo vadis? Beziehungsweise 你要去哪里?

Die Liste an LL.M.-Programmen in den verschiedensten Ländern kann für Studierende womöglich unüberschaubar oder überfordernd wirken. Umso wichtiger ist es daher, sich von vornherein mit den eigenen Erwartungen auseinanderzusetzen. Man sollte sich über den Grund zur Durchführung eines LL.M. im Klaren sein. Denn das richtige Programm kann für einen selbst viel mehr bedeuten als neues Wissen oder ein Namenszusatz. Für mich standen dabei drei Faktoren im Mittelpunkt: inhaltliche Vielfalt, Reputation der Universität und die Möglichkeiten zur Persönlichkeitsentwicklung.

Sucht man nach den top Law Schools für seinen LL.M., dann sitzt man wahrscheinlich ganz schnell im Flugzeug, welches einen über den Atlantik in die USA bringt. Das macht durchaus auch Sinn, insbesondere wenn bei der Programmauswahl der Faktor Common Law für Anwärter:innen mit ins Gewicht fällt. Nachdem ich selbst schon einige Auslandserfahrungen gesammelt habe, weiß ich, dass Persönlichkeitsentwicklung maßgeblich mit dem Land und nicht allein mit der Universität einhergeht. Wenn man sich auf der westlichen Hemisphäre bewegt, ändert sich abgesehen von der Sprache, dem Essen und den optischen Eindrücken meist nicht viel. Für das Grundverständnis haben wir größtenteils dieselben Werte und Vorstellungen von richtig und falsch. Erst, wenn man sich einmal in einem Land wiederfindet, welches die eigenen und verinnerlichten Werte hinterfragt, fängt ein Lernprozess an. Dies kann einen wachrütteln, denn solch ein Lernprozess stellt sich in der gewohnten westlichen Hemisphäre nur selten ein. Dabei machen Kleinigkeiten schon den Unterschied. Zum Beispiel steht bei uns das Individuum mit seinen individuellen Rechten im Mittelpunkt. Das zeigt sich plakativ, aber sicherlich auch durch Produkte wie dem „i“Phone, „i“Pad, „My“space u. ä. China legt weniger Wert auf diesen Individualismus und die gesellschaftliche Organisation ist eher kollektiv ausgerichtet. Das äußert sich an Produkten wie „We“Chat, dem WhatsApp-Pendant in China, oder Cafés, welche „We“Space oder „We“Cafe als Namen tragen. Solche fundamentalen Konzepte prägen natürlich auch die Gesetzgebung, die aus dem Blickwinkel von Europäer:innen nur schwer nachvollziehbar ist. Hat man jedoch einmal dort gelebt, so lernt man die Sachverhalte von ganz anderen Perspektiven kennen.

Goodbye, Comfort Zone!

Wenn mich Familie und Freund:innen nach meinen Highlights des LL.M.-Studiums an der Peking Universität fragen, dann fällt mir die Antwort nie leicht. Nicht weil ich zu wenig schöne Momente erfahren durfte, sondern weil mir dabei eine Vielzahl von Erlebnissen durch den Kopf geht. Dies macht es unfassbar schwierig, die Antwort in ein paar Sätzen angemessen zu formulieren.

Die Liste der Highlights aus akademischer Perspektive ist lang. Der Kursvielfalt kommt dabei für mein Empfinden eine bedeutende Rolle zu. Von Chinese Traditional Legal Thoughts über Islamic Law bis hin zu Civil Procedure oder Drafting Bilingual Contracts, um nur ein paar spannende Beispiele zu nennen. Neben der Vielfalt kommt es logischerweise auch auf den Inhalt an. Einer meiner ersten Kurse war Statutory Interpretation von Matthew C. Stephenson. Professor Stephenson ist Professor an der Harvard University und lehrt ein Trimester im Jahr an der Peking Universität. Er ist am Campus bekannt für seine strengen Lehrmethoden. Wer sich nicht vorbereitet und beim „Cold Call", also spontanen Abfragen, nicht adäquat antwortet, wird im Verlauf der Vorlesung mit immer herausfordernderen Fragen konfrontiert. Der Respekt der Studierenden vor diesem Kurs wurde dementsprechend allerdings auch mit Lernerfolg belohnt. Als wissenschaftlicher Assistent durfte ich für Professor Nitzan Shilon an seinen Forschungsprojekten zu Corporate Governance und Management Vergütung mitarbeiten. Dabei konnte ich Professor Shilon zu Vorträgen an anderen Universitäten begleiten. Darüber hinaus befindet sich in diesem Rahmen mein Name in Veröffentlichungen in namhaften Fachzeitschriften.

Neben dem Akademischen hatte das Programm für mich aber noch zahlreiche weitere positive Aspekte. Die Stadt Shenzhen kommt sicher den Wenigsten in den Kopf, wenn man an Weltmetropolen denkt. Nach drei Jahren in Shenzhen und zahlreichen Besuchen in anderen Metropolen dieser Welt, gibt es für mich im 21. Jahrhundert nur einen „place to be": Shenzhen. Die Dynamik und die Geschwindigkeit, mit der sich die Stadt kontinuierlich selbst erfindet, ist atemberaubend. Als ich das Programm antrat gab es fünf U-Bahn-Linien. Bei meinem Abschluss waren es elf. Heute sind es 16 Linien. Ein weiteres Beispiel ist der öffentliche Nahverkehr (Taxis, Busse), welcher binnen eines Jahres auf elektronische Fahrzeuge umgestellt wurde. An dieser Stelle passend, Stichwort Flughafen Berlin-Brandenburg als Vergleich zu Deutschland. Eine weiterführende Liste an Beispielen, die ich hierfür aufzählen könnte, würde jeglichen Rahmen sprengen.

Gute Entscheidungen bedürfen Weitblick

Bevor man sich also Gedanken macht, an welcher Universität man sein LL.M.-Programm absolvieren möchte, sollten die eigenen Erwartungen und Ziele klar definiert sein. Während für mich persönlich damals die akademische Qualität, die Reputation der Universität und die Möglichkeit der Persönlichkeitsentwicklung entscheidende Faktoren dargestellt haben, sollte sich jede:r Studierende eigene Aspekte überlegen. Als LL.M.-Student der Peking Universität wurden meine Erwartungen an das LL.M.-Programm übertroffen. China wird in den nächsten Jahrzehnten in der Weltpolitik eine immer zentralere Rolle spielen, das zeichnet sich in vielen Bereichen und Branchen ab. Schon heute ist es egal, ob im Beruf oder in der Politik, ab einer gewissen Größe wird man zwangsläufig, direkt oder indirekt, mit der Volksrepublik in Berührung kommen. Ein LL.M. von der besten Universität Chinas wird dabei sicherlich nicht schädlich sein.

Der Autor steht bei Fragen gerne zur Verfügung: preissner.sebastian@gmail.com

8. Porträts von Hochschulen und Kanzleien

182 Northumbria University
184 University of the Pacific
186 Emory University
187 George Washington University
188 IE Law School
189 Institute for Law and Finance, Frankfurt
190 Loyola Law School
191 Northeastern University
192 Penn State Dickinson Law
193 Texas A&M University
194 Technische Universität Dresden
195 University of California – Los Angeles (UCLA)
196 Universität Würzburg
197 University of Colorado Law School
198 University of Miami
199 University of Minnesota
200 University of New Hampshire
201 University of Southern California
202 ARQIS Rechtsanwälte Partnerschaftsgesellschaft mbB
206 Cleary Gottlieb Steen & Hamilton LLP
210 Clifford Chance
214 CMS Deutschland
218 DLA Piper
222 Gibson, Dunn & Crutcher LLP
226 Kirkland & Ellis International LLP
230 Linklaters LLP
234 Milbank LLP
238 Noerr
242 Sidley Austin (CE) LLP
246 Taylor Wessing Partnerschaftsgesellschaft mbB

Northumbria University

Northumbria Law School and Academic Excellence

Northumbria Law School is one of the largest law schools in the UK and is ranked 7th amongst UK law schools for research power in REF 2021 and we are the top law submission in the North of England. It has a national and international reputation for excellence in legal education and recently ranked within the top 50 law schools in the UK by the Guardian University Guide 2022.

The Student Law Office

The Student Law Office is an multi award-winning and world leading law clinic, offering vital legal services on a regional and national level. Since 2008 the Student Law Office has dealt with over 3000 enquiries, represented more than 1000 clients, and secured over £1 million on their behalf.

Our students integrate learning from experience with development of academic knowledge and research skills, all of which is heightened by the live client experience in which the motivation, reality and necessity of client service creates a powerful learning environment. The excellent teaching environment in the Student Law Office has been recognised by the Higher Education Academy, with the Student Law Office winning a Collaborative Award for Teaching Excellence (CATE).

Our Programmes

Students who enrol on our LL.B. and decide that they wish to qualify as solicitors have the option of transferring to our M Law degree. This is an integrated masters programme which incorporates knowledge and professional skills that will help students to pass key assessments set by the Solicitors Regulation Authority (the Solicitors Qualifying Examination) which they must take on their journey to becoming a solicitor.

We also offer the postgraduate Legal Practice Course for graduates who wish to qualify as solicitors and from 2023 will also offer an LL.M. in Professional Legal Practice to prepare graduates for stage 1 of the Solicitors Qualifying Examination.

We are one of only 10 institutions in England and Wales to provide the postgraduate Bar Course and the only institution to offer the M Law Bar Course which incorporates both the academic and vocational study required to qualify as a barrister. We offer a comprehensive range of law programmes and flexible modes of study to help our students become lawyers, professionals, and take their careers to the next level.

The LL.M. Law programme is part of Northumbria University's innovative and flexible framework, which will allow you to study for you with a specialism, such as those listed below.

LL.M. Law (International Commercial Law)

An increasingly globalised economy requires international commercial law professionals to have a wide range of knowledge on issues relevant to international commerce. This includes the World Trade Organisation and the law of international trade, and in areas such as international finance, intellectual property, or international energy law.

LL.M. Law (Cyber Law)

As technology rapidly evolves it can be a challenge for our legal systems to keep up. The Cyber Law specialism has been designed to meet the needs of cyber legal practitioners, as well as other professionals working in the technology field who may benefit from a deeper contextual understanding of the wicked problems in the commercial, security and military sectors.

LL.M. Law (Space Law)

As nations grapple with the enormity of the task of regulating outer space, all those working in the space sector require an understanding of geopolitics, advanced skills in policy analysis and awareness of the limits and legal constraints on human space exploration. Studying Space law will equip you with enviable knowledge and skills at the frontiers of legal research, and staff at Northumbria are among the UK's foremost authorities on the subject.

LL.M. Law (Criminal Justice)

The programme has been designed to meet the needs of legal practitioners, policy makers and other professionals who currently work, or hope to work in the field of criminal justice. This offers an exceptional opportunity to gain career enhancing knowledge and skills which can be applied to a wide range of careers thus it is an excellent opportunity for existing barristers, solicitors, and forensic practitioners, those in the fields of rehabilitation, the police service, private investigation across the public, private and volunteer sectors as well as PhD study.

LL.M. Law (International Criminal Law and Practice)

The course emphasises practical skills and how to overcome dilemmas frequently experienced by practitioners in client-facing and litigation settings, as well as examining the procedural difficulties that tribunals such as the International Criminal Court often face.

Northumbria University
NEWCASTLE

Start and length of pragrammes:
End September for full time

Closing date for applications: 31 May (LL.M. programmes), 30 June (Bar/LPC programmes)

Tuition fees (in GBP, full-time):

- Law courses (1 year fee): 17.500 (International), 9.960 for LL.M. and 9.250 for LL.B. (UK)
- Legal Postgraduate Diploma/LL.M. in Legal Practice: 12.950 (International), 12.950 (UK)
- Bar Course and Bar Course LL.M.: 12.300 (International), 12.300 (UK)
- Graduate Diploma in Law (GDL/CPE): 8.990 (International), 8.990 (UK)
- Distance Learning: N/A (International), 3.083 (UK)

Number of law students per year:
LLM: 40–50; LPC: 30–35; LLM Bar Course: 40–45; Distance Learning LLM: 10–20

IELTS score required: 6.5 with 5.5 in each component (or approved equivalent)

Contact details:
bc.international.marketing@northumbria.ac.uk

University of the Pacific

The University of the Pacific McGeorge School of Law has become an internationally recognized leader in legal education since its establishment in 1924 in Sacramento, California's capital city.

McGeorge offers advanced graduate law programs focusing on Transnational Business Practice, Water & Environmental Law, and U.S. Law & Policy to both U.S. and foreign-trained attorneys.

LL.M. Program Highlights

- Work with us to tailor a program of study that meets your career goals or qualifies you for a bar exam
- Engage deeply in classes with committed and accomplished JD students
- Benefit from a world-renowned faculty
- Access to McGeorge's extensive base of alumni living around the world
- Receive mentoring and career development resources
- Learn from a curriculum that focuses on teaching students to solve the complex, global issues of today
- Gain special assistance adjusting to student life in the United States, including a 10-day orientation

LL.M. in Transnational Business Practice

The LL.M. in Transnational Business Practice trains lawyers to practice in the field of international business law. The degree further prepares lawyers for a career in the global economy. Students have the opportunity to engage in advanced scholarship by pursuing a Master's Thesis or Directed Research Project.

A program highlight is access to the McGeorge Global Center for Business & Development, which stands as the interface between the global economy and the legal profession. The Global Center facilitates scholarship and curricular innovation and hosts a number of international events every year. Students earn the LL.M. in Transnational Business Practice after completion of 24 units of study, full-time or part-time.

Externship Track – the best way to learn something new is to practice. Students have the opportunity to extern with a domestic or international law firm for class credit.

LL.M. in U.S. Law & Policy

The U.S. Law and Policy Program is designed specifically for foreign lawyers or graduates with a non-U.S. law degree. This is an ideal degree for those who wish to work in the U.S. or take a bar exam. Students earn the LL.M. in U.S. Law & Policy after completion of 24 units of study. Students can complete the program in one year (2 semesters). There are two required courses, and students may choose to focus on specific substantive areas, such as:

- International or Domestic Business Law
- Intellectual Property
- Civil and Constitutional
- Criminal Justice
- Environmental Law

LL.M. in Water & Environmental Law

The LL.M. in Water & Environmental Law Program emphasizes interdisciplinary natural resources classes; simulations and case studies; a robust field placement experience; and advanced substantive law course work. The combination of natural resources science, technology and economics, with strong legal coursework and hands-on training, makes this program unique among other natural resources law graduate degrees.

McGeorge's program provides students with the opportunity to learn from a distinguished faculty and program team as well as from panels of experts who are focused on water and environmental law and the changing policies surrounding both.

The LL.M. in Water & Environmental Law Program consists of 24 units. Students can complete the program in either one or two years. Students also have the option to take courses online or in person.

LL.M. in Water & Environmental Law, U.S. Law Track – this track focuses on issues affecting the United States. It is designed for students with a law degree seeking to gain expertise in the growing field of environmental and natural resources law.

LL.M. in Water & Environmental Law, International Track – this track is for law graduates interested in pursuing careers in government, non-governmental organizations, or private law firms dealing with international water and environmental issues. This program focuses on the unique laws, policies and political dynamics as it applies to water courses and other natural resources that are shared by two or more nations.

UNIVERSITY OF THE PACIFIC | McGeorge School of Law

Special focus areas: Transnational Business Practice, Water and Environmental Law, U.S. Law and Policy

Length of program: 10 months

Tuition fees: USD 34,704

TOEFL/IELTS scores required: 88 (iBT)/6.5 (IELTS)

Contact details:
Clémence Kucera, Assistant Dean (Graduate, Online and International Programs)
3200 Fifth Ave, Sacramento
California 95817
+ 1 (916) 739-7353
graduatelaw@pacific.edu
law.pacific.edu/law/llm-and-jsd

Emory University

Emory Law offers a world-class faculty, a diverse student body, a sophisticated and dynamic urban setting, practical opportunities to apply legal theory and skills, and a global alumni network. Emory Law's academic rigor, combined with practical learning opportunities, affords both foreign- and U.S.-trained lawyers an unparalleled experience.

Emory's LL.M. is a highly customizable program designed for individuals who are seeking to build upon their legal background for professional and scholarly advancement. Students can structure a curriculum around their interests, either through a general course of study or by focusing on one of Emory Law's many areas of expertise including business law, law and religion, civil and human rights law, international law, and health law. LL.M. students have full access to our Center for Professional Development and Career Strategy and are able to become involved in Emory Law's many student organizations and practice societies.

Emory University
Emory University is recognized as one of the world's leading institutions of learning, combining nine undergraduate, graduate, and professional schools with the largest health care system and sponsored research base of any university in Georgia. Emory maintains active partnerships with many of the city's preeminent institutions, such as The Carter Center, the Centers for Disease Control and Prevention, and Georgia Institute of Technology. The campus is also home to multiple cultural venues, including a state-of-the-art concert hall that features international artists and provides discounted tickets to students.

Emory's location in a safe, primarily residential neighborhood in Atlanta is one of many aspects that distinguish us among the United States' best law schools. We offer personalized attention in a thriving, friendly environment, so that students feel both at home and connected to the world at large.

EMORY | LAW

Special focus areas: Business, Health, Civil and Human Rights, Law and Religion, Litigation, International

Start and length of program:
August and January, 9 months

Number of LL.M. students per year:
50–75

TOEFL/IELTS score required:
Goal of 100 (iBT)/7.0 (IELTS)

Tuition fees: USD 63,600

Closing date for applications:
June 30 for August admission;
November 15 for January admission

Contact details:
Contact Office of Admissions
+1 (404) 727-6802
llmadmission@emory.edu
law.emory.edu

George Washington University

As the oldest law school in Washington D.C., The George Washington University Law School has a stellar record of educating leaders in the field of law. The LL.M. programs at GW Law allow students to combine traditionally taught courses with in-depth seminars, internships, and skills training for a complete approach to legal education. Because of its location in Washington D.C., the law school offers unparalleled opportunities for the study and observation of law in action.

Faculty

Our faculty of well-respected scholars and practitioners engages students with a stimulating curriculum that teaches legal skills through extensive practice, academic coursework, and scholarly research. In addition, our adjunct faculty is drawn from legal practitioners in D.C.

Programs of Study

Students can choose from a general LL.M. degree or from one of eleven specialized degrees. With a broad curriculum featuring more than 275 elective courses, along with strong academic and personal support, the law school offers an exceptional academic environment.

Hands-on Experience

Students gain practical experience in externships at nearby institutions, including major international organizations, nonprofits, courts, federal government agencies, and international dispute settlement bodies.

Our Alumni

Our graduates become leaders around the world in business, international organizations, the judiciary, government, and private legal practice. Notable recent appointments for our LL.M. graduates include: Ambassador from Tanzania to the United States, Ambassador from Romania to the United Kingdom, High Court Judge of the Eastern Caribbean Supreme Court, Director of the Climate and Energy Program at the Center for International Environmental Law, President of the Andean Community Court of Justice, and Prime Minister of Mongolia.

GW | LAW

LL.M. programs: Business and Finance Law, Energy and Environmental Law, Environmental Law, General LL.M., Government Procurement Law, Government Procurement and Environmental Law, Intellectual Property Law, International and Comparative Law, International Environmental Law, Litigation and Dispute Resolution, National Security and Cybersecurity Law, National Security and U.S. Foreign Relations Law

Number of students per year: 123

Start and length of programs:
fall or spring semester, 1 year

Closing date for applications:
March 15 and November 1

TOEFL/IELTS score required:
100 (TOEFL iBT)/7.0 IELTS

Contact details:
Shehernaz Joshi, +1 202 994 7242
llmadmissions@law.gwu.edu
www.law.gwu.edu

Online LL.M. available

IE Law School

Our approach to education is distinctly innovative, global and defined by the needs of future legal professionals who seek to explore law's intersection with technology and other dynamic disciplines. At IE Law School we champion law as an instrument of positive change, find emerging opportunities in the profession and contribute to the constantly changing world through law.

Executive LL.M.

A unique partnership between two of the world's leading institutions in legal and business education gives participants the opportunity to earn an LL.M. from Northwestern Pritzker School of Law and a Certificate in Business Administration from IE Business School. The Executive LL.M. program explores Anglo-American common law and its application in international practice and management fundamentals. Thanks to its flexible format, participants can comfortably work while they study.

Master of Laws (LL.M.)

Defined by its comparative methodology and international orientation, the Master of Laws (LL.M.) gives students hands-on experience in skills such as cross-border transactions and transnational law to propel their international ambitions. Students can either specialize in one of three major legal fields – International Business Law, International Dispute Resolution, or Intellectual Property and Technology Law – or earn a General LL.M. that provides an overview of all three fields. Being able to choose their specialization gives students the definitive training for continued success in the area of law they're passionate about.

ie UNIVERSITY LAW SCHOOL

Special focus areas: Business Law, Intellectual Property & Technology Law, International Dispute Resolution

Start and length of programs: September; 9 or 10 months

Number of students per year: 40

TOEFL/IELTS score required: 100 (iBT)/7.0 (IELTS)

Tuition fees: EUR 31,700 (LL.M.), EUR 39,700 (Executive LL.M.)

Closing date for applications: rolling admissions process

Contact details:
Paula Heras
IE Tower, P.° de la Castellana, 259
28646 Madrid
+34 91 5689600
paula.heras@ie.edu
www.ie.edu/law-school

Institute for Law and Finance, Frankfurt

The LL.M. Finance Program: International, Interdisciplinary and Practice-Oriented

The ILF offers a unique interdisciplinary Master of Laws in Finance (LL.M. Finance) program to well-qualified law, business, or economics graduates. Courses in this highly specialized program are conducted entirely in English. ILF students are fully-enrolled members of Goethe University in Frankfurt which confers the LL.M. Finance degree.

About 50 highly qualified international graduates from more than 20 countries are admitted to the program. The excellent faculty-student ratio of 65 to 50 ensures small classes and thus academic excellence and direct personal contact between students and the faculty. This program is aimed at those who have an interest in combining theoretical knowledge with practical training in law and international finance. The curriculum is interdisciplinary and overcomes the traditional separation of the academic disciplines of law and business/economics. The faculty consists of both prominent academics as well as experienced practitioners from Europe's financial world, e. g. leading international law firms, major banks, the European Central Bank, the German central bank and BaFin (German Federal Financial Supervisory Authority).

The LL.M. Finance program also incorporates a special two-month internship with public and private institutions which support the ILF. The ILF has cooperation agreements for student exchanges with Boston University School of Law (one semester at BU and one semester at ILF) and FGV Direito Rio (Brazil). The ILF, located in Frankfurt am Main, Germany, the major financial center in Europe, provides the ideal location to train young professionals to deal with current and future legal and financial challenges.

INSTITUTE FOR LAW AND FINANCE
Goethe-Universität Frankfurt am Main

LL.M. program: Master of Laws in Finance

Special focus areas: Law and Finance

Start of program: October, rolling admissions process

Length of program: 1 year (full-time), 2 years (part-time)

Tuition fees: EUR 20,000 (full-time), EUR 24,000 (part-time)

Number of students per year: about 50

TOEFL score required: 100 (iBT)

Contact details:
Institute for Law and Finance
Goethe-Universität Frankfurt
Campus Westend, House of Finance
Theodor-W.-Adorno-Platz 3
60323 Frankfurt am Main
+49 69 798-33624
LLM@ilf.uni-frankfurt.de, www.ilf-frankfurt.de

Loyola Law School

Loyola Law School, with a campus designed by world-renowned architect Frank Gehry, is ideally positioned in Los Angeles - a legal, tech, media, fashion, and financial capital. We are the closest ABA-accredited law school to LA's primary courthouse and law firm scene, yet only 30 minutes away from the beautiful beaches of Santa Monica and Malibu.

Alumni Network

Our strong 19,000+ alumni network reaches across the United States and into 35 different countries and includes current and former ambassadors, governors, high-level government officials, movie studio executives, and business leaders. With more than 800 partners at major law firms, Loyola alumni can be found at every level of private practice, the judiciary, in-house corporations, government, and public interest organizations.

The LL.M. Program

Loyola's boutique LL.M. program is designed for international and domestic law graduates and experienced attorneys. It allows students to build a flexible curriculum in American and international law and prepares them to become leaders in a globalized market. Students have the option to fully customize their course of study or select one of our LL.M. specializations in top practice areas. Moreover, Loyola offers a unique LL.M. specifically designed for international students interested in sitting for the bar exam in California and New York. Our LL.M. students come to Loyola to master the American and international legal system and gain fruitful practice experience during and after their stay.

Differently from most LL.M. programs in the country, the LLS LL.M. experience is fully integrated. LL.M. students attend classes together with American JD students: same professors, same material, and same rigorous academic learning environment. In addition to the classroom component, LL.M. students can also benefit from many experiential learning opportunities, such as clinics, moot courts, and research assistantship positions.

Loyola Law School
Loyola Marymount University
Los Angeles

Special focus areas: Bar Track LL.M., American Law, Civil Trial and Advocacy, Criminal Justice, Cybersecurity & Data Privacy, Entertainment Law, Intellectual Property, International Business Law

Start and length of program:
August, 9 months or January, 12 months

Closing date for applications:
March (priority)/June (final) for August, October (priority)/November (final) for January

TOEFL/IELTS score required:
90 (iBT)/6.5 (IELTS)

Tuition fees: USD 62,390

Contact details:
Aaron Ghirardelli, LL.M. Director
+1 (213) 736-1483
aaron.ghirardelli@lls.edu
lls.edu/llm

Northeastern University

Northeastern's On-Campus LL.M. offerings allow students to customize the curriculum to meet their particular needs. Students can pursue the General LL.M or choose from a variety of concentrations. All LL.M. students participate in nine months of classroom instruction; an additional three-month co-op is available to qualified students.

"Co-op", Northeastern's signature approach to experience-based education, gives students the opportunity to complete 12 weeks of full-time legal practice experience as part of the LL.M. program.

General LL.M.
Choose the general program for maximum flexibility. Design your own curriculum, including (if you wish) all the courses you will need to qualify for a U.S. bar exam.

International Business Law
Tackle the complexities of cross-border practice with legal academics who are themselves experienced transnational practitioners.

Intellectual Property and Innovation
Dive into the ever-changing fields of technology and creativity with courses such as Information Security, Internet Law, Intellectual Property, and Entertainment Law.

Health Policy and Law
Take full advantage of studying and working in Boston, a community rich in hospitals, research centers, and biotech start-ups. It's the ideal setting for expanding your knowledge and honing your skills.

Human Rights and Economic Development
Join us in our long-standing commitment to promoting social, cultural, political, and economic rights, all while preparing for a legal career working with NGOs, government offices, advocacy firms, or community service agencies.

Northeastern University
School of Law

Special focus areas: General U.S. Law; concentrations: International Business Law, Intellectual Property & Innovation, Health Policy & Law, Human Rights & Economic Development

Start and length of program:
fall; 9 months, 12 months with co-op

Closing date for applications: April 1 (priority deadline for admission in fall)

Number of students per year:
approximately 25–35

TOEFL/IELTS score required: 85 (iBT)/ 6.5 (IELTS); 79–84 iBT will be considered with interview

Tuition fees: USD 58,648 (2022-23)

Contact details:
Northeastern University School of Law
+1 617 373-6970
llminfo@northeastern.edu
law.northeastern.edu/academics/programs/llm-programs/

Penn State Dickinson Law

Penn State Dickinson Law is the oldest law school in Pennsylvania and one of the most prestigious law schools in the U.S. For 185 years, Dickinson Law graduates have included distinguished attorneys, judges, government and corporate leaders, and legal educators.

LL.M. Program
Dickinson Law offers a generalized LL.M. program to be completed in one academic-year. In addition to courses that introduce students to U.S. legal doctrine and analytical methodologies, students may pursue study in specialized study in fields such as cybersecurity, data privacy, intellectual property, health law, etc. The curriculum provides all the courses necessary to take the New York Bar examination.

Location
Located in Carlisle, PA is considered one of the country's most livable small towns due to the diversity of the people and institutions, amenities, and array of community activities. The cost of living makes it an affordable place to live and study.

Campus Life
Students are invited to participate in the life of the campus, its many societies, and pursue research alongside our accomplished faculty.

Tuition and Scholarships
The website provides information on cost of attendance. All applicants are considered for merit-based scholarships.

Entry Requirements
Applicants must have a first degree in law. For non-native English speakers, a TOEFL (88) or IELTS (6.5) score is required.

Application Procedures
Dickinson Law values life and work experience, leadership, community service, and other accomplishments. Students must apply via LSAC. Dickinson Law does not assess an application fee.

PennState
Dickinson Law

Start and length of program: Mid-August or Mid-January, 9 months

Closing date for applications: June 15 for August, December 1 for January

Number of students per year: 10

TOEFL/IELTS score required:
88 (iBT)/6.5 (IELTS)

Tuition fees: USD 56,592

Contact details:
Anthony C. Ogden, Ph.D.
150 South College Street
Carlisle, PA 17013
+1 717-241-3532
aco3@psu.edu
dickinsonlaw.psu.edu

Texas A&M University

If you've ever considered earning your Master of Laws, there is no better time than now, and no better place than Texas A&M University School of Law. Located in the Dallas/Fort Worth Metroplex, the School of Law provides you rigorous classroom and online instruction, experiential learning, practical drafting skills, and a wide range of professional development and networking opportunities in the economic and cultural hub of North Texas to prepare you for global success.

Texas A&M LL.M. Program

Texas A&M's LL.M. program gives you a competitive edge by offering a personalized course of study at one of the most prestigious schools in the United States. The program is an advanced law degree for students who have already earned a JD or its equivalent from a law school outside the United States. The 24-credit hour one-year LL.M. program is intended for domestic and international students who wish to develop a specialization in a particular area of law and/or seek an understanding of U.S. law and procedure, including those who may wish to sit for the Texas Bar Examination.

Concentrations

Students in the LL.M. program have the option to customize their degree plan and focus on a particular area of study. You can build your own curriculum online, including International IP Rights, International Tax, Risk Management, and Wealth Management, or in residence, including General Practice and Intellectual Property.

A Global Network

Texas A&M University is a globally recognized Tier-1 research institution and is famous for its instantly recognizable brand and rich, time-honoured traditions. Here you will have the opportunity to learn from a world-class faculty, including professors from China, Germany, India, Israel, Italy, Mexico, and Spain. Upon graduation, you will join a strong and supportive Aggie Network of over 500,000 alumni scattered across the globe!

TEXAS A&M UNIVERSITY
School of Law

Special focus areas: Intellectual Property, Technology & Innovation; Energy & Environmental Law; Arbitration & Mediation; Cybersecurity & Privacy; Business Law, and Criminal Law

Number of students per year: 20

Start and length of program:
January or August, 9–12 months

Closing date for applications:
July 1 for August, December 1 for January

TOEFL/IELTS score required:
80 (iBT)/6.0 (IELTS)

Tuition fees: USD 37,348

Contact details:
Heather Miller
+1-817-212-4193
heather.miller@law.tamu.edu
www.law.tamu.edu

Technische Universität Dresden

International Studies in Intellectual Property Law

Das Institut für Internationales Recht, Geistiges Eigentum und Technikrecht (IRGET) bietet seit 1999 den vielfach ausgezeichneten LL.M.-Studiengang „International Studies in Intellectual Property Law“ an. Das einjährige Programm ist in seiner inhaltlichen Spezialisierung in Kombination mit der internationalen Ausrichtung einmalig.

Ablauf des Studiums

Das Wintersemester verbringen die Studierenden an einer unserer internationalen Partneruniversitäten, der University of Exeter, dem Queen Mary Intellectual Property Research Institute in London, der Karlsuniversität in Prag, der Jagiellonen-Universität in Krakau, der University of Washington in Seattle, der Szegedi Tudományegyetem im ungarischen Szeged, dem Centre d'Études Internationales de la Propriété Intellectuelle in Straßburg, der Technischen Universität Tallinn und der Keio-Universität in Tokio. Das Sommersemester in Dresden wird sowohl auf Englisch als auch auf Deutsch angeboten und bietet neben Lehrveranstaltungen im geistigen Eigentum, Medien- und Wettbewerbsrecht die Möglichkeit, die Theorie durch Vorträge sowie Workshops praktisch zu vertiefen.

Vom LL.M. zum Fachanwalt

Im Rahmen des Programms besteht zudem die Möglichkeit, die Klausuren für die Erlangung des Fachanwaltstitels „Gewerblicher Rechtsschutz“ abzulegen (§§ 4, 14h FAO). Die Veranstaltungen des Master-Studiengangs bereiten Sie dabei optimal auf die Klausuren vor.

Kooperationen

Das IRGET ist Partner des Pan-European Seal Programme und bietet auch hierdurch ideale Karrierevoraussetzungen für unsere Absolvent:innen.

TECHNISCHE UNIVERSITÄT DRESDEN

IP DRESDEN LL.M.

LL.M.-Programm: International Studies in Intellectual Property Law

Spezialisierung des Programms: Recht des geistigen Eigentums, Wettbewerbs- und Medienrecht

Programmbeginn: April (Sommersemester) oder September/Oktober (Wintersemester)

Dauer des Programms: 12 Monate

Zahl der Studierenden pro Jahrgang: max. 40

Bewerbungsschluss: 15. Januar (für Sommersemester), 15. Mai (für Wintersemester)

Programmkosten: EUR 2.500 zzgl. Semesterbeitrag der TU Dresden sowie Studiengebühren der ausländischen Partneruniversitäten

Ansprechperson:
Institut für Internationales Recht, Geistiges Eigentum und Technikrecht
+49 351 463-37393
ip-llm@tu-dresden.de
www.llm-ip.de, Facebook: LL.M. IP

University of California – Los Angeles (UCLA)

Consistently recognized as one of the top law schools in the nation and the premier law school in southern California, UCLA School of Law stands at the forefront of innovation and institutional excellence. With renowned faculty, centers, and institutes that pave the way in scholarship and legal thought worldwide, UCLA law students can look forward to a rigorous yet collegial academic environment that will prepare them for outstanding careers in whatever path they choose, from transactional and litigation practice to government services and academia.

Curricular Offerings

The law school offers an interdisciplinary approach to legal studies and boasts a dynamic, flexible curriculum that appeals to a broad range of interests. LL.M. students may pursue general or specialized studies, or they can create an individualized specialization in an area of their choosing. Students seeking to bolster their legal education with expertise from non-law disciplines may supplement their studies with courses from other departments across campus, such as the Anderson School of Management or the School of Theater, Film and Television.

Community

UCLA law students are among the best and brightest in the world, and compose a robust, diverse, close-knit community. Our LL.M. students represent 30–40 different countries each year and together comprise a vast wealth of professional experience and expertise from a wide array of disciplines.

Location

Los Angeles is a thriving, cosmopolitan cultural center featuring arts and entertainment offerings that rival any in the world. Our lush, sprawling campus is ideally situated in one of the most desirable neighborhoods of the city, just 15 minutes from the beach. The region's beautiful landscapes and microclimates allow students to enjoy a wide range of recreational activities – from surfing to hiking to skiing – all year long. Outside of UCLA, there are limitless opportunities to explore Los Angeles' vibrant, bustling communities, leafy parks, mountainous trails, and coastal enclaves.

UCLA School of Law

Special focus areas: Business Law (including Business, Tax, Securities Regulation, and Bankruptcy Tracks); Media, Entertainment, and Technology Law and Policy; International and Comparative Law; Environmental Law; Human Rights; Public Interest Law and Policy; Law and Sexuality; Critical Race Studies; Law and Philosophy

Start and length of program: August, 9 months

Closing date for applications: February 1

TOEFL/IELTS score required: 100 (iBT)/7.5 (IELTS)

Tuition fees: USD 67,248 (excluding mandatory health fees)

Contact details:
Sidney Matthews
+1 310 794 5016
llm@law.ucla.edu, www.law.ucla.edu/llm

Universität Würzburg

Der Masterstudiengang „Digitalization and Law" an der Universität Würzburg vermittelt den Studierenden Kenntnisse unter anderem in den Bereichen Legal Tech, Künstliche Intelligenz, IT-Recht, Informatik und Datenschutzrecht. Damit erlangen die Studierenden gegenüber ihren Mitbewerberinnen und Mitbewerbern entscheidendes Fachwissen und Zusatzqualifikationen. Studiert wird berufsbegleitend in englischer Sprache.

Die Absolventinnen und Absolventen des Masterstudiengangs können zusätzlich zur Verleihung des akademischen Grad eines „Master of Laws" (LL.M.) die Bescheinigung über den theoretischen Teil des Fachanwalts IT-Recht (§ 14k FAO) erhalten.

Vorteile

- 2 in 1: Erlangung des akademischen Grad eines „Master of Laws" (LL.M.) und der Bescheinigung über den theoretischen Teil des Fachanwalts IT-Recht (§ 14k FAO).
- Interdisziplinäre Weiterbildung u. a. in den Bereichen Ethik, Technologie und Informatik.
- Technische Vorkenntnisse sind nicht erforderlich.
- Im Vergleich zu Masterprogrammen im Ausland kostengünstig.
- Es kann berufsbegleitend studiert werden, da die Kurse abends bzw. am Wochenende stattfinden.
- Neben renommierten Professoren halten erfahrene Anwälte die Kurse.
- Studium im wunderschönen historischen Würzburg: Gelegen im malerischen Franken, umgeben von Weinbergen, dem Main und der Festung Marienberg, sowie Heimat vom UNESCO-Weltkulturerbe der Residenz mit Hofgarten.
- Vollumfassende Benutzung der Universitätsbibliothek und kostenlose Nutzung des öffentlichen Nahverkehrs in Würzburg.

Zulassungsvoraussetzungen

Voraussetzungen sind ein abgeschlossenes Studium (auch nicht juristische Studiengänge sind willkommen), eine mindestens einjährige qualifizierte berufspraktische Erfahrung sowie ein Nachweis englischer Sprachkenntnisse.

Julius-Maximilians-
UNIVERSITÄT
WÜRZBURG

LL.M.-Programme: Digitalization and Law (teilweise hybrid möglich)

Programmbeginn und -dauer: Oktober, 18 Monate

Formale Voraussetzungen: eine mindestens einjährige qualifizierte berufspraktische Erfahrung, Nachweis für Englisch-Kenntnisse mind. B2

Bewerbungsschluss: 15. Juli

Programmkosten: 2.500 Euro/Semester zzgl. Semesterbeitrag (ca. 140 Euro/Semester)

Kontaktdaten:
diglaw@jura.uni-wuerzburg.de
www.jura.uni-wuerzburg.de/digitalization-and-law

University of Colorado Law School

The University of Colorado Law School is a vibrant and diverse community of students and scholars dedicated to the vigorous pursuit of ideas, critical analysis, and civic engagement. Located in Boulder, Colorado and nestled against the front range of the Rocky Mountains, the law school is home to 550 law students from around the world.

Quality of Life

Colorado Law students enjoy an unparalleled quality of life. Our law school community perpetually ranks in the top 10 for quality of life (Princeton Review), and both the Boulder-Denver area and the State of Colorado consistently rate among the most desirable locations in the United States (US New and World Report). Our quality of life rankings can be attributed to our location, which provides easy access to both the greater Denver area and our iconic Rocky Mountains, where students enjoy quick access to a plethora of outdoor activities including hiking, climbing, camping, cycling, backpacking, skiing, snowboarding, and more. Boulder is an ideal place to live, study, work, and play.

LLM Programs

Colorado Law offers the following LLM Programs:

- Entrepreneurship and Business Law,
- Intellectual Property, Technology, and Telecommunications Law,
- Natural Resources, Energy, and Environmental Law,
- International Law and Human Rights,
- US Law for Foreign Lawyers (general program)

The Complete University Experience

CU Boulder offers the comprehensive US university student experience, including: a modern recreation center, a student health center, physical and mental wellness counselling and support, intramural sports leagues, Division I NCAA athletics, a student ski bus for access to our renowned Colorado ski towns, concert halls, theater, and more. Our campus community amounts to roughly 34,000 students annually, and with more than 3,000 international students from 100 countries, we welcome students from around the world.

Colorado Law
UNIVERSITY OF COLORADO **BOULDER**

Special focus area: Intellectual Property, Technology, and Telecommunications Law LLM; Entrepreneurship and Business Law LLM; US Law for Foreign Lawyers (general) LLM; Natural Resources, Energy, and Environmental Law LLM; International Law and Human Rights LLM; Indigenous Peoples Law and Policy LLM

Contact details:
Jimmy Ilseng
2450 Kittredge Loop Rd,
Wolf Law Building, 401 UCB, Boulder,
CO 80309
LLM@colorado.edu

University of Miami

The University of Miami is strongly committed to its graduate LL.M. programs and we welcome applicants from around the world. In a typical year, our graduate law programs include about 130 students from 24 or more different countries around the globe. From its first graduating class in 1929 until today, over 23,500 alumni have graduated from the University of Miami School of Law.

Mentoring and Career Development

All LL.M. programs offer one-on-one guidance on course selection to match each student's academic and professional goals. Students in the program are fully integrated into the Miami Law community, participate in the school's academic, networking, and social events, and interact with other students through shared classroom experiences and professionally orientated student activities. A career advisor with special training assists international LL.M. students. Lastly, LL.M. students have the opportunity to take the U.S. Bar Exam in many states, including New York.

Location

The School of Law is located on the 260-acre main campus of the University of Miami, one of the largest private research universities in the United States. Greater Miami is an international center for trade and finance, the nation's gateway to South America and one of the most dynamic legal communities in the country. UM is at the forefront in training legal professionals of a rapidly changing world. Many international corporations have their Latin American regional headquarters in Miami.

Online and Specialized Programs

Intensive Legal English + LL.M.Online - option for Real Property Development and Taxation of Cross-Border Investment LL.M. programs.

UNIVERSITY OF MIAMI
SCHOOL of LAW

Special focus areas: Entertainment, Arts and Sports Law, International Arbitration, International Law, Maritime Law, Real Property Development, Tax Law, Taxation of Cross-Border Investment, U.S. & Transnational Law for Foreign-Trained Lawyers, Intensive Legal English + LL.M. Program

Start and length of program:
August or January, 9 months

Closing date for applications:
rolling admissions

Number of students per year: 140

TOEFL/IELTS score required:
92 (iBT)/7.0 (IELTS)

Tuition fees: USD 58,300

Contact details:
Lorrie Capps
+1-305-284-4702
lcapps@law.miami.edu
www.law.miami.edu/llm

University of Minnesota

The University of Minnesota Law School is consistently ranked one of the top 25 law schools in the U.S. by U.S. News and World Report. LL.M. students may earn one of two LL.M. degrees: the Business Law LL.M. or the general LL.M. Students pursuing the general LL.M. degree have the option to earn one of 11 concentrations. Students are encouraged to participate in LEAD, an intensive pre-LL.M. summer program focusing on legal English and U.S. legal skills.

LL.M. Program

Minnesota Law offers several optional courses and practical experiences specifically for LL.M. students, including Legal Writing & Legal Skills, Trial Practice, and Judicial Observation. During the academic year, LL.M. students are integrated with upper-level J.D. students in almost all courses. Outside the classroom, Minnesota Law's more than 30 active student organizations are open to all students, including a pro bono volunteering program for interested LL.M. students each year.

All admitted students are considered for a scholarship, with no extra application required.

Life in Minneapolis

With seven major professional sports teams, one of the best city park systems in the U.S., and a thriving food, recreation, and cultural scene, the Minneapolis-St. Paul metro area (known as the Twin Cities) ranks high in such areas as cleanliness, ethnic diversity, safety, accessibility, and beauty. The area is home to 17 Fortune 500 companies, including Target Corporation, 3M, General Mills, Medtronic, and Cargill, the world's largest privately held corporation. The University of Minnesota is currently ranked 20th in the U.S. among doctorate granting-institutions hosting international students and is a Big 10 athletic university. Minnesota Law's location and close proximity to light rail allows easy access to state and federal government offices, hundreds of human rights organizations, the Minneapolis-St. Paul international airport, and the Mall of America.

LL.M. programs: LL.M. (general), Business Law LL.M.

Special focus areas: Business Law, Civil Litigation, Criminal Justice, Environmental and Energy Law, Family Law, Health Law and Bioethics, Human Rights Law, Immigration Law, Intellectual Property and Technology Law, International Law, Labor and Employment Law

Start and length of program: August 2023; 10 months

Closing date for applications: May 1

Tuition fees: USD 59,400 estimated

TOEFL/IELTS score required: 80+ (iBT)/6.5+ (IELTS)

Contact details:
Kara Galvin, Director
llmadm@umn.edu; law.umn.edu/llm

University of New Hampshire

Founded by inventors and entrepreneurs, University of New Hampshire Franklin Pierce School of Law is a pioneering powerhouse. We are committed to training the next generation of lawyers through an emphasis on practice-based learning. UNH Franklin Pierce prepares students for their careers, offering unique opportunities to practice skills, work side-by-side with faculty, and network with global leaders. Our active and close-knit community ensures that you will build relationships that last throughout your career. Upon graduation you will join the ranks of our 6,000 alumni in more than 80 countries! We offer specialized LL.M. degrees in Intellectual Property, Commerce and Technology Law, and International Criminal Law & Justice, with residential and online formats. Generous partial-tuition scholarships are available.

Intellectual Property

Our top-ranked IP law program prepares you for the IP issues of the future. You will learn the unique ways the US IP system fuels business and innovation across the globe. With more than half our faculty having IP expertise, you will learn from experts at the forefront of the field. Gain hands-on experience with opportunities to participate in clinics and immersive classroom experiences. Offered both on-campus and online.

Commerce and Technology Law

Explore the legal issues that emerge when information technology, business, and law meet. With a focus on digital and privacy law you will take courses in intellectual property, transactions and information age commercial law, and international perspective regulation/tax. This LL.M. provides unique knowledge that is invaluable in today's evolving digital and data-driven economy and addresses issues facing new business and e-commerce. Offered on-campus only.

International Criminal Law and Justice

As the only fully online transnational crime program available in the US, this LL.M. addresses fast-paced developments in the globalization of commerce, terrorism, human rights, and criminal law. This LL.M. is offered 100 percent online.

University of New Hampshire
Franklin Pierce School of Law

Online LL.M. available

LL.M. programs: Intellectual Property, Commerce and Technology Law, International Criminal Law and Justice

TOEFL/IELTS score required: 80 (iBT)/ 6.5 (IELTS)

Tuition fees: USD 41,000 (for residential programs), USD 1,310 (credit for online programs)

Start and length of programs:
On-campus programs: August–May; Online programs: August or January, 1–3 years

Closing date for applications: May 1, August 1, or December 15

Contact details:
Sarah Dorner
+1 60 3513-5300
admissions@law.unh.edu, law.unh.edu/llm

University of Southern California

Study law in Los Angeles

The Master of Laws (LL.M.) degree at the University of Southern California Gould School of Law focuses on the U.S. legal system, providing students with foundational skills and essential knowledge that are immediately applicable to real-world legal practice from a top-ranked law school. Available full-time on-campus or with flexible scheduling online, USC Gould's LL.M. is designed for international attorneys, government officials, corporate legal counsel, and recent law graduates.

Specialized Degrees

Students may choose to specialize their LL.M. studies in a particular field.

USC Gould's LL.M. offerings include:

- One-year General LL.M.
- Two-year Extended LL.M.
- LL.M. in International Business and Economic Law (LL.M. in IBEL)
- LL.M. in Alternative Dispute Resolution (LL.M. in ADR)
- LL.M. in Privacy Law & Cybersecurity (LL.M. in PLCS)
- Online LL.M.

USC also offers a four-week on-campus Summer Law & English program that builds skills in law and legal English before starting an LL.M.

Bar Exam and Certificates

LL.M. students may generalize their studies in courses of interest or pursue a "bar exam track" and/or "certificate track."

Students who choose a "bar exam track" will take courses required to sit for the California, New York, or Washington D.C. bar exam after graduation. Students who choose a "certificate track" will earn an industry-specific certificate in addition to their degree at no additional cost.

USC Gould School of Law

Specialized LL.M.: Alternative Dispute Resolution, International Business & Economic Law, Privacy Law & Cybersecurity

Optional Certificate Specializations: Alternative Dispute Resolution, Business Law, Compliance, Media & Entertainment Law, Financial Compliance, Health Care Compliance, Human Resources Law & Compliance, Privacy Law & Cybersecurity, Social Work Administration, Technology & Entrepreneurship, and Transnational Law & Business

Start and length of program: August, 9 months, extended options

Tuition fees: USD 72,798 plus fees

Closing date for applications: June 1; priority deadline of March 1

TOEFL/IELTS score required: no required minimum score

Contact details:
Misa Shimotsu, Associate Dean
Graduate & International Programs
+1 213 821-5916
gipadmissions@law.usc.edu, gould.law/LLM

Online LL.M. available

ARQIS Rechtsanwälte Partnerschaftsgesellschaft mbB

Standorte in Deutschland: Düsseldorf, München, Talent Hub Berlin

Standorte weltweit: Tokio

Tätigkeitsschwerpunkte: Arbeitsrecht, Corporate/M&A, Compliance, Datenschutz, Immobilienrecht, IP/IT-Recht, Insolvenzrecht, Japan Desk, Litigation, Öffentliches Wirtschaftsrecht, Private Equity, Steuerrecht, Venture Capital, Versicherungsrecht

Geplante Neueinstellungen: 8–10

Mitarbeiter weltweit: ca. 80 Anwält:innen und Legal Specialists

Ein Gedanke mehr, eine Perspektive anders, einen Schritt weiter: Bei ARQIS gehen wir unseren eigenen Weg und präsentieren Lösungen, die nicht nur die Erwartungen unserer Mandanten übertreffen, sondern häufig auch unsere eigenen. Als einzigartige „Big Law Boutique" besitzt ARQIS zum einen den Spezialisierungsgrad und das Qualitätsniveau einer Großkanzlei, zum anderen prägen bewusst schlanke Strukturen und flache Hierarchien den Aufbau und die Arbeitsabläufe unserer Kanzlei. So bieten wir hochkompetenten und motivierten Anwält:innen und Legal Specialists ein optimales Umfeld für ihre Karriere.

ARQIS

Breite Straße 28
40213 Düsseldorf
karriere.arqis.com

Heike Drepper
Human Recources
+49 211 13069-000
heike.drepper@arqis.com

Unsere Unternehmenskultur: The ARQIS Way steht für das Selbstverständnis unserer Kanzlei. Wir gehen eigene Wege, denn nur so können wir eigene Vorstellungen und Handlungsweisen formen, unsere Positionen und Visionen vertreten und Ideen und Lösungen entwickeln, die genau auf die Bedürfnisse unserer Mandanten zugeschnitten sind. In diesen drei Worten spiegeln sich unsere Kompetenzen, unsere Ansprüche, aber auch unsere Werte wider. Im Umgang mit unseren Mitarbeiter:innen achten wir auf absolute Gleichberechtigung. Unsere Mitarbeiter:innen sind sehr heterogen, sehr unterschiedlich, ja divers im eigentlichen Sinne des Wortes. Bei uns kann jeder selbstverständlich seine Individualität behalten. Denn das macht ARQIS zu ARQIS. Dabei können wir auf verschiedene Lebensmodelle eingehen: Die Vereinbarkeit von Familie, Freizeit und Beruf ist ein wesentlicher Bestandteil unserer Kanzleikultur.

Unser Angebot an Absolvent:innen: Als Berufseinsteiger:in sind Sie von Anfang an ins Team eingebunden und arbeiten Seite an Seite mit unseren Partner:innen und erfahrenen Kolleg:innen an den Mandaten. Sie lernen „on the Job" und erhalten durch das Weiterbildungsangebot der ARQIS Academy sowie auf den individuellen Bedarf abgestimmte externe Weiterbildungen die Möglichkeit, Ihre fachliche und persönliche Entwicklung weiter voranzutreiben. Ergänzend stellen wir Ihnen eine:n Mentor:in für den individuellen Austausch, z. B. zur Karriereentwicklung, zur Seite. Regelmäßige Feedbackgespräche liefern wertvolle Anregungen für den weiteren ARQIS Weg.

Unser Angebot an Studierende: Als Referendar:in, wissenschaftliche:r Mitarbeiter:in, Praktikant:in und studentische Hilfskraft sind Sie Teil unseres ARQIS Juniors Nachwuchsprogramms. Die Arbeit in im Vergleich zu Großkanzleien kleineren Teams ist sehr viel persönlicher und die Möglichkeit, sich aktiv in Projekte einzubringen, ist ein echtes Plus für die persönliche Entwicklung. Das Nachwuchsprogramm vereint „Learning on the Job" mit einer fundierten fachlich-inhaltlichen Ausbildung. Neben der gemeinsamen Arbeit mit den Anwält:innen und Legal Specialists an den Mandaten nehmen Sie an den Weiterbildungsangeboten der ARQIS Academy und speziellen ARQIS Juniors Angeboten teil.

Ihre Entwicklung: Die ARQIS Academy – unser eigenes Aus- und Fortbildungsprogramm – umfasst die Bausteine Recht, Wirtschaft und Persönlichkeit. Mit externen und internen Referierenden bieten wir Seminare und Workshops in digitalem Format und in Präsenz an. Das Angebot wird durch externe Fachseminare und Konferenzen ergänzt. Der individuelle Schulungs- und Entwicklungsbedarf wird in regelmäßigen Feedbackgesprächen besprochen. Für berufserfahrene Anwält:innen besteht die Möglichkeit, zur Unterstützung der individuellen Karriereentwicklung ein Coaching mit erfahrenen externen Business Coaches in Anspruch zu nehmen. Zudem unterstützt ARQIS den Erwerb eines Fachanwaltstitels oder LL.M.

Work-Life Balance: Wir sind fest davon überzeugt, dass eine ausgewogene „Work-Life-Balance" und der exzellente Service den Mandanten gegenüber kein Widerspruch sein muss. Jede:r von uns möchte sich selbstverständlich auch neben der Tätigkeit in der Kanzlei verwirklichen und muss privaten Verpflichtungen nachkommen. Dem wollen wir nach Möglichkeit gerecht werden und bieten daher Vereinbarungen über persönliche Arbeitszeitmodelle sowie Auszeiten in allen Senioritätsstufen an. Unser HybridWork@ARQIS-Konzept bietet Ihnen weitere individuelle Möglichkeiten: Mit Ihrem:r Fokusgruppenleiter:in und dem Team besprechen Sie die Wahl Ihres Arbeitsortes.

Dr. Martina Berenbrinker

Jahrgang 1988

Associate

Promotion oder LL.M. – warum nicht beides?

Viele stellen sich die Frage, ob eine Promotion oder ein LL.M das Richtige für sie ist. Ich habe mich für beides entschieden. Jedoch nicht wegen des Ansehens des einen oder des anderen Titels. Als Anwältin für Arbeitsrecht begibst du dich von einer Herausforderung zur nächsten und arbeitest dich immer wieder in neue rechtliche Themen und Unternehmenswirklichkeiten ein. Genau das macht für mich den Reiz des Anwaltsberufes aus. Daher habe ich nach einem Programm gesucht, das mir neue Themen und den Austausch außerhalb meiner täglichen Bubble bietet.

Berufsbegleitender LL.M. und gleichzeitig Fachanwältin für Arbeitsrecht

Dafür bot sich für mich der LL.M. mit dem Schwerpunkt Arbeitsrecht an der JurGrad in Münster geradezu an. Denn der ist zugleich der Theorielehrgang für den Fachanwaltstitel im Arbeitsrecht und dieser ist für Anwält:innen im Arbeitsrecht fast schon obligatorisch. Der LL.M.-Studiengang bot mir zusätzlich Inhalte, die sowohl über den Fachanwaltslehrgang als auch über den universitären Schwerpunkt hinausgehen. Dazu zählen rechtliche Themen wie Arbeitnehmerdatenschutz und Compliance, aber auch psychologische Aspekte wie Konfliktprävention und Führungskultur. Der LL.M.-Studiengang wird berufsbegleitend angeboten. In drei Semestern zuzüglich Masterarbeit werden acht Module in kurzen Präsenzphasen vermittelt. Die Themenauswahl, hochrangige Dozent:innen und Studierende mit unterschiedlichen beruflichen Hintergründen machen das Studium abwechslungsreich und praxisnah zugleich. Mit einem Arbeitgeber, der das Studium sowohl durch Freistellungen als auch durch eine finanzielle Beteiligung fördert, ist es eine Win-Win-Situation für alle Seiten.

Daniel Schlemann

LL.M. (Berkeley)

Jahrgang 1992

Associate

LL.M. an der University of California, Berkeley

Während meines Jurastudiums in Köln hatte ich aufgrund meiner ehrenamtlichen Tätigkeiten neben dem Studium keine Zeit für einen Auslandsaufenthalt. Nach dem ersten Examen war es deshalb für mich der absolute Traum, einen LL.M. im Ausland zu absolvieren. Das komplexe Bewerbungsverfahren und die hohen Kosten sind zwar große Herausforderungen, die sich für mich jedoch mehr als gelohnt haben.

Internationale Freundschaften rund um den Globus

Sprachprüfung, gute Noten, Empfehlungsschreiben, aufwendige Beglaubigungen und Motivationsschreiben – die Bewerbung für mein Studium in den USA war definitiv aufwändig, aber zugleich über die zentrale Online-Plattform landesweit und an mehreren Universitäten gleichzeitig möglich. Mein Wunsch war von Anfang an Berkeley. Durch die Nähe zum Silikon Valley bietet die Universität unglaublich gute Kurse von Praktiker:innen an. So habe ich Kurse in Venture Capital, Video Games Law oder auch zusammen mit Informatik- und Wirtschaftsstudierenden einen Kurs zur Blockchain-Technologie belegt. Daneben waren das aktive Studierendenleben an der Universität, die fantastische Umgebung (Bay Area), die zu Ausflügen einlädt, und mein Zimmer im „International House“ eine Bereicherung – persönlich sowie professionell. Menschen aus der ganzen Welt zu begegnen und sich auch fachlich international austauschen zu können, ist für den weiteren Berufsweg absolut gewinnbringend.

Cleary Gottlieb Steen & Hamilton LLP

Standorte in Deutschland:
Frankfurt am Main, Köln

Standorte weltweit: Abu Dhabi, Bay Area, Brüssel, Hongkong, London, Mailand, New York, Paris, Peking, Rom, São Paulo, Seoul, Washington D.C.

Spezialisierungen: M&A/Gesellschaftsrecht, Finanz- und Kapitalmarktrecht, EU-/Kartellrecht, Steuerrecht, Litigation/Arbitration sowie Finanzierungen und Restrukturierungen

Berufsträger:innen weltweit: ca. 1.100

Geplante Neueinstellungen 2023: 10–15

Möchten Sie von Anfang an in einer hochkarätigen internationalen Praxis eingebunden sein? Können Sie sich vorstellen, nationale und multinationale Unternehmen, Finanzinstitute und Regierungen zu beraten?

Cleary Gottlieb bietet Ihnen eine Tätigkeit an juristisch anspruchsvollen Projekten mit stets internationalem Bezug, häufig in multinational besetzten Teams. Sie erhalten eine erstklassige Ausbildung in einer kollegialen Arbeitsatmosphäre, geprägt von Offenheit, flachen Hierarchien und einem sehr persönlichen Umgang miteinander. Wir bieten Ihnen exzellente Karrierechancen und eine transparente Partnerperspektive.

CLEARY GOTTLIEB

Main Tower
Neue Mainzer Straße 52
60311 Frankfurt am Main

Theodor-Heuss-Ring 9
50668 Köln

www.clearygottlieb.com

Dr. Michael J. Ulmer
+49 69 97103-0 (Frankfurt am Main)
gerlegalrecruit@cgsh.com

Dr. Romina Polley
+49 221 80040-0 (Köln)
gerlegalrecruit@cgsh.com

Patrick Bock
+32 2 28720-00 (Brüssel)
brulegalrecruit@cgsh.com

Wie ist es, als Associate bei Cleary Gottlieb zu arbeiten? Unsere tägliche Arbeit ist nicht nur durch einen hohen Qualitätsanspruch, sondern auch durch den kollegialen und persönlichen Umgang miteinander geprägt. Von Beginn an sind Sie eng in unsere meist internationalen Beratungsprojekte eingebunden. Jährliche Feedback-Gespräche zur Erörterung Ihres Leistungsstands und Ihrer weiteren Entwicklung sind selbstverständlich. Ihre Mentorin oder Ihr Mentor steht Ihnen bei Ihrer Integration ins Team sowie Ihrer Karriereentwicklung zur Seite.

Was tut Cleary Gottlieb für meine Ausbildung? Gemeinsam mit Ihnen wollen wir täglich anspruchsvollen juristischen Aufgaben gerecht werden. Daher ist uns Ihre erstklassige Ausbildung besonders wichtig. Neben dem täglichen Training on the Job fördern wir Ihre berufliche Weiterentwicklung durch unser Cleary Gottlieb Training Center, welches in regelmäßigen Abständen eine Auffrischung der Grundkenntnisse aus verschiedenen Praxisbereichen sowie Kurse zu Soft Skills anbietet. Unsere Associates erhalten im Rahmen unseres exklusiven European Financial Awareness Program, einem mehrtägigen miniMBA-Kurs, spezielle Trainings u.a. zu Financial Statement Analysis, Financial Maths for Lawyers, Accounting Concepts, sowie Business Valuation, und nehmen regelmäßig an – weltweiten – Fortbildungsveranstaltungen sowie Praxisgruppentreffen teil. Als Referendar:in, juristische:r Mitarbeiter:in oder Praktikant:in werden Sie direkt und möglichst umfassend in unsere Anwaltspraxis integriert, sodass Sie von Beginn an wachsen können. Unseren Referendar:innen bieten wir in Zusammenarbeit mit einem renommierten Repetitorium umfangreiche Unterstützung zur Vorbereitung auf das Zweite Staatsexamen.

Kann ich auch einige Zeit außerhalb Deutschlands arbeiten? Ja. Bei entsprechendem Interesse kann ein etwa einjähriger Aufenthalt in einem unserer ausländischen Büros Bestandteil Ihrer anwaltlichen Karriere bei Cleary Gottlieb sein. Referendar:innen, die bereits ihre Anwaltsstation erfolgreich in Frankfurt oder Köln absolviert haben und mit denen wir uns eine langfristige Zusammenarbeit vorstellen können, bieten wir die Möglichkeit, ihre Wahlstation im Ausland zu verbringen.

Welche Einstellung hat Cleary Gottlieb zum LL.M.? Ein LL.M. stellt für uns eine willkommene, wenn auch nicht zwingende Zusatzqualifikation dar. Er zeigt uns, dass Sie in der Lage sind, nicht nur den Umgang mit einer fremden, meist unbekannten Rechtsordnung zu erlernen, sondern sich auch in einem neuen Umfeld und einer neuen Kultur zurechtzufinden. Mit unserem Cleary Gottlieb LL.M.-Scholarship unterstützen wir LL.M.-Vorhaben finanziell. Weitere Informationen zur Ausgestaltung und Bewerbung finden Sie auf unserer Karriereseite unter www.clearygottlieb.com. Ein LL.M.-Studium kann auch erst nach Beginn einer Tätigkeit als Associate absolviert werden – hierbei unterstützen wir Sie selbstverständlich ebenfalls.

Passe ich zu Cleary Gottlieb? Und welche Qualifikationen sollte ich für einen Einstieg mitbringen? Sie passen zu uns, wenn Sie begeisterungsfähig sind und gemeinsam – häufig büroübergreifend – mit hoch qualifizierten Anwält:innen an komplexen wie spannenden Projekten in einem internationalen Umfeld mitarbeiten möchten. Neben einem ausgeprägtem Interesse an wirtschaftlichen Zusammenhängen sollten Sie exzellente Noten und sehr gutes – möglichst durch ein LL.M.-Studium oder einen vergleichbaren Auslandsaufenthalt erworbenes – Englisch mitbringen. Ihre Teamfähigkeit und Kommunikationsstärke runden Ihr Profil ab? Dann freuen uns auf Ihre Bewerbung!

Nils Andräs

LL.M. (Edinburgh)

Jahrgang 1990

Associate im Bereich Dispute Resolution

„LL.M.": Drei Buchstaben – eine Erfahrung fürs Leben!

Das Angebot an LL.M.-Programmen ist riesig. Für jede fachliche Neigung, jedes Leistungsprofil und Portemonnaie ist etwas dabei. Gerade wenn man vielleicht nicht mit atemberaubenden Noten oder eher kleinem Budget ins Rennen geht, sollte man sich keinesfalls von seinem LL.M.-Traum verabschieden. Ein LL.M.-Studium, ist eine einmalige und bereichernde Erfahrung, die ich jedem wärmstens empfehlen kann.

Warum LL.M.? Meet the World!

Ein bestenfalls im englischsprachigen Ausland erworbener LL.M.-Titel wertet jeden Lebenslauf auf. Die wahren Gründe für einen LL.M. sind jedoch andere. Ein LL.M. ermöglicht nicht nur einen fachlichen, sondern insbesondere einen persönlichen Perspektivwechsel, der den eigenen Horizont erweitert. Das gemeinsame Diskutieren und Lösen juristischer Fragestellungen mit Kommiliton:innen mit diversen kulturellen und juristischen Hintergründen ist dabei ebenso bereichernd wie das gemeinsame Meistern des Alltags in einem neuen Umfeld. Dabei entwickelt man neben dem „Gespür" für mindestens eine fremde Rechtsordnung vor allem auch ein solches für andere Kulturen und Probleme - eine Fähigkeit, die von unschätzbarem Wert ist und in vielen beruflichen und privaten Situationen das „Brückenbauen" erleichtert. Im schlechtesten Fall sammelt man „nur" viele internationale Kontakte, in den meisten Fällen aber wohl - wie ich - Freundschaften fürs Leben rund um die Welt.

Wohin soll die Reise gehen? Bewerbung und Ortswahl

Der Bewerbungsprozess ist absolut kein Hexenwerk, kann aber vom Aufwand her durchaus variieren. In jedem Fall sollte genug Zeit für Visum, Empfehlungsschreiben, Finanzierung und Sprachtests eingeplant werden. Ich würde zudem empfehlen, sich auch immer an zumindest einer „Back-Up-Uni" zu bewerben. Die Ortswahl hängt von vielen Faktoren ab, u. a. den fachlichen Interessen, den finanziellen Möglichkeiten aber auch schlicht der „Study-Experience", die man haben möchte. Letztlich fiel meine Wahl auf Edinburgh, weil ich das Gefühl hatte, dort das beste Gesamtpaket zu bekommen. Edinburgh bewegt sich auf höchstem akademischen Niveau, ist aber gerade im Vergleich zu anderen Top-Universitäten finanziell attraktiver. Hinzu kommen kleine Kursgrößen, die eine vollkommen andere Interaktion zwischen Dozent:innen und Studierenden ermöglichen. Schließlich bietet die Stadt Edinburgh alle Vorzüge einer internationalen Hauptstadt, ist dabei aber unglaublich gemütlich, (welt)offen und persönlich. Eine bessere „Study-Experience" hätte ich mir nicht vorstellen können.

Der „richtige" Zeitpunkt

Hier gibt es keinen Königsweg. Für mich war klar, dass ich nach dem ersten Examen einen Tapetenwechsel haben wollte. Ich hatte zuvor noch keinen längeren Zeitraum im Ausland gelebt und wollte diese Chance ergreifen, auch um so früh wie möglich über den rein nationalen juristischen Tellerrand zu schauen. Für meine juristische und persönliche Entwicklung habe ich den Zeitpunkt daher als perfekt empfunden. Nicht unterschätzen darf man zudem, dass ein LL.M.-Abschluss durchaus ein schöner „Türöffner" für Stationsbewerbungen im Referendariat sein kann. Für einen späteren Zeitpunkt sprechen dagegen das noch frische materielle Wissen, ausgeprägtere fachliche Neigungen oder bessere Finanzierungsmöglichkeiten. Cleary Gottlieb bietet Associates, die ein LL.M.-Studium anstreben, finanzielle Unterstützung an.

Cleary Gottlieb Steen & Hamilton LLP

Clifford Chance

Standorte in Deutschland: Düsseldorf, Frankfurt am Main, München

Standorte weltweit: 31 Büros in 21 Ländern

Tätigkeitsschwerpunkte: Arbeitsrecht, Bank- und Kapitalmarktrecht, Energierecht, Gewerblicher Rechtsschutz, Gesellschaftsrecht/M&A, Healthcare, Immobilienrecht, Insolvenzrecht/Restrukturierung, Kartellrecht, Öffentliches Wirtschaftsrecht, Patent- und Markenrecht, Private Equity/Venture Capital, Prozess- und Schiedsverfahrensrecht, Steuerrecht, Telekommunikations- und Medienrecht/IT-Recht, Versicherungsrecht, Wirtschaftsrecht

Berufsträger:innen in Deutschland:
ca. 300
davon mit LL.M.: ca. 90
davon mit Promotion: ca. 140

Berufsträger:innen weltweit: ca. 3.700

Geplante Neueinstellungen 2023: 40–50

Internationalität ist bei Clifford Chance mehr als nur ein Schlagwort. Als weltweit tätige Sozietät mit 31 Büros auf fünf Kontinenten ist das Zusammenspiel verschiedener Werte und Kulturen unser Erfolgsrezept. Wir beraten national und international tätige Unternehmen, Institutionen und öffentliche Stellen in allen Fragen des Wirtschaftsrechts. Teamwork, offene Kommunikation, Toleranz sowie ein freundlicher und kollegialer Umgang sind bei Clifford Chance eine Selbstverständlichkeit und bilden die Basis hervorragender juristischer Arbeit.

CLIFFORD
CHANCE

Junghofstraße 14
60311 Frankfurt am Main
www.YourCareerStartsWithC.com

Romy Lutter
Manager Talent Acquisition
+49 69 7199-4478
karriere@cliffordchance.com

Welche Meinung vertritt Ihre Kanzlei zum LL.M.? Der Erwerb eines LL.M. im englischsprachigen Ausland bietet eine hervorragende Gelegenheit, eine fremde Rechtsordnung kennenzulernen, die Englischkenntnisse zu perfektionieren und Erfahrungen mit anderen Kulturen zu sammeln. Eine Teilfinanzierung von LL.M-Programmen oder die Freistellung für ein LL.M.-Studium ist grundsätzlich möglich und im Einzelfall verhandelbar.

Was zeichnet Ihre Unternehmenskultur aus? Wir sind Teamplayer:innen und glauben, dass optimale Ergebnisse nur dann erreicht werden, wenn jeder sein Potenzial einbringt. Dabei investieren wir ebenso gezielt in junge Talente, wie wir auch unsere erfahrenen Rechtsanwält:innen auf ihrem individuellen Karriereweg unterstützen. Immer ein offenes Ohr für Fragen, ein wertschätzender Umgang miteinander und regelmäßiges Feedback sind dabei zentrale Werte, die unsere Teamarbeit ausmachen. Außerdem sind wir stolz auf die Vielfalt in unserer Sozietät und nutzen sie bewusst als Stärke. Das leben wir vor und wollen so eine Unternehmenskultur schaffen, in der sich alle wohlfühlen und entsprechend ihrer individuellen Fähigkeiten einbringen können. Wir legen großen Wert auf einen respektvollen Umgang miteinander, offene Kommunikation und Toleranz. Wir engagieren uns aktiv für das Gemeinwesen. So gibt es ein unternehmensweites Corporate-Responsibility-Programm ebenso wie eine Pro-Bono-Rechtsberatung. Dabei ist uns das persönliche Engagement unserer Mitarbeiter:innen sehr wichtig. Alle können sich bei Projekten ihrer Wahl einbringen. Wir fördern Mitarbeiter:innen mit Migrationshintergrund auf ihrem Bildungsweg ebenso wie wir uns für den Erhalt und die Weiterentwicklung kultureller Institutionen einsetzen. Ob mit fachlicher Expertise oder handwerklichem Einsatz – mit ihrem individuellen Engagement bewegen unsere Mitarbeiter:innen viel.

Was sind Ihre Einstellungskriterien? Wir erwarten zwei Prädikatsexamen. Im Ausland erworbene Abschlüsse wie einen LL.M. oder einen Doktortitel begrüßen wir, sind aber keine Voraussetzung. Da Englisch unsere tägliche Arbeitssprache sowohl im Umgang mit Mandanten als auch mit Kolleg:innen aus dem internationalen Netzwerk ist, sind verhandlungssichere Englischkenntnisse unerlässlich. Die Bereitschaft, sich voll zu engagieren, Verantwortung zu übernehmen sowie Kommunikationsfähigkeit und Teamgeist sind weitere notwendige Voraussetzungen.

Welche Möglichkeiten zur Weiterqualifizierung bieten Sie? Praktikant:innen, Wissenschaftliche Mitarbeitende und Referendar:innen können neben dem täglichen Training-on-the-Job an den Seminartagen der ReferendarAcademy teilnehmen. Dort erhalten sie einen umfassenden Einblick in alle Rechtsgebiete, in denen Clifford Chance tätig ist, sowie eine Einführung in relevante Business Skills wie Präsentationstechnik, Verhandlungsführung und Legal English. Damit neben der täglichen Arbeit die Vorbereitung auf das Zweite Staatsexamen nicht zu kurz kommt, bieten wir in Zusammenarbeit mit den renommierten Repetitoren Kaiserseminare und Hemmer ganztägige Intensivkurse an. Hinzu kommen Examensvorbereitungskurse im öffentlichen Recht, Zivilrecht und Strafrecht. Ein Klausurenkurs und ein Aktenvortragstraining inklusive Videoanalyse runden das Programm der ReferendarAcademy ab. Auch nach dem Berufseinstieg bieten wir unseren Rechtsanwält:innen mit der Clifford Chance Academy ein umfassendes Aus- und Weiterbildungsprogramm, das sowohl fachliche Fähigkeiten und betriebswirtschaftliches Know-how als auch Business Skills vermittelt – Kenntnisse, die für den Weg der jungen Änwält:innen zu Beraterpersönlichkeiten entscheidend sind.

Mein LL.M. an der University of Cape Town

Laura-Isabell Dietz

LL.M. (University of Cape Town)

Jahrgang 1991

Associate, Öffentliches Wirtschaftsrecht

Nach dem ersten Staatsexamen stellte sich mir die Frage: „Referendariat oder LL.M?“ - und die Entscheidung fiel mir nicht schwer. Recht schnell war mir klar, dass ich noch nicht bereit war, direkt weiter zu lernen, sondern nach fünf Jahren an der Universität sowohl in persönlicher als auch in fachlicher Hinsicht eine neue Herausforderung brauchte.

Warum Kapstadt?

Genau so schnell wie mir klar war, dass ich einen LL.M. machen wollte, war mir auch klar, dass mein Weg mich nicht an eine der „klassischen“ Universitäten im englischsprachigen Ausland führen würde. Ich wollte mich nicht nur fachlich, sondern auch persönlich weiterbilden und -entwickeln. Daher entschied ich mich für ein Jahr in ein Land mit einer komplett anderen Kultur zu ziehen. Zudem gibt es an der University of Cape Town die Möglichkeit einen sogenannten „Professional LL.M.“ zu absolvieren, in dessen Rahmen anstatt einer Masterarbeit vier Arbeitsprodukte mit Praxisbezug (z. B. das Anfertigen von Klageschriftsätzen oder dem Entwurf vertraglicher Streitbeilegungsmechanismen) anzufertigen sind. Da mir bereits klar war, dass es mich nicht in die Wissenschaft ziehen würde, war diese Möglichkeit ein klarer Pluspunkt.

Das Bewerbungsverfahren

Der Aufwand für das Bewerbungsverfahren war definitiv überschaubar. Allerdings empfehle ich ein bisschen Zeit einzuplanen, da das Beschaffen aller Dokumente, Sprachnachweise etc. doch etwas dauern kann. Daher empfehle ich sich bereits frühzeitig einen Überblick über die benötigten Dokumente zu verschaffen und mit dem Sammeln anzufangen. Insgesamt hat der Bewerbungsprozess, inklusive Warten auf englischsprachige Zeugnisse der Universität sowie Ergebnisse des Sprachnachweises, gut zwei Monate in Anspruch genommen. Die Zusage von der Universität kam ca. zwei bis drei Wochen nach Ablauf der Bewerbungsfrist per Mail und insgesamt ca. vier Monate vor Start des Studiums.

Das Studium und der Alltag in Kapstadt

Das Studium war ganz anders als wir es aus Deutschland kennen. Die Kurse bestanden aus durchschnittlich 20 Teilnehmenden aus verschiedenen Ländern und waren sehr auf die aktive Teilnahme und Diskussion der Studierenden ausgerichtet, was mir besonders Spaß bereitete. Besonders der Austausch zu aktuellen Fragen rund um das Thema „Menschenrechte“ machte mit Studierenden mit den unterschiedlichsten kulturellen und juristischen Hintergründen besonders Spaß und hat meine Ansichten und Einstellungen bis heute geprägt.

Fazit

Allen, die gerade mit der Entscheidung hadern, ob der LL.M. das Richtige ist, sage ich: Traut euch! Die Zeit in Kapstadt war eine der besten meines gesamten Studiums und ich möchte diese Zeit niemals missen. Auch heute noch, in meinem Beruf als Anwältin in einer internationalen Kanzlei, kommen mir meine Erfahrungen im Umgang mit verschiedenen Kulturen immer wieder zugute.

Clifford Chance

COURAGEOUS MINDS

CMS Deutschland

Standorte in Deutschland: Berlin, Düsseldorf, Frankfurt am Main, Hamburg, Köln, Leipzig, München, Stuttgart

Standorte weltweit: Brüssel, Hongkong, Peking und Schanghai sowie über 70 internationale Büros innerhalb des CMS-Netzwerks

Tätigkeitsschwerpunkte: CMS in Deutschland berät mittelständische Unternehmen ebenso wie Großunternehmen in allen Fragen des nationalen und internationalen Wirtschaftsrechts – von Arbeitsrecht über Banking & Finance, Corporate/M&A, Dispute Resolution, Gewerblichen Rechtsschutz bis hin zu Kartellrecht, Real Estate & Public, Steuerrecht, TMC – Technology, Media & Communications und vieles mehr.

Berufsträger:innen in Deutschland: ca. 700
davon mit LL.M.: ca. 134
davon mit Promotion: ca. 370

Berufsträger:innen weltweit: > 5.000

Geplante Neueinstellungen 2023: 90–100

Die Rechtswelt stellt sich einem tiefgreifenden Wandel – sie wird immer komplexer, umfassender, muss schneller reagieren. Wir glauben: Wer diese Welt gestalten will, muss etwas wagen. Um neue Lösungen zu entwickeln für unerwartete Fragestellungen. Um weiter zu gehen als jemals zuvor. Die neuen Herausforderungen verlangen mutige, unabhängig denkende Persönlichkeiten, die in der Gemeinschaft so vielfältig sind wie die Problemstellungen unserer Mandant:innen. Während sich die Welt neu erfindet, bringen wir uns ein. Wir formen sie mit – gemeinsam mit Ihnen.

CMS
law·tax·future

Lennéstraße 7
10785 Berlin
career.cms-hs.com

Olga Guskow
Senior Manager HR
+49 30 20360-1225
karriere@cms-hs.com

Was zeichnet Ihre Unternehmenskultur aus? Bei CMS in Deutschland profitieren Sie von Anfang an vom direkten Kontakt zu Mandant:innen und vom Mentoring erfahrener Anwält:innen. Ob im Referendariat, im Praktikum oder nach dem Berufseinstieg: Sie werden von Beginn an umfassend in die anwaltliche Tätigkeit einbezogen. Dabei stehen Ihnen alle unsere Geschäftsbereiche offen. Uns ist wichtig, dass Sie in unserer starken Gemeinschaft Ihre individuellen Stärken einbringen können. Unsere Unternehmenskultur zeichnet sich dadurch aus, dass wir im Team gemeinsam Spitzenleistungen für unsere spannenden Mandate erbringen wollen.

Welche Meinung vertritt Ihre Kanzlei zum LL.M.? Gerade durch einen im Ausland erworbenen Master-Titel können Anwält:innen ihre Fremdsprachenkenntnisse und Einsichten in andere Rechtssysteme unter Beweis stellen. Viele unserer Teams arbeiten mit Unternehmen aus dem Ausland zusammen, sodass diese Erfahrungen wertvoll sein können. Insbesondere gute Englischkenntnisse sind in diesem Zusammenhang gefragt. Somit ist ein im Ausland erworbener LL.M. eine willkommene Zusatzqualifikation, aber keine zwingende Voraussetzung, um bei CMS einzusteigen.

Welche Möglichkeiten zur Weiterqualifizierung bieten Sie? Für unsere Anwält:innen bieten wir vielfältige Möglichkeiten zur Weiterbildung an. In der CMS Academy durchlaufen Sie verschiedene Stationen, die inhaltlich aufeinander aufbauen. Innerhalb dieser Formate werden Sie gezielt in den relevantesten Lernbereichen gefördert. Dazu gehören neben der Weiterbildung in den Geschäfts- und Tätigkeitsbereichen auch geschäftsbereichsübergreifendes Fachwissen, betriebswirtschaftliche und organisatorische Kompetenzen sowie die Entwicklung Ihrer Persönlichkeit. Dabei helfen neben den Akademie-Angeboten auch persönliche Mentor:innen: Sie sind Karriere-Coachs und für den fortlaufenden Know-how-Transfer zwischen Ihnen und den erfahrenen Partner:innen zuständig. Wir wissen, dass die Digitalisierung moderne Lernwelten verändert – deshalb werden unsere Präsenztrainings zunehmend durch E-Learning-Angebote ergänzt.

Welche internationalen Einsatzmöglichkeiten bieten Sie? CMS ist eine internationale Wirtschaftskanzlei, dementsprechend werden Sie in Ihrer täglichen Arbeit auch mit Mandat:innen oder Kolleg:innen aus ausländischen Büros Kontakt haben. Längerfristig können Sie als Counsel, also nach etwa fünf Jahren Zugehörigkeit zu CMS, im Rahmen eines Secondments mehrere Monate im Ausland arbeiten. Dies ist in einem Büro von CMS oder bei Mandant:innen möglich.

Kann man bei Ihnen auch schon während des Studiums Erfahrungen sammeln? Wir legen Wert darauf, dass Sie auch schon während Ihres Studiums die Möglichkeit haben, CMS kennenzulernen. Sie können an unseren Standorten ein Praktikum absolvieren, um unsere Sozietät und damit auch die Arbeit als Anwältin oder Anwalt kennenzulernen. Meist ist es auch möglich, im Rahmen einer wissenschaftlichen Mitarbeit in unseren Teams Erfahrung zu sammeln. Dabei stehen Ihnen alle Geschäftsbereiche offen. Zusätzlich können Sie CMS durch die angebotenen Workshops, Vorträge und auf Messen kennenlernen, um unverbindlich mit uns ins Gespräch zu kommen.

LL.M. am King's College in London im Rahmen der European Law School

Vera Flamme
LL.M. (King's College)
Jahrgang 1989
Senior Associate

Schnell nach Beginn meines Jurastudiums an der Humboldt Universität zu Berlin hat das Studienprogramm „European Law School" (ELS) meine Begeisterung geweckt. Die ELS bietet die einzigartige Möglichkeit, im Rahmen des sonst stark auf das deutsche Recht ausgerichteten Jurastudiums auch Kenntnisse ausländischer Rechtsordnungen zu erwerben, zwei Jahre an europäischen Partneruniversitäten zu studieren und dort jeweils auch einen Abschluss zu erwerben. Schon beim Studium in Berlin liegt ein Schwerpunkt auf dem Europarecht. Teil des Programms sind sodann zwei Auslandsstudienjahre, in denen jeweils ein Masterstudium an zwei der inzwischen sieben Partneruniversitäten absolviert wird. So führte mich mein Weg nach dem Studium in Berlin und Paris an das King's College in London. Dieses Jahr war das beste und spannendste Jahr meines gesamten Jurastudiums. Die Tatsache, dass ich ELS-Studentin war, erwies sich auch deshalb als großer Vorteil, weil ich mich nicht am King's College bewerben musste, sondern der LL.M.-Studienplatz mit der Aufnahme in die ELS bereits gesichert war. Aus Erzählungen meiner LL.M.-Kolleg:innen weiß ich, dass der Bewerbungsaufwand nicht unterschätzt werden sollte (zahlreiche Unterlagen, Empfehlungsschreiben, TOEFL-Test etc.).

Die Uni

Das LL.M.-Studium besteht aus zwei Semestern und beginnt mit der Wahl der Fächer. Am King's College gibt es eine riesige Auswahl an Vorlesungen und Tutorials. In den ersten Wochen kann man alle angebotenen Kurse in der Uni besuchen und sich so einen Überblick über das Angebot verschaffen. Teilweise sind die Vorlesungen sehr klein und fast schon privat, andere sind mit Juravorlesungen in Deutschland vergleichbar. Ich habe mich für einen LL.M. mit der Spezialisierung „Intellectual Property" entschieden. Das Unileben war – bei der Auswahl meiner Kurse – geprägt von eigenverantwortlichem Arbeiten (was mir sehr entgegenkam). Für jedes Fach wurden wöchentlich „reading lists" ausgehändigt, mit denen der Stoff für die nächsten Wochen vorbereitet wurde. Von den rechtsvergleichenden Kursen profitiere ich auch heute noch bei meiner Arbeit als Rechtsanwältin.

Die Stadt

Neben der vielseitigen fachlichen Auswahl am King's College bietet auch die Stadt London unzählige Möglichkeiten. Das kulturelle Angebot ist beeindruckend, viele Museen sind kostenlos und für Musical, Theater oder Oper gibt es oft Vergünstigungen für Student:innen. Auch an der Uni gibt es zahlreiche Clubs und Societies, in denen man eine bunte Mischung von Student:innen aus aller Welt trifft. Die Wohnungssuche in London ist zugegebenermaßen eine Herausforderung. Ich habe im Studentenwohnheim „Wolfson House" des King's College gewohnt und mich dort sehr wohl gefühlt (sehr gute Lage und nette Mitbewohner:innen).

Fazit

Für mich war das LL.M.-Studium sowohl fachlich als auch persönlich sehr bereichernd. Ich habe das Recht aus einer neuen Perspektive kennenlernt, Freunde gefunden und wertvolle Erfahrungen für meine berufliche Laufbahn gesammelt, die mir heute insbesondere bei internationalen Transaktionen helfen.

CMS Deutschland

CMS
law·tax·future
Wachstum braucht Unternehmergeist. Wir suchen Menschen, die über sich hinausgehen.
Wir bieten Ihnen eine Vielzahl spannender Möglichkeiten und attraktive Karriereperspektiven.
Lassen Sie uns Ihre Berufung finden und gemeinsam erfolgreich sein. Werden Sie ein Teil von CMS.
career.cms-hs.com

DLA Piper

Standorte in Deutschland: Frankfurt am Main, Hamburg, Köln, München

Standorte weltweit: über 90 Standorte in mehr als 40 Ländern in Europa, Afrika, Asien, Australien, dem Nahen Osten sowie Nord- und Südamerika

Tätigkeitsschwerpunkte: Arbeitsrecht, Bank- und Finanzierungsrecht, Betriebliche Altersversorgung, Compliance, Gesellschaftsrecht/M&A, Gewerblicher Rechtsschutz, Handels- und Vertriebsrecht, Immobilienwirtschaftsrecht, Informationstechnologie und Telekommunikation, Insolvenzrecht und Restrukturierung, Kartellrecht, Medien- und Urheberrecht, Öffentliches Wirtschafts- und EU-Recht, Outsourcing und IT-Projekte, PPP/Privatisierung, Private Equity und Venture Capital, Prozessführung und Schiedsverfahren, Regulatory und Government Affairs, Steuerrecht, Vergaberecht, Versicherungs- und Rückversicherungsrecht, Wirtschaftsstrafrecht

Mitarbeitetende in Deutschland: >250
davon mit LL.M.: 68
davon mit Promotion: 94

Mitarbeitende weltweit: >5.000

Bei DLA Piper verstehen wir Erfolg als das Ergebnis echter Zusammenarbeit von charismatischen Menschen mit den höchsten Ansprüchen an ihr Arbeitsumfeld und an sich selbst. Sei ein bedeutender Teil unseres starken globalen Netzwerks, das von gegenseitiger Wertschätzung und dem Mut lebt, gemeinsam neue Horizonte zu überschreiten.

Neue Mainzer Straße 6–10
60311 Frankfurt am Main
www.dlapipercareers.de

Leonie Hoffmann
Manager Recruitment Germany
+49 221 277277-177
recruiting.germany@dlapiper.com

Was bieten Sie Referendar:innen und wissenschaftlichen Mitarbeiter:innen? Wir bieten unseren Trainees eine Tätigkeit in verschiedenen Teilzeitmodellen. Sie sammeln wertvolle Erfahrung in einer internationalen Kanzlei, erleben das professionelle Arbeiten im Team und erhalten eine intensive Ausbildung für ihren Berufseinstieg. Darüber hinaus haben wir mit „Define Your Future" ein umfangreiches Weiterbildungsprogramm aufgelegt, das speziell auf die Bedürfnisse von Nachwuchsjuristinnen und -juristen zugeschnitten ist und neben examensvorbereitenden Kursen wie Klausuren- und Aktenvortragstrainings auch Englischkurse, IT-Fortbildungen und viele weitere Seminare umfasst. Referendarinnen und Referendaren, die uns bereits praktisch durch herausragende Leistungen überzeugen konnten, bieten wir die Möglichkeit, die Wahlstation in einem unserer über 90 Auslandsbüros zu verbringen. Auch eine Referendariatsstation in unserem Pro-Bono-Dezernat, mit Ausbildung in unserem Pro-Bono-Team in Brüssel oder Paris, ist möglich. Weil bei DLA Piper das Miteinander ebenso wichtig ist wie die juristisch exzellente Arbeit, laden wir unsere Referendarinnen, Referendare und WiMis regelmäßig zu Office Breakfasts, Lunches und Trainee-Stammtischen ein, bei denen man sich in lockerer Atmosphäre vernetzen kann – von ArtNights bis zu Biergarten-Besuchen ist alles dabei.

Ist der LL.M. Einstellungsvoraussetzung bzw. hat man mit ihm große Vorteile? Der LL.M. stellt bei uns keine Voraussetzung für einen Einstieg als Associate dar. Allerdings sehen wir ihn als eine wertvolle Zusatzqualifikation an und honorieren ihn – wie auch eine Promotion – mit einem höheren Einstiegsgehalt. Neben dem fachlich erlangten Wissen schätzen wir als internationale Großkanzlei vor allem die durch einen LL.M. gewonnenen sprachlichen Kenntnisse. Daher sind vor allem Abschlüsse aus dem englischsprachigen Ausland von Vorteil.

Gibt es Freistellungs- und Finanzierungsmöglichkeiten für einen LL.M.? Aufgrund unserer fexiblen Teilzeitmodelle steht dem Erlangen eines LL.M. auch neben einer anwaltlichen Tätigkeit nichts entgegen. Da uns die Entwicklung unserer Mitarbeiterinnen und Mitarbeiter sehr am Herzen liegt, unterstützen wir den Erwerb eines ausländischen LL.M. – und übrigens auch eines Fachanwaltstitels – mit einer Freistellung und einer Kostenbeteiligung.

Wie sind Beruf und Familie bei DLA Piper vereinbar? Deine persönliche Lebensplanung bestimmt deinen Karriereweg. Wir unterstützen dich darin, eine ausgewogene Kombination von Arbeits- und Privatleben zu finden. Kinder oder Karriere? Warum nicht beides? Wir bieten flexible Arbeitszeiten, Mobile Working und die Möglichkeit der Beschäftigung in Teilzeit auf allen Ebenen. Deine Karrierechancen werden dadurch nicht beeinträchtigt. Mit unseren Kooperationspartnern voiio und Notfallmamas sowie Kita-Plätzen an allen Standorten bieten wir zusätzlich Unterstützung rund um das Thema Familienbetreuung.

Wie verhält es sich mit den kanzleiinternen Aufstiegsmöglichkeiten? In deiner Praxisgruppe wirst du von Beginn an gefördert und auf deinem Weg zum Senior Associate, Counsel oder Partner begleitet. Mit maßgeschneiderten Angeboten aus dem Bereich Coaching, Mentoring und Learning unterstützen wir dich dabei, deine Stärken zu erweitern und deinen individuellen Weg zum Erfolg zu gehen. Die Position des Counsel bildet bei DLA Piper sowohl eine Alternative als auch die Vorstufe zur Partnerschaft.

Markus Kotowski

LL.M. (La Trobe)

Jahrgang 1987

Senior Associate Real Estate in München

LL.M. Global Business Law in Melbourne

Ein LL.M. neben dem Job als Rechtsanwalt in der Großkanzlei? Am anderen Ende der Welt? Zugegeben, es erfordert Planung, Ehrgeiz und einen mutigen Arbeitgeber, der offen für ungewöhnliche Ideen ist. Aber lohnt es sich auch? Auf jeden Fall.

Die Qual der Wahl – wie ich nach Melbourne kam

Da ich bereits während des Studiums in Australien studiert hatte, war für mich klar, auch den LL.M. dort zu absolvieren. Melbourne ist ein Schmelztiegel von fünf Millionen Menschen unterschiedlichster Herkunft, das kulturelle Zentrum Australiens, Heimat einer offenen und herzlichen Mentalität und perfekter Ausgangspunkt für Ausflüge in atemberaubende Natur – wer könnte da Nein sagen? Nach zwei Jahren bei DLA Piper in München wechselte ich in das Büro nach Melbourne und gleichzeitig noch einmal in die Rolle als (Teilzeit-)Student. Für die La Trobe University sprachen mehrere Gründe: ein interessantes Business-Law-orientiertes Programm, eine große Auswahl an Blockkursen und daher Zeit, nebenher zu arbeiten und/oder zu reisen, die Möglichkeit, das Programm durch flexible Anerkennung früherer Studienleistungen deutlich zu verkürzen, ein moderner City-Campus im Central Business District und schließlich ein Exzellenzstipendium für Student:innen mit (deutschen) Prädikatsexamen.

Coursework oder Thesis?

Einen LL.M. by Coursework würde ich immer einem LL.M. by Thesis, bei dem man letztlich eine „kleine" Doktorarbeit schreibt, vorziehen. Bei Coursework war der ständige Austausch mit den australischen Kommiliton:innen und Professor:innen der entscheidende Faktor, welcher mich weitergebracht und mir am meisten Spaß gemacht hat. An der La Trobe University habe ich Intensivkurse belegt, die in der Regel jeweils aus mehrwöchigem Blockunterricht, einer 30–50-seitigen Abschlussarbeit und zusätzlich kleineren Präsentationen, Case Studies oder Mock Trials bestanden. Oft handelte es sich dabei um Kurse, die im Rahmen des J.D. Programms (Juris Doctor) für einheimische Student:innen angeboten wurden. Entsprechend hoch war das Sprachniveau.

Mehr Praxis, weniger Theorie – denke wie dein:e Mandant:in

Als deutsche:r Jurist:in ist man fachlich gut ausgebildet. Was dagegen oft fehlt, ist der Praxisbezug. In Melbourne habe ich über Legal Disruption, Legal Tech und Pricing in Großkanzleien diskutiert und geschrieben. Auch eher klassische Kurse umfassten praxisnahe Aufgaben, etwa Legal Drafting von Klageschriften oder Opinions. In einer globalen Kanzlei wie DLA Piper zu arbeiten, heißt täglich mit internationalen Mandant:innen und Kolleg:innen zu interagieren. Das macht umso mehr Spaß, wenn man sich sicher im Englischen fühlt und ein gewisses Gespür für unterschiedliche kulturelle und juristische Hintergründe (z.B. im Case Law) und Denkweisen mitbringt. Auf dem Weg dorthin hilft ein ausländischer LL.M. enorm.

Fazit

Wer im Staatsdienst oder bei einer nationalen Kanzlei arbeiten möchte, sollte genau abwägen, ob die doch sehr hohen Kosten eines Masters im Ausland lohnenswert sind. Wer sich aber – wie ich – in einem internationalen Umfeld wohlfühlt, wird die gesammelten Erkenntnisse, Erfahrungen und Kontakte nicht missen wollen und von der Zeit im Ausland noch lange zehren.

DLA Piper

Gibson, Dunn & Crutcher LLP

Standorte in Deutschland:
Frankfurt am Main und München

Standorte weltweit: Brüssel, Century City, Dallas, Denver, Dubai, Hongkong, Houston, London, Los Angeles, New York, Orange County, Palo Alto, Paris, Peking, San Francisco, São Paulo, Singapur, Washington D.C.

Tätigkeitsschwerpunkte: Antitrust, Banking & Finance, Compliance/White Collar, Corporate/M&A/Private Equity, Data Protection, Insolvency & Restructuring, Labor & Employment, Litigation & Arbitration, Tax, Technolgy & IP

Mitarbeitende in Deutschland: ca. 50–60
davon mit LL.M.: 12
davon mit Promotion: 27

Mitarbeitende weltweit: > 1.600

Geplante Neueinstellungen 2023: 7–10

Gegründet 1890 in Los Angeles, gehört Gibson Dunn zu den führenden internationalen Anwaltskanzleien. Mit über 1.600 Anwält:innen sind wir an 20 Standorten in neun Ländern vertreten. An unseren beiden deutschen Standorten Frankfurt und München konzentrieren wir uns auf die Beratung bei nationalen und grenzüberschreitenden Mandaten im Bereich Corporate/M&A/Private Equity, Bank- und Finanzrecht einschließlich Restructuring, Compliance & White Collar Investigations, Prozessführung & Schiedsgerichtsbarkeit, Datenschutz, Technology & IP sowie Kartellrecht.

GIBSON DUNN

Taunustor 1, 60310 Frankfurt am Main
Marstallstraße 11, 80539 München
www.gibsondunn.com

Dr. Wilhelm Reinhardt, Frankfurt am Main
Dr. Markus Nauheim, LL.M. (Duke), München
bewerbungen@gibsondunn.com

Was unterscheidet Sie von anderen Kanzleien? Unsere Kanzleikultur sollte an dieser Stelle hervorgehoben werden. Die Arbeit bei uns ist geprägt von einer sehr angenehmen Atmosphäre und großer Kollegialität. Es herrscht ein starker Teamgeist und eine enge Verbundenheit der Mitarbeitenden untereinander. Dies zeigt sich auch in den gemeinsamen Veranstaltungen, die über das Jahr verteilt stattfinden – angefangen vom Ski-Ausflug bis zum gemeinsamen Sundowner auf der Dachterasse. Hier spielt sicherlich auch eine Rolle, dass wir mit unserer Größe noch eine überschaubare Einheit darstellen, in der sich die Anwält:innen untereinander alle kennen, was auch standortübergreifend gilt. Gleichwohl sind wir als deutscher Standort eingebettet in das internationale Netzwerk der Kanzlei und arbeiten in zahlreichen Mandaten mit grenzüberschreitendem Bezug eng mit den anderen Büros im Ausland zusammen.

Wie steht die Kanzlei zum LL.M.? Ein LL.M. ist bei uns sehr gern gesehen, auch wenn ein LL.M. keine Einstellungsvoraussetzung darstellt. Eine solche Zusatzqualifikation ist aus unserer Sicht ein Nachweis, dass Bewerber:innen über gute Englischkenntnisse verfügen und dazu bereit sind, selbst gesetzte Ziele geradlinig zu verfolgen und sich aus dem gewohnten Umfeld herauszuwagen. Das Land, die Universität sowie eine besondere Fachrichtung des LL.M.-Studiums sind dabei für uns nicht das entscheidende Kriterium.

Wann ist der richtige Zeitpunkt für einen LL.M.? Ob der LL.M. vor dem Referendariat oder nach dem Referendariat absolviert wird, spielt aus unserer Sicht keine Rolle. Das ist letztlich eine Frage der persönlichen Lebensplanung und individuellen Motivationslage, die jede und jeder für sich entscheiden muss. Wir sind auch dafür offen, dass ein LL.M. erst nach dem Berufseinstieg bei uns erworben und dafür die berufliche Tätigkeit nach einer gewissen Zeit unterbrochen wird.

Wie sieht der Arbeitsalltag von Praktikant:innen, wissenschaftlichen Mitarbeiter:innen und Referendar:innen bei Ihnen aus? Praktikant:innen, wissenschaftliche Mitarbeiter:innen oder Referendar:innen werden bei uns von Beginn an in die Projektarbeit eingebunden und arbeiten regelmäßig eng mit verschiedenen Anwält:innen und Praxisgruppen zusammen. Ihre Tätigkeit leistet hierbei einen wichtigen Beitrag im Gesamtgefüge der Kanzlei und erstreckt sich typischerweise über eine breite Palette von Rechtsgebieten und Aufgabenstellungen, die sich am Ausbildungsgrad und an den Interessenschwerpunkten der Mitarbeitenden orientieren. Wirtschaftsrechtliche Vorkenntnisse werden nicht erwartet, sind aber natürlich hilfreich.

Welche Tipps geben Sie Studierenden/Referendar:innen auf den Weg? Wir raten allen angehenden Jurist:innen, im Rahmen ihrer Ausbildung die verschiedenen Berufsfelder der Juristerei vor dem Berufsstart einmal kennenzulernen und sich dabei auch frühzeitig, z. B. im Rahmen eines Praktikums, die Arbeit in einer internationalen Wirtschaftskanzlei anzusehen. Gerade hieraus können sich wertvolle Kontakte ergeben, die für Berufsanfänger:innen von großem Nutzen sein können. Daneben sind wir der Ansicht, dass ein Auslandsaufenthalt während des grundständigen Studiums (z. B. über Erasmus) und/oder danach im Rahmen eines LL.M.-Studiums eine sehr gute Gelegenheit bietet, die eigene Persönlichkeit weiterzuentwickeln und Sprachkenntnisse zu vertiefen – beides Faktoren, die später im Berufsleben große Bedeutung haben.

Sophie Schürmann

LL.M. (King's College London)

Associate, München

LL.M.-Studium in UK: London Calling

Zum großen Finale der Studienzeit ging es für mich zum LL.M. Studium an das Londoner King's College. Diese Universität ist eine der ältesten und traditionsreichsten Hochschulen im Vereinigten Königreich und direkt an der Themse im „legal London" gelegen. Ausflüge zum High Court sind also selbst in der Mittagspause möglich, wenn man einmal ein Kreuzverhör oder Richter:innen mit weißer Perücke in Aktion sehen möchte. In meinem LL.M.-Jahr hat das King's seinem royalen Namen sogar alle Ehre gemacht und an mich und einige weitere Student:innen Karten für die Order of the Garter Parade im Windsor Castle verschenkt, wo wir die Feierlichkeiten im Schloss und die Royal Family samt der Queen live erleben konnten. London ist nicht nur Europas Finanzzentrum, sondern auch eine echte Großstadt, mit deren Tempo und Dimensionen man erst einmal lernen muss, Schritt zu halten. Dennoch fühlt man sich durch die internationale Atmosphäre und die vielen Student:innen in der Stadt nicht verloren und braucht nach spannendem Freizeitprogramm nie allzu lange Ausschau zu halten. Das Wetter ist übrigens absolut nicht so schlecht wie sein Ruf! Ebenso beeindruckend ist die Londoner City, in der die zahlreichen Hochhäuser mit liebevollen Eigennamen bedacht sind. Hier bilden sich zum späten Nachmittag hin Trauben von Geschäftsleuten und Bankern vor den örtlichen Pubs. London hat kulturell wie akademisch so viel zu bieten, dass die Stadt sicherlich für jede:n ein passendes, spannendes LL.M.-Jahr bereithält. Für meine persönliche wie professionelle Entwicklung war der LL.M. eine großartige Erfahrung, die ich uneingeschränkt weiterempfehle. Gerade, wenn man in einem internationalen Kontext arbeiten möchte, sind fachspezifische Englischkenntnisse und ein Grundverständnis des Common-Law-Rechtssystems von unschätzbarem Wert.

Alexander Horn

LL.M. (Duke)

Associate, München

... oder in den USA: Mit Barack Obama im Stadion

Alle kennen Duke in den USA. Alle. Das liegt nicht zuletzt an Dukes herausragendem College-Basketball-Team, sodass – wie während meines LL.M. – auch mal Barack Obama ins Stadion kommt. Auch die Law School gehört zur nationalen Spitze. Wer bei dem Gedanken an einen LL.M. (wie ich zunächst auch) nur an New York, Chicago oder die Bay Area denkt, der sollte überlegen, ob ein LL.M. an der Duke University nicht das bessere „Gesamtpaket" bietet.

In Duke profitiert man von einem kleinen LL.M.-Programm (ca. 100 Studierende), das darauf achtet, die LL.M.-Studierenden gut in den Law-School-Alltag mit ihren US-amerikanischen Kommiliton:innen zu integrieren und auch keine nationale Gruppenbildung aufkommen zu lassen. In meinem Jahrgang war neben mir nur noch eine weitere Studentin aus Deutschland. Wer Lust hat, in dieser eingeschworenen Community eng mit den US-Studierenden zu lernen, ein Wochenende auf dem Campus wie bei einem Festival zu campen, um an die heiß begehrten Saison-Karten für die Basketball-Heimspiele zu kommen, und mit den Freund:innen durch traumhafte Pinienwälder in ein Haus am Strand zu fahren oder selbst die unzähligen Sportanlagen auf dem Campus zu nutzen, der wird in Duke wunschlos glücklich. Ich hätte mir zu Beginn meines Bewerbungsprozesses niemals träumen lassen, meinen LL.M. in einer mir damals unbekannten Kleinstadt wie Durham, North Carolina, zu absolvieren. Es war eine der besten Entscheidungen meines Lebens.

Gibson, Dunn & Crutcher LLP

Kirkland & Ellis International LLP

Standorte in Deutschland: München

Standorte weltweit: Austin, Bay Area (San Francisco, Palo Alto), Boston, Brüssel, Chicago, Dallas, Hongkong, Houston, London, Los Angeles, New York, Paris, Peking, Salt Lake City, Schanghai, Washington D.C.

Spezialisierungen: Private Equity/M&A, Corporate/Capital Markets, Restructuring, Debt Finance, Tax

Berufsträger:innen in Deutschland: > 40
davon mit LL.M.: 13
davon mit Promotion: 26

Berufsträger:innen weltweit: > 3.000

Geplante Neueinstellungen 2023: 8–10

Bei Kirkland & Ellis erwarten dich komplexe Projekte für große internationale Mandant:innen. Im Rahmen der häufig grenzübergreifenden Transaktionen arbeitest du eng im Team mit Kolleg:innen aus Großbritannien, den USA und Asien.

Als Mitglied des Legal-Staff-Teams bildest du das zweite Standbein unserer juristischen Arbeit. Du gewinnst weitreichende Einblicke in die Kanzleipraxis und sammelst wertvolle Erfahrungen für deine berufliche Karriere.

KIRKLAND & ELLIS

Maximilianstraße 11
80539 München
karriere.kirkland.com

Katharina Commes
Legal Recruiting & Development Manager
+49 89 2030-6079
katharina.commes@kirkland.com

Wer wir sind: Kirkland & Ellis umfasst 18 Standorte und mehr als 3.000 Anwält:innen weltweit. Über 40 davon arbeiten in München – verteilt auf fünf hochspezialisierte Praxisgruppen. Gemeinsam gehören wir zu den Besten in den Bereichen Private Equity/M&A, Corporate/Capital Markets, Restructuring, Debt Finance und Tax. Um in Zukunft noch besser zu werden, brauchen wir dich!

Wie du bei uns arbeitest: Bei uns in München erwarten dich flache Hierarchien und eine Kultur des Miteinanders. Du bist Teil eines kleinen, dynamischen Teams, mit dem du eng zusammenarbeitest. Ihr helft euch gegenseitig, lernt voneinander und erreicht gemeinsam eure Ziele. Dabei wird es dir nie langweilig. Denn deine Mandate sind spannend und abwechslungsreich, in der Regel fachübergreifend – und fast immer international. In enger Zusammenarbeit mit deinen Kolleg:innen gibst du dein Bestes und feierst Erfolge gemeinsam im Team. Zum Beispiel beim entspannten Get-Together am Freitagabend in der Kanzlei.

Wie wir dich unterstützen: Bei Kirkland wächst du fachlich und persönlich. Du übernimmst früh Verantwortung und hast Kontakt zu unseren Mandant:innen. Manches wird für dich neu sein. Doch unsere offene Förder- und Feedback-Kultur garantiert dir als Berufseinsteiger:in eine steile Lernkurve. Persönliche Mentor:innen stehen dir bei Fragen mit Rat und Tat zu Seite. Du besitzt ein stark ausgeprägtes unternehmerisches Denken und hast Lust, Verantwortung zu übernehmen? Dann bist du bei uns genau richtig!

Deine internationale Praxiserfahrung: Auch wenn es in München am schönsten ist, nichts geht über Auslandserfahrungen: Du hast deine Anwaltsstation bei Kirkland & Ellis mit top Leistungen absolviert? Und möchtest deine Karriere als Anwalt/Anwältin gemeinsam mit uns gestalten? Dann besteht bei uns grundsätzlich die Möglichkeit einer anschließenden Wahlstation – auch im Ausland. Hier wirst du intensiv in die Praxisgruppen eingebunden und kannst an lokalen Trainingsprogrammen teilnehmen – eine steile Lernkurve und optimale Entwicklungsmöglichkeiten sind dir sicher!

Welche Rolle spielt der LL.M. für uns? Du hast einen LL.M.? Großartig! Du hast ihn im angloamerikanischen Raum erworben? Noch besser! Ein LL.M. ist bei Kirkland zwar nicht zwingend erforderlich, zeigt uns aber, dass du einen Blick über den Tellerrand hinaus gewagt hast. Als internationale Großkanzlei ist insbesondere ein LL.M aus dem angloamerikanischen Raum ein perfektes Sprungbrett in dein Berufsleben – nicht zuletzt wegen der damit verbundenen Englischkenntnisse.

Bist du bereit? Wir sind es! Du möchtest mit Kirkland durchstarten. Willst du Verantwortung übernehmen und deine Talente als Teamplayer:in voll einbringen. Mit deinem wirtschaftlichen Verständnis überzeugst du Kolleg:innen und Mandant:innen gleichermaßen. Wenn du zudem über sehr gute Englischkenntnisse und zwei exzellente Examen verfügst, müssen wir unbedingt über dich reden!

Florian Schütte
LL.M. (NYU)
Rechtsanwalt

LL.M. in der Stadt, die nie schläft

Kaum ein Ort dieser Welt steht so repräsentativ für das internationale Wirtschaftsleben wie New York. Im Zentrum dieser atemberaubenden Stadt liegt - im schönen Greenwich Village zwischen der Wall Street und den Anwaltskanzleien in Midtown - die New York University und ihre School of Law.

Zum Spezialisten statt zum Generalisten

Neben ihrer unschlagbaren Lage bietet die NYU nicht nur einen allgemeinen LL.M., sondern auch verschiedene kleine und spezialisierte Programme an. Zu diesen zählt auch der LL.M. in International Taxation. Er ist nicht nur Teil des besten Steuerrechtsprogramms der USA, in dem u. a. die Tax Policy Berater von Obama und Biden unterrichten, sondern er wird auch von Prof. Rosenbloom geleitet, einem der weltweit renommiertesten Experten im internationalen Steuerrecht. Nachdem ich bereits verschiedene Stationen im Steuerrecht absolviert hatte, stand für mich früh fest, dass ich unbedingt in dieses LL.M. Programm wollte - und es war eine fantastische Erfahrung.

Breites Themenangebot

Im Gegensatz zur deutschen Juristenausbildung bietet ein spezialisierter LL.M. die herausragende Möglichkeit, genau bzw. allein die persönlichen Wunschkurse zu belegen. Zum einen konnte ich mich so verschiedensten Steuerrechtsthemen widmen und viele praxisbezogene Kenntnisse erwerben. Zum anderen habe ich „über den Tellerrand" schauen können und auch Kurse in den Bereichen Restructuring, Verhandlungsführung, Mediation und eine simulierte M&A Transaktion besucht. Dabei führt die zentrale Lage der NYU dazu, dass Guest Speaker und Lecturer aus den großen Kanzleien und Finance Unternehmen nicht nur bei den - täglich stattfindenden - Events, sondern auch in den Kursen zu Gast sind. Beispielsweise berichtete der Founder eines milliardenschweren Debt Investment Fonds im Restructuring Kurs aus seinem Tagesgeschäft. Besonders zu empfehlen sind zudem Kurse mit Case Studies bzw. Simulationen, da sie einen besonders tiefen Einblick in die Rechtsanwendung in den USA erlauben. Zwei Highlights waren dabei die Abschlussverhandlung des M&A Kurses im Kirkland & Ellis Büro in New York (wobei der Blick auf den Central Park bei der intensiven Verhandlung beinahe in den Hintergrund geriet) und die studentische Co-Mediation von Fällen am Small Claims Court in der Bronx.

Ein unvergleichliches Netzwerk

Nicht zu unterschätzen ist auch, dass man während eines LL.M. nicht nur seine Kurse, sondern auch die Freizeit mit Kommiliton:innen aus der ganzen Welt und den amerikanischen J.D. Studierenden verbringt. Auf diese Weise baut man während und vor allem nach den Lehrveranstaltungen ein weltweites Netzwerk aus motivierten Jurist:innen auf und erlangt ganz nebenbei die für die Arbeit in einer internationalen Kanzlei essentiellen Englischkenntnisse.

Fazit

Es gibt sicher noch viele andere renommierte Universitäten und spannende Städte für einen LL.M., aber nachdem ich die unschlagbare Kombination aus erstklassiger Lehre und der Lage mitten in Manhattan für ein Jahr erlebt habe, würde ich mich immer wieder für die NYU entscheiden.

Kirkland & Ellis
International LLP

KIRKLAND & ELLIS
DEINE KARRIERE
DEINE CHANCE
#IFYOUKNOWYOUKNOW

Great change is here.

Linklaters

Bist Du bereit?

Linklaters LLP

Standorte in Deutschland: Berlin, Düsseldorf, Frankfurt am Main, Hamburg, München

Standorte weltweit: Abu Dhabi, Amsterdam, Antwerpen, Bangkok, Brüssel, Dubai, Dublin, Hongkong, Lissabon, London, Luxemburg, Madrid, Mailand, New York, Paris, Peking, Rom, São Paulo, Schanghai, Seoul, Singapur, Stockholm, Tokio, Warschau, Washington D.C.

Spezialisierungen: Arbeitsrecht, Aufsichtsrecht, Banking, Dispute Resolution, Energiewirtschaftsrecht, Gesellschaftsrecht/M&A, Gewerblicher Rechtsschutz, Immobilienwirtschaftsrecht, Investmentfonds, Kapitalmarktrecht, Kartellrecht & Investitionskontrolle, Öffentliches Wirtschaftsrecht, Restrukturierung & Insolvenz, Steuerrecht, Technologie, Medien & Telekommunikation

Berufsträger:innen in Deutschland: >300

Berufsträger:innen weltweit: ca. 2.900

Neueinstellungen pro Jahr: ca. 60

Weltweit sind wir mit mehr als 2.900 Rechtsanwält:innen in 30 Büros tätig – und damit immer genau dort vor Ort, wo unsere Mandanten uns brauchen. Die enge Zusammenarbeit mit Kolleg:innen aus anderen Ländern und viele internationale Fortbildungskurse und Auslandseinsätze unserer Associates fördern unsere globale Ausrichtung. So entsteht ein Umfeld, das von gegenseitiger Unterstützung und Teamarbeit geprägt ist, in einer motivierenden, entspannten Atmosphäre, in der Herausforderungen und Ziele geteilt werden.

Linklaters

Taunusanlage 8
60329 Frankfurt am Main
linklaters.de
career.linklaters.de

Recruitment Germany
+49 69 71003-495
recruitment.germany@linklaters.com

Was unterscheidet Sie von anderen Kanzleien? Linklaters berät in fachbereichs-, grenz- und sektorübergreifenden Teams und bietet daher einen vollständig integrierten Beratungsansatz. Mandanten stellen wir unsere Expertise und unsere Ressourcen in Industrie- und Schwellenländern auf der ganzen Welt zur Verfügung und helfen ihnen dabei, Chancen zu nutzen und Risiken zu managen. Unser globaler Ansatz und unser Einsatz für Exzellenz gewährleisten ein Höchstmaß an Qualität und Service in allen unseren Geschäftsbeziehungen. Wir bieten unseren Mandanten Engagement, Teamwork und Flexibilität, damit sie ihre komplexen geschäftlichen Herausforderungen gemeinsam mit uns erfolgreich gestalten können.

Warum sollten Studierende/Absolvent:innen gerade bei Ihnen einsteigen? Ob Sie noch während Ihrer Ausbildungszeit oder als Berufseinsteiger:in bei uns anfangen - gleichermaßen erleben Sie eine intensive Zeit, in der Sie gefordert und gefördert werden. Neben der frühen Übernahme von Verantwortung und der Chance zum selbstständigen Arbeiten ermöglicht Ihnen vor allem das Arbeiten in Ihrem Team stets die Möglichkeit, Ihren Wissensstand und Ihre Fähigkeiten an praktischen Fällen gemeinsam mit den Kolleg:innen zu erweitern. Wichtigste Ansprechpartner:innen sind dabei neben den Leitpartner:innen die persönlichen Mentor:innen, erfahrene Associates, die Sie u. a. durch regelmäßiges Feedback dabei unterstützen, die Arbeitswelt von Linklaters kennenzulernen sowie die täglichen Herausforderungen zu meistern.

Welche internationalen Einsatzmöglichkeiten bieten Sie? Aufgrund unserer internationalen Aufstellung können wir unseren Mitarbeiter:innen Entsendungen in andere Büros weltweit grundsätzlich ermöglichen, beispielsweise im Rahmen der Wahlstation. In diesem Zusammenhang unterstützen wir auch jene Mitarbeiter:innen, die sich nach ihrem Berufseinstieg für einen LL.M.-Abschluss entscheiden, indem wir sie freistellen. Oft haben Neueinsteiger:innen ihren LL.M. jedoch bereits absolviert, bevor sie bei uns als Associate anfangen.

Welche Meinung vertreten Sie zum LL.M.? Für diejenigen, die ihre Zukunft in einer internationalen Anwaltskanzlei sehen, ist der Master of Laws eine hervorragende Qualifikation und bietet die Gelegenheit, sich positiv abzuheben. Wir schätzen an Bewerber:innen mit LL.M.-Abschluss, dass sie bereits Erfahrungen in einem anderen Kulturkreis gesammelt haben.

Wer passt zu Ihnen? Selbstverständlich setzen wir exzellente Examen und sehr gute Englischkenntnisse voraus. Aber wir wollen auch Mitarbeiter:innen, die mehr in ihre Arbeit einbringen als nur ihre juristischen Qualifikationen. Wir suchen Teamplayer mit Persönlichkeit, Selbstvertrauen, Lösungsorientierung und wirtschaftlichem Verständnis - kurz: mit der Fähigkeit, unsere Mandanten davon zu überzeugen, dass sie bei Linklaters in besten Händen sind.

LL.M. an der McGill University in Montréal

Jacqueline Kusserow

LL.M. (McGill)

Jahrgang 1988

Managing Associate im Bereich Dispute Resolution

München

Auf zu neuen Horizonten! Das ist letztlich in vielerlei Hinsicht das Motto eines jeden LL.M. Bei einem LL.M. in Montreál, Kanada, gilt das für mich aus noch mehr Gründen als bei vielen anderen LL.M. Aber der Reihe nach:

Zunächst einmal: LL.M. oder Promotion? Und wenn LL.M.: wann?

Ich werde oft gefragt: Sollte ich eine Promotion oder einen LL.M. anstreben? Auch ich habe mir diese Frage gestellt. Meine Antwort: unbedingt der eigenen Neigung folgen! Durch Studium und Referendariat müssen alle Jurist:innen. LL.M. und Promotion sind hingegen Ausbildungsabschnitte, für die wir uns frei entscheiden können und die beide auch gerade den Zweck haben, eigenen Interessen nachzugehen und persönliche sowie berufliche Träume zu verwirklichen. Mir persönlich gefiel der Wechsel ins Ausland und die Gelegenheit, nach den Examen juristisch und privat Neues zu erleben. Der LL.M. passte für mich auch besser vor dem Berufseinstieg, nicht schon nach dem Ersten Examen. Vorteilhaft ist hieran meines Erachtens, dass das Wissen aus dem Ersten Examen unmittelbar ins Referendariat mitgenommen wird und später für den Berufseinstieg die Englischkenntnisse durch den LL.M. aktuell sind.

Fachliche und persönliche Horizonterweiterung

Der LL.M. war für mich ein unbezahlbares Jahr: Eintauchen in eine andere Jurisdiktion mit einem fremden Rechtssystem, Erfahren von Diskussionskulturen in einem andersartigen Kurssystem, Erlernen von juristischen Fachbegriffen und dem juristischen Argumentieren auf Englisch, Auseinandersetzung mit Personen anderen rechtlichen Hintergrunds und daher anderer Sichtweisen (und das Entdecken von Gemeinsamkeiten) – neben neuen Fachgebieten sind all dies Dinge, die meinen Horizont erweitert haben und nun im Berufsalltag von unschätzbarem Nutzen sind. Auch die persönliche Erfahrung stand dem in nichts nach. Ich habe eine Vielzahl neuer Menschen unterschiedlichster Kulturen getroffen und Freundschaften fürs Leben geschlossen. Das Leben im Ausland fördert die persönliche Weiterentwicklung schon ab den vielfältigen organisatorischen Anforderungen im Vorfeld, über die Abreise aus dem vertrauten Umfeld und dem Einfinden in das neue Land bis hin zum viel beschriebenen culture shock bei der Rückreise nach Deutschland. Auch ich habe all das erlebt und zehre von den Erfahrungen noch heute.

Schließlich: Und warum McGill und Montréal?

Gute Universitäten und tolle Städte gibt es überall, und auch Montréal vereint diese beiden Eigenschaften. Allerdings ist der französischsprachige Teil Kanadas ein einmaliger Mix aus USA, UK und Frankreich. McGill wählte ich – neben einer persönlichen Verbindung zu Montréal –, weil es sich um eine englischsprachige Universität in einem französisch geprägten Umfeld und dabei zudem um die renommierteste Universität Kanadas handelt. Nicht viele Deutsche gehen hierher, was sich später im CV abhebt. Neben einem Air & Space-Law-Spezialprogramm kann man aus einer großen Bandbreite an Kursen wählen und studiert fast immer zusammen mit den kanadischen Studierenden auf stets fachlich höchstem Niveau. Ich habe letztlich meine Schwerpunkte auf Arbitration sowie rechtsphilosophische Kurse gelegt. Aber egal wo es einen hin verschlägt: Mit einem LL.M. kann man nichts falsch, sondern nur alles richtig machen.

Linklaters LLP

Milbank LLP

Standorte in Deutschland:
Frankfurt am Main, München

Standorte weltweit: Hongkong, London, Los Angeles, New York, Peking, Singapur, São Paulo, Seoul, Tokio, Washington D.C.

Spezialisierungen: Bank- und Finanzrecht, Compliance, Gesellschaftsrecht/M&A, Kartellrecht, Private Equity, Steuerrecht, Restrukturierung

Berufsträger:innen in Deutschland: 65
davon mit LL.M.: 15
davon mit Promotion: 31

Berufsträger:innen weltweit: 800

Geplante Neueinstellungen 2023:
10–12

Milbank LLP wurde 1866 als eine der ersten Wall-Street-Kanzleien in New York City gegründet und zählt heute zu den führenden international tätigen Wirtschaftskanzleien. Mit zwölf Standorten in Europa, den USA, Lateinamerika und Asien sind wir an den wichtigsten Finanz- und Wirtschaftszentren der Welt präsent. Wir haben den Anspruch, nur bestqualifizierte Anwältinnen und Anwälte einzustellen und ihnen als Associates außergewöhnliche Erfahrungen, erstklassige Aus- und Weiterbildungsmöglichkeiten und eine angenehme Atmosphäre zu bieten.

Milbank

Dr. Leopold Riedl
Neue Mainzer Straße 74
60311 Frankfurt am Main
+49 69 71914-3462
lriedl@milbank.com

Dr. Steffen Oppenländer
Maximilianstraße 15
80539 München
+49 89 25559-3716
soppenlaender@milbank.com

www.milbank.com/karriere

Wie wichtig ist Ihnen ein LL.M.? Ein LL.M. ist keine Einstellungsvoraussetzung, stellt aber aus unserer Sicht eine wichtige Qualifikation dar. Wenn wir unsere Anwält:innen fragen, welche Bedeutung ein LL.M. auf ihrem persönlichen Ausbildungsweg hatte, fallen die Antworten durchaus unterschiedlich aus. Bei den Älteren überwiegt vielleicht die Erinnerung an ein Jahr Studierendenleben fern der Heimat, das neben dem Studium vor allem neue Erfahrungen und Freundschaften mit sich brachte. Bei den Jüngeren steht neben diesen Erinnerungen oft der ganz konkrete praktische Nutzen eines im (englischsprachigen) Ausland erworbenen LL.M. im Vordergrund: die damit erworbene Sprachfertigkeit, die Sicherheit im Umgang mit englischer Fachterminologie und das Verständnis angelsächsischer Abstraktions- und Argumentationsmethoden, Erfahrung mit einer Common-Law-Jurisdiktion und andere Lehr- und Lernmethoden, die ein hervorragendes Rüstzeug für den Arbeitsalltag international tätiger Wirtschaftsanwält:innen sind.

Wann ist der richtige Zeitpunkt für einen LL.M.? Aus unserer Sicht macht es keinen Unterschied, ob Sie Ihr LL.M.-Programm nach dem Ersten oder nach dem Zweiten Staatsexamen absolvieren. Aus Erfahrung wissen wir, dass die Motivation nach dem Ersten Examen oft höher ist, da man nach dem Zweiten Examen endlich in den Beruf einsteigen und Geld verdienen will. Die persönliche Lebensplanung oder andere Gründe können aber auch für einen LL.M. nach dem Zweiten Staatsexamen sprechen. Mit der Teilnahme an einem LL.M.-Programm nach ein oder zwei Jahren Berufstätigkeit haben wir allerdings nur selten positive Erfahrungen gemacht.

Wodurch unterscheiden Sie sich von anderen Sozietäten? Natürlich ergibt sich im Vergleich mit vielen anderen Sozietäten ein grundlegender Unterschied bereits aus unserem Tätigkeitsfeld: Anders als sogenannte Full-Service-Kanzleien haben wir uns auf wirtschaftsrechtliche Transaktionen (M&A, Private Equity) und High-End-Beratung von Unternehmen in den Gebieten Gesellschafts-, Steuer-, Finanz- und Kartellrecht spezialisiert. Kennzeichnend für die Tätigkeit unserer Sozietät sind die enge Verzahnung und die integrierte Beratung in unseren Kernkompetenzen sowie die enge Vernetzung unserer Standorte weltweit. Daneben sind die bei uns tätigen Anwält:innen durchwegs hervorragend juristisch qualifiziert, hoch motiviert und kreativ. Sie arbeiten in kleinen Teams an spannenden Mandaten für entsprechend hochkarätige Mandanten – dies selbstverständlich bei entsprechender Vergütung. Zudem bieten wir unter anderem mit Milbank@Harvard ein einzigartiges Fortbildungsprogramm in Kooperation mit der Harvard University (mehr dazu siehe nächste Seite).

Wie viele Anwält:innen und Referendar:innen stellen Sie pro Jahr ein? In unseren deutschen Büros – Frankfurt am Main und München – stellen wir pro Jahr zehn bis zwölf Rechtsanwält:innen und ca. 25 Referendar:innen und wissenschaftliche Mitarbeiter:innen ein.

Wie läuft das Bewerbungsverfahren ab? Sie können sich bevorzugt per E-Mail mit einem Anschreiben, Ihrem Lebenslauf und Zeugniskopien direkt bei einem der beiden genannten Partner in Frankfurt am Main oder München bewerben.

Und wen laden Sie ein? Schauen Sie nur auf die Examensnoten, oder gibt es noch andere Kriterien, die Ihnen wichtig(er) sind? Wir legen allergrößten Wert darauf, dass Bewerber:innen ihr juristisches Handwerkszeug beherrschen, und das wird nach unserer Erfahrung mit den Examensnoten in aller Regel zutreffend belegt. Deshalb sind zwei mit mindestens vollbefriedigend bestandene Examina für uns wichtig, ebenso wie möglichst Promotion und im Ausland erworbene Englischkenntnisse. Für deren Erwerb ist ein LL.M.-Studium eine hervorragende Gelegenheit. Darüber hinaus sollten Sie Spaß an der Arbeit mit wirtschaftlichen Sachverhalten haben und hierfür Verständnis und ein gutes Judiz mitbringen, am besten gepaart mit Humor und einer optimistischen Grundeinstellung.

Wie entscheiden Sie, welche Bewerber:innen zu Ihnen passt? Im Rahmen einer Gesprächsrunde, die durchaus mehr als einen halben Tag dauern kann, haben Sie – gleich ob Sie als Referendar:in oder Berufseinsteiger:in zu uns kommen möchten – Gelegenheit, möglichst viele Anwält:innen eines Büros und unsere Arbeit kennenzulernen. Am Ende dieses Tages sollten Sie ein Gefühl dafür entwickelt haben, ob die Chemie stimmt und Sie sich vorstellen können, künftig in unserem Team mitzuarbeiten. Und genauso entscheiden auch wir – und zwar alle Anwält:innen, die Sie im Laufe des Tages gesehen haben – anhand des vermuteten „Fit“ ohne weitere formale Kriterien: Es passt, oder es passt nicht. So sollten auch Sie Ihre Entscheidung fällen.

Welche Tipps können Sie Nachwuchsjurist:innen für ihre Ausbildung geben? Natürlich stehen die Examensprüfungen immer im Vordergrund – bei hervorragenden Ergebnissen stehen Ihnen in der Regel alle Möglichkeiten offen. Mit einem guten Ersten Staatsexamen können Sie während des Referendariats schon Erfahrungen in renommierten Kanzleien sammeln, Referendarsstationen im Ausland absolvieren, nebenher promovieren und/oder ein LL.M.-Studium in Angriff nehmen.

Und welche Aus- und Weiterbildungsmöglichkeiten gibt es bei Ihnen? Unser Aus- und Weiterbildungsprogramm besteht aus verschiedenen Komponenten. Sein Herzstück ist sicherlich Milbank@Harvard, eine von der Harvard Business School und der Harvard Law School exklusiv für uns ausgearbeitete und gehaltene Fortbildungsveranstaltung zu wirtschaftlichen und unternehmerischen Themen. Diese findet in drei jeweils einwöchigen Veranstaltungsblocks auf dem Campus der Harvard University statt und wird von allen unseren Associates ab dem dritten Berufsjahr besucht. Darüber hinaus bieten wir – neben dem unseres Erachtens enorm wichtigen Training-on-the-Job – ein umfassendes Programm an maßgeschneiderten internen Aus- und Weiterbildungsveranstaltungen mit großer Praxisnähe an, das um den regelmäßigen Besuch externer Seminare ergänzt wird. Zu nennen sind hier zum einen unsere Ausbildungsserie „Die 20 Grundelemente“, eine Präsentations- und Workshop-Reihe für unsere jüngeren Associates, bei der praxisnahe Themen erarbeitet werden, die man auf dem Weg zur Wirtschaftsanwältin oder zum Wirtschaftsanwalt beherrschen sollte. Zum anderen findet halbjährlich unsere intern entwickelte Tax Academy statt, eine Blockveranstaltung, die allen unseren Associates einen auf die Bedürfnisse unserer Beratungspraxis zugeschnittenen Überblick zum Steuerrecht und ein Problembewusstsein in diesem wichtigen Rechtsgebiet vermittelt.

Noerr

Standorte in Deutschland: Berlin, Düsseldorf, Dresden, Frankfurt am Main, Hamburg, München

Standorte weltweit: Alicante, Bratislava, Brüssel, Budapest, Bukarest, London, New York, Prag, Warschau

Tätigkeitsschwerpunkte: alle Bereiche des nationalen und internationalen Wirtschaftsrechts: Gesellschaftsrecht, M&A, Finanzierungen, Bank- und Kapitalmarktrecht, Private Equity/Venture Capital, Restrukturierungen, Insolvenzrecht, IP-, IT- und Medienrecht, Urheber- und Wettbewerbsrecht, Regulierte Industrien, Kartellrecht, Vergaberecht, Öffentliches Recht, Bau- und Immobilienrecht, Vertriebsrecht, Arbeitsrecht, Produkthaftungsrecht, Litigation, Dispute Resolution, Steuerrecht, Stiftungsrecht

Mitarbeitende in Deutschland: 400
davon mit LL.M.: 52
davon mit Promotion: 224

Mitarbeitende weltweit: 420

Geplante Neueinstellungen 2023: 60–70

Wir wollen für dich das beste Umfeld sein, um dein Potenzial frei zu entfalten. Und wir haben gute Gründe dafür, dass wir das sind. Warum liegt auf der Hand: Nur da, wo jede und jeder über sich hinauswachsen kann, wachsen wir auch als Kanzlei über uns hinaus. Wie wir das machen? Bei uns kannst du dich auf das konzentrieren, was du am besten kannst. Durch unser breit gefächertes Repertoire an renommierten Mandaten, die sich über den ganzen Globus verteilen, bist du von Anfang an Teil eines internationalen Netzwerks und verhandelst die zentralen Fragen unserer Zeit auf prominenter Bühne.

NOERR

Brienner Straße 28
80333 München
www.noerr.com/karriere

Bianca Hübel
HR Marketing Managerin
+49 89 28628591
bianca.huebel@noerr.com

Was zeichnet Ihre Unternehmenskultur aus? Wir bei Noerr leben eine Kultur der kollaborativen Exzellenz. Oder einfacher: Wir sind exzellent in dem, was wir tun, weil wir exzellent darin sind, wie wir es tun: als Team, in dem jede und jeder brillieren darf. Das bedeutet für uns, das beste Umfeld für dein persönliches und professionelles Wachstum zu schaffen und dir die Möglichkeit zu geben, dich optimal zu entfalten. Dadurch schaffen wir den größtmöglichen Impact für deinen Erfolg und deine Karriere.

Welche Meinung vertritt Ihre Kanzlei zum LL.M.? Über Zusatzqualifikationen wie einen LL.M. oder eine Promotion freuen wir uns immer sehr.

Aber was wirklich zählt, ist deine Persönlichkeit. Denn zusätzliche Qualifikationen und Zertifikate kannst du erwerben (wobei wir dich liebend gerne unterstützen), doch für unsere Kultur der kollaborativen Exzellenz solltest du gemacht sein. Souveränität, Entwicklungsfreude, persönliche Integrität, Charisma, Charakter und Größe wirst du bei uns ausbilden – wenn du sie in dir trägst.

Die Erfahrung zeigt allerdings: Ein LL.M. ermöglicht dir den berühmten Blick über den Tellerrand und bringt dich vor allem persönlich weiter. Dabei geht es weniger um das erlernte Wissen, welche Antworten eine fremde Rechtsordnung auf ein konkretes Rechtsproblem gibt. Es geht vielmehr darum, dein allgemeines Verständnis für das Recht zu schärfen. Ein weiterer Pluspunkt: Im Ausland erworbene Englischkenntnisse ermöglichen dir einen sicheren Umgang mit der Sprache und sind für deine berufliche Praxis bei uns unerlässlich.

Was bieten Sie Referendarinnen und Referendaren oder Praktikantinnen und Praktikanten (Konditionen, Tätigkeitsschwerpunkte)? Für alle, die bei uns ihr Referendariat oder ein Praktikum absolvieren oder uns durch wissenschaftliche Mitarbeit unterstützen, haben wir unser maßgeschneidertes Programm New Talents ins Leben gerufen: Mit einem strukturierten Onboarding bist du vom ersten Tag an mit allen relevanten Ansprechpartnerinnen und Ansprechpartnern, Arbeitsmitteln und Abteilungen vertraut. Tiefer in die Materie und unsere Sozietät tauchst Du dann an der Seite deiner Mentorin oder deines Mentors ein. Außerdem hast Du Gelegenheit, bei Mandantenmeetings und/oder Gerichtsterminen dabei zu sein und dein Wissen in der Praxis anzuwenden und auszubauen. Regelmäßiges Feedback, fachliche Jour Fixe und fachmethodische Workshops sind dein Sprungbrett für die gezielte fachliche wie beraterische Qualifizierung. Auch bei der Examensvorbereitung greifen wir dir unter die Arme und unterstützen dich mit Kaiser-Seminaren, Kaiser-Repetitorien und Klausurenkursen auf dem Weg zum Examen.

Welche internationalen Einsatzmöglichkeiten bieten Sie? Bei uns arbeitest du nicht nur grenzüberschreitend, sondern rund um die Welt. Denn Internationalität ist für uns so wichtig wie Interdisziplinarität. Und dank unserer globalen Aufstellung für dich von Anfang an eine Option, wertvolle Auslandserfahrungen zu sammeln, Kontakte zu knüpfen und ein starkes Standing aufzubauen. Mit eigenen Büros in zehn Rechtsordnungen verfügen wir über ein weltweites Netzwerk eng befreundeter Top-Kanzleien und sind exklusives deutsches Mitglied bei Lex Mundi, dem führenden Netzwerk unabhängiger Wirtschaftskanzleien. Nicht von ungefähr ist daher der überwiegende Anteil der von uns begleiteten Merger grenzüberschreitend und nicht zufällig zählen wir in Europa und der Welt zur Elite der unabhängigen Kanzleien.

Für dich als aufstrebendes Anwaltstalent bedeutet das die Chance, unmittelbar in internationalen Teams zu arbeiten und Auslandserfahrung zu sammeln. Gut ein Viertel unserer Associates nutzt darüber hinaus die Gelegenheit, uns im Rahmen eines mehrmonatigen Secondments an einem unserer ausländischen Standorte in einer Top-Kanzlei an einem internationalen Hotspot oder bei einem Mandanten zu vertreten. In anderen Worten, bei uns steht dir die Welt offen.

Wie läuft das Bewerbungsverfahren in Ihrer Kanzlei ab? Wenn du es bis hierher geschafft hast, konnten wir dich ja vielleicht schon von uns überzeugen! Falls dem so ist, würden wir uns sehr über deine Bewerbung freuen. Wenn du auch uns überzeugst, laden wir dich gerne zu einem ersten Gespräch bei einem entspannten Lunch oder Dinner ein und möchten gerne mehr über dich, deine fachliche Orientierung und Vorerfahrung sowie deine Wünsche und Erwartungen erfahren. Selbstverständlich erzählen wir dir gerne mehr über uns, deine angestrebte Position und deine Karrieremöglichkeiten. Bei einem weiteren Gespräch hast du die Möglichkeit, einige Partnerinnen und Partner, Associated Partnerinnen und Partner sowie Associates, deine zukünftigen Kolleginnen und Kollegen kennenzulernen, um ein umfassendes Bild über Noerr als Ganzes zu erhalten.

Kann man bei Ihnen auch schon während des Studiums Erfahrungen sammeln? Wenn du bei uns beginnst, ist das der Anfang einer stetig aufwärts führenden Entwicklung hin zu fachlicher Brillanz und zur rundum ausgereiften Beraterpersönlichkeit. Denn beides bedingt einander und beides begleiten wir so, dass es dein persönliches und professionelles Vorankommen ideal unterstützt. Das heißt, du bekommst zu jedem Zeitpunkt genau das, was du brauchst, um mit deinen Aufgaben zu wachsen, deine Kompetenzen sukzessive auszubauen und sie in der täglichen Praxis gewinnbringend einzusetzen. Deshalb geben wir dir von Anfang an deine persönliche Mentorin oder deinen persönlichen Mentor an die Hand, die oder der für dich und deine Fragen immer ein offenes Ohr hat. Dadurch bist du ganz nah an unserem Tagesgeschäft und hast die Möglichkeit, aktiv daran mitzuwirken: Du arbeitest direkt am Mandat, nimmst an Gerichts- und Mandantenterminen teil und besprichst deine Ergebnisse und Fortschritte in regelmäßigen fachlichen Jour Fixes. Daneben bieten wir regelmäßige Workshops zu verschiedenen Fachbereichen, Rechtsgebieten und Methoden-Know-How. Erfahrung sammelt man aber vor allem auch im Austausch mit anderen. Social Events sind uns deswegen genauso wichtig. Hier ist bestimmt für jede und jeden etwas dabei – ein gemeinsames Dinner, Afterwork Drinks oder sogar unsere Noerr Run Challenge.

Sidley Austin (CE) LLP

Standort in Deutschland: München

Standorte weltweit: Boston, Brüssel, Century City, Chicago, Dallas, Genf, Hongkong, Houston, London, Los Angeles, Miami, New York, Palo Alto, Peking, San Francisco, Schanghai, Singapur, Sydney, Tokio, Washington D.C. und Miami

Tätigkeitsschwerpunkte: Corporate, Private Equity, M&A, Finance, Financial Regulations, Restructuring, Tax

Berufsträger:innen in Deutschland: ca. 30
davon mit LL.M.: 7
davon mit Promotion: 11

Mitarbeitende weltweit: > 2.300

Geplante Neueinstellungen 2023:
ca. 4–6

SIDLEY, eine der führenden international wirtschaftsrechtlich beratenden Anwaltssozietäten, bietet Juristinnen und Juristen die Möglichkeit, sich in München in einem boutiqueähnlichen Arbeitsumfeld wohlzufühlen und gleichzeitig Teil eines weltweiten Karrierenetzwerks zu sein. Darüber hinaus zeichnet sich das Münchner Büro durch ein kleines, fachlich höchst kompetentes und dynamisches Team aus – mit sehr guten Aufstiegschancen.

SIDLEY

Maximilianstraße 35
80539 München
www.generationsidley.com

Kristina Thiel
+49 89 244409-160
welcome@generationsidley.com

Was zeichnet Ihre Unternehmenskultur aus? Unser Büro in München befindet sich weiter in der Wachstumsphase. Die Stimmung ist geprägt von einem kommunikativen Miteinander: Jeder und jede kann sich unabhängig von seiner oder ihrer Seniorität einbringen – die beste Idee zählt. Es gibt keine festgefahrenen Strukturen, sondern flache Hierarchien, und sowohl Umgangston als auch Dresscode sind bei uns sehr informell. So zeichnet uns neben den attraktiven Mandaten vor allem unsere lockere – für eine Großkanzlei wohl einzigartige – Kanzleikultur aus.

Welche internationalen Einsatzmöglichkeiten bieten Sie? Als weltweit agierende Wirtschaftskanzlei mit Büros in den USA, Asien, Europa und Australien ist unser Geschäft stark international ausgerichtet. Cross-Border-Transaktionen stehen auf der Tagesordnung, d. h. wir arbeiten größtenteils mit internationalen Mandanten an grenzüberschreitenden Projekten. Ab dem vierten Jahr bieten wir unseren Associates zudem die Gelegenheit, ein Secondment in einem unserer internationalen Büros zu absolvieren.

Im Rahmen der Wahlstation besteht die Möglichkeit, diese an einem unserer internationalen Standorte zu absolvieren, vorausgesetzt, man war bereits in der Anwaltsstation oder im Rahmen einer wissenschaftlichen Mitarbeit bei uns tätig und steht vor einem Berufseinstieg bei uns als Associate. Bei unseren internationalen Einsatzmöglichkeiten wird Associates und Referendar:innen zum einen die Möglichkeit geboten, in den lokalen Teams eingebunden über den Tellerrand hinauszuschauen und sich bei internationalen Transaktionen einzubringen, und zum anderen auch die Arbeitsweise und Kultur vor Ort kennenzulernen. Außerdem bieten wir ein sehr attraktives Package an, welches neben der überdurchschnittlichen Vergütung für die Station auch den Flug und das Visum sowie eine Unterkunft vor Ort beinhaltet.

Wo sollte ein LL.M.-Titel erworben werden? Wie wichtig sind Ihnen Qualität und Reputation des LL.M.-Programms? Da ein sicherer Umgang mit der englischen Sprache für unsere tägliche Arbeit eine wichtige Voraussetzung ist, sind LL.M.-Abschlüsse im englischsprachigen Ausland von besonderem Interesse für uns. Neben den sprachlichen und fachlichen Qualifikationen, die ein LL.M. etwa in den USA, England, Australien oder Neuseeland mit sich bringt, lernt man vor Ort aber vor allem, sich in einem fremden kulturellen Umfeld sicher zu bewegen. Dieser Einblick in fremde Kulturen zeigt uns, dass jemand das notwendige Rüstzeug mitbringt, sicher und souverän mit unseren internationalen Mandanten zu kommunizieren. Natürlich ist ein renommierter LL.M.-Abschluss an einer erstklassigen Universität wie z. B. Oxford oder Columbia gern gesehen. Die Wahl der Universität oder des konkreten Programms sind für uns jedoch kein ausschlaggebendes Einstellungskriterium.

Bieten Sie Freistellungs- und/oder Finanzierungsmöglichkeiten für einen LL.M.? Als internationale Sozietät schätzen wir den LL.M.-Abschluss im englischsprachigen Ausland. Daher unterstützen wir unsere Associates gerne sowohl finanziell als auch mit einer Freistellung während ihres LL.M.-Studiums. Anhand eines konkreten Beispiels bedeutet dies, dass Associates, die bei SIDLEY einen Berufseinstieg planen und zuvor noch einen LL.M. ins Auge fassen, von uns für das gewünschte Jahr freigestellt werden. Finanziell greifen wir ihnen unter die Arme, indem wir in diesem Fall das Gehalt des ersten Berufsjahres auf Wunsch über zwei Jahre strecken. Bei einem Einstiegsgehalt von 160.000 Euro jährlich bedeutet dies einen Gehaltsvorschuss von etwas mehr als 6.500 Euro brutto monatlich während des Freistellungszeitraums.

Armin Mustafić

Rechtsanwalt

Senior Managing Associate

Sidley Austin (CE) LLP

LL.M. „Down Under" an der australischen Bond University

Der (individuell) richtige Zeitpunkt und Auswahl der Universität

Für mich stand bereits früh fest, dass ich den LL.M. nach dem Zweiten Staatsexamen absolvieren möchte. Dafür sprach zum einen der zeitlich fließende Übergang vom Studium in das Referendariat, zum anderen aber auch das beruhigende Gefühl, während des LL.M. bereits beide Examina bestanden zu haben. Auch half mir die im Referendariat gesammelte Erfahrung herauszufinden, in welchem Rechtsgebiet ich später tätig sein möchte. Diese Erkenntnis konnte ich dann bei der Kurswahl des LL.M. berücksichtigen und mich auf Corporate & Commercial Law spezialisieren.

Im Hinblick auf die Tätigkeit bei einer internationalen Großkanzlei war es für mich wichtig, den LL.M. in einem englischsprachigen Land zu absolvieren. Die Wahl auf die australische Bond University fiel aufgrund des vielfältigen Kursangebots, der sehr kleinen Kursgrößen, der variablen Gestaltungsmöglichkeiten des Programms sowie des Erhalts eines Stipendiums. Durch die Aufteilung des Studienjahrs in Trimester sowie der Möglichkeit mit der Masterarbeit bereits während der Vorlesungszeit zu beginnen, war es mir möglich den LL.M. in acht Monaten zu beenden und die Zeit zwischen den Trimestern zu nutzen, um das Land und die Menschen kennenzulernen.

Vorteile des LL.M. und persönliche Komponente

Für den Berufseinstieg dient der LL.M. dem Nachweis guter Sprachkenntnisse und zeigt zudem, dass sich Bewerbende im internationalen Umfeld zurechtfinden können. Die erworbenen Sprachkenntnisse stellen auch im (späteren) Berufsalltag einen deutlichen Mehrwert dar: Sehr gute Englischkenntnisse sind für meine Tätigkeit bei Sidley Austin von zentraler Bedeutung, da die überwiegende Anzahl der Arbeitsprodukte sowie die Kommunikation mit Mandant:innen und Kolleg:innen aus den internationalen Büros meist auf Englisch erfolgen. Der Einblick in das Common Law Rechtssystem hilft zudem Rechtsauffassungen und Argumentationsweisen unserer angloamerikanischen Mandant:innen und Kolleg:innen besser zu verstehen.

In persönlicher Hinsicht sind die vielen, bis heute noch andauernden Freundschaften und Kontakte zu Studienkolleg:innen hervorzuheben, die zum Teil auch im Berufsalltag von Nutzen sind. Von hohem Wert ist auch der Gewinn an interkultureller Erfahrung, der einen nicht nur privat bereichert, sondern auch im Hinblick auf den Umgang mit Menschen in einem internationalen Umfeld von Vorteil ist. Nicht selten trifft man im beruflichen oder privaten Alltag auf Menschen mit australischem Background mit denen man dann auf Anhieb einen sehr guten Gesprächseinstieg hat.

Resümee

Auch nach acht Jahren blicke ich mit großer Freude auf die LL.M.-Zeit zurück. Trotz verschiedener anderweitiger und sehr interessanter Lehrgänge und Auslandsaufenthalte im Studium und Referendariat zählt die LL.M.-Zeit zu der spannendsten meiner akademischen Ausbildung. Der Zeitpunkt sowie die Auswahl der Universität bzw. des Landes sind dabei individuell und sollten nur über das „Wann" und „Wo" aber in keinem Fall über das „Ob" entscheiden. Selbiges gilt auch mit Blick auf die Finanzierung des LL.M., die anfangs sicherlich schwierig erscheinen kann, im Nachhinein aber keinen Grund darstellen sollte, um auf den LL.M. zu verzichten.

SIDLEY
azur100
TOP ARBEITGEBER
2022
JUVE AWARDS 2020
Kanzlei des Jahres
Süden
BESTBEWERTETE ARBEITGEBER
TOP-50
AWARD 2019
FAKULTÄTSKARRIERETAGE
GENERATION SIDLEY
Rückenwind statt Gegenwind
#generationsidley
generationsidley.com

Taylor Wessing Partnerschaftsgesellschaft mbB

Standorte in Deutschland: Berlin, Düsseldorf, Frankfurt am Main, Hamburg, München

Standorte weltweit: Amsterdam, Brno, Brüssel, Bratislava, Brünn, Budapest, Cambridge, Dubai, Dublin, Eindhoven, Hongkong, Kiew, Klagenfurt, Liverpool, London, London Tech City, New York, Paris, Peking, Prag, Seoul, Shanghai, Silicon Valley, Warschau, Wien

Tätigkeitsschwerpunkte: Bank- & Finanzrecht; Handels- & Vertriebsrecht; Copyright & Media Law; Gesellschaftsrecht/M&A & Kapitalmärkte; Disputes & Investigations, Umwelt, Planung & Regulierung; Patents Technology & Life Sciences; Private Equity; Immobilienrecht; Steuerrecht; Marken & Werbung; Competition, EU & Trade; Corporate Crime & Compliance; Datenschutz & Cybersicherheit; Employment, Pensions & Mobility; Informationstechnologie; Private Client; Projects, Energy & Infrastructure; Restrukturierung & Insolvenzrecht; Venture Capital, Environmental, Social & Governance (ESG) Multiservice

Geplante Neueinstellungen: ca. 150

Mitarbeitende weltweit: >1.200

Bei uns stehen Sie und Ihre Entwicklung im Mittelpunkt – dabei unterstützt Sie von Beginn an ein erfahrener Mentor oder eine erfahrene Mentorin. Nehmen Sie auch an unserem Ausbildungsprogramm RISE, fachbereichsbezogenen Weiterbildungsmöglichkeiten oder Netzwerktreffen teil. Darüber hinaus bieten wir Ihnen Arbeitsbedingungen, die es Ihnen ermöglichen, Beruf und privates Engagement in Einklang zu bringen. Gestalten Sie mit uns eine Karriere, die zu Ihrer Persönlichkeit sowie Ihrer individuellen Zukunftsplanung passt.

TaylorWessing

Am Sandtorkei 41
20457 Hamburg
www.taylorwessing.com/de/careers/germany

Naila Sabuni
Head of Recruiting & Employer Branding
+49 40 368030
karriere@taylorwessing.com

Welche Meinung vertritt Ihre Kanzlei zum LL.M.? Bei uns ist der LL.M. zwar keine Einstellungsvoraussetzung, aber eine wichtige zusätzliche Qualifikation. Denn durch Auslandsaufenthalte können Absolvent:innen ihre juristischen Sprachkenntnisse weiter ausbauen und lernen eine andere Kultur kennen. Und nicht zuletzt vertiefen sie ihr Wissen in einem spezifischen rechtswissenschaftlichen Bereich über das Studium hinaus. Diese Erfahrungen – und natürlich auch das dadurch entstandene internationale Netzwerk – sind für unsere Anwält:innen ein großer Vorteil bei der Beratung unserer internationalen Mandanten.

Was bieten Sie Referendar:innen? Als Referendar:in nehmen Sie an unserem TALENTS FOR FUTURE-Programm teil. Das Programm beinhaltet diese zehn Stationen:

- **Station 01 – Startgespräch:** In einem Startgespräch stimmen Sie Ihr individuelles Ausbildungsprogramm mit Ihrem Mentor oder Ihrer Mentorin ab.
- **Station 02 – Training-on-the-Job:** Bauen Sie Ihr juristisches Wissen sukzessive aus, und werden Sie von uns gezielt in Ihrer Entwicklung begleitet.
- **Station 03 – RISE Talents:** Mit unseren Weiterbildungsangeboten geben wir Ihnen die Möglichkeit, Ihre Kompetenzen auszubauen.
- **Station 04 – nationale und internationale Mandatsarbeit:** Ihr:e Mentor:in nimmt sich Zeit, Ihnen die anwaltliche Prozess- oder Projektführung und mandatsbezogene Verhandlungstechnik anhand aktueller Mandate aufzuzeigen.
- **Station 05 – Legal Presentation:** Sie haben die Möglichkeit, einen Aktenvortrag oder eine Rechtspräsentation vorzustellen sowie ein professionelles Feedback zu erhalten.
- **Station 06 – Practice Area Crossing:** Bei uns können Sie unterschiedliche Praxisbereiche kennenlernen.
- **Station 07 – individuelles Feedback:** Gern geben wir eine transparente und konstruktive Rückmeldung zu Ihren fachlichen Leistungen und Ihrem Auftreten als Nachwuchsjurist:in.
- **Station 08 – Karrieregespräch:** In einem Gespräch mit einem unserer HR-Ansprechpartner:innen zeigen wir Ihnen Ihre Karrieremöglichkeiten auf.
- **Station 09 – Social Events und Networking:** Wir freuen uns über Ihre Teilnahme an unseren Social Events und Networking-Veranstaltungen.
- **Station 10 – Talent Alumni Network:** Im Anschluss an Ihr Referendariat bieten wir Ihnen, mit der beiderseitigen Aussicht auf eine spätere Zusammenarbeit, die Aufnahme in unser „Talent Alumni Network“ an

Was sind Ihre Einstellungskriterien? Wir suchen für den Einstieg Volljurist:innen, die exzellente juristische Qualifikationen mitbringen. Sie haben Ihre Fähigkeiten durch zwei Prädikatsexamina und idealerweise einen LL.M.-Abschluss oder eine Promotion unter Beweis gestellt. Sie verfügen über verhandlungssicheres Englisch sowie die Begeisterung für wirtschaftliche Fragestellungen. Zudem legen wir Wert auf echte Charaktere, Offenheit, Teamfähigkeit und eigenverantwortliches Arbeiten.

Viel mehr als ein Studienprogramm

Wiebke Reuter

LL.M. (London)

Jahrgang 1989

Senior Associate, Fachanwältin für Informations- und Technologierecht

Es gibt viele gute Gründe, nach dem ersten oder zweiten Staatsexamen noch ein LL.M.-Studium anzuhängen: Verbesserung der Sprachkenntnisse, Attraktivität für potentielle Arbeitgeber, Erweiterung der Fachkenntnisse. Aus meiner Sicht sind diese objektiven Gesichtspunkte jedoch nur ein kleiner Aspekt im Vergleich zu den persönlichen Erfahrungen, die ein LL.M. bietet. Entsprechend kann ich mich sicher nicht mehr an vieles aus den Vorlesungen erinnern, zehre jedoch noch heute von den persönlichen Begegnungen und Erlebnissen während des Jahres. Um das Jahr zu einem (persönlichen) Erfolg zu machen, ist sicher kein Masterplan nötig, über ein paar Aspekte sollte man sich im Voraus jedoch wohl Gedanken machen.

Die Qual der Wahl

Es gibt eine schier unendlich anmutende Zahl an Universitäten und noch einmal mehr verschiedene Programme, die einem bei der Wahl des LL.M.-Studiums zur Verfügung stehen. Statt nach Reputation zu gehen, würde ich zwei Fragen in den Mittelpunkt stellen. Wo möchte ich gern für ein Jahr leben? Gibt es dort eine Universität, die ein Programm bietet, das mich inhaltlich interessiert? Die Beantwortung dieser beiden Fragen hat mich im Jahr 2014/2015 nach London gebracht, wo ich meinen LL.M. im IP-Recht an der Queen Mary University of London absolviert habe.

Money, money, money

Viele Universitäten erheben Studiengebühren für ein LL.M.-Studium. Hinzu kommen Lebenshaltungskosten, die je nach Stadt deutlich über denen in Deutschland liegen können. Hier gibt es verschiedene Möglichkeiten, die Finanzierung auf die Beine zu stellen. Neben (auch vermögensunabhängigen) Studienkrediten bieten beispielsweise einige Kanzleien oder Organisationen Stipendien für die Unterstützung beim LL.M. Es lohnt sich auch, zu schauen, ob eine Nebenbeschäftigung in Betracht kommt.

Outside the box

Natürlich nimmt der LL.M. einige Zeit in Anspruch, sei es der Besuch der Vorlesungen, das Verfassen von Hausarbeiten oder die Vorbereitung auf Klausuren. Meines Erachtens sollte man darüber jedoch nicht vergessen, die Möglichkeiten, die einem das Leben in einer fremden Stadt bietet, zu nutzen. Ich habe es als super Bereicherung empfunden, verschiedene Aktivitäten in London wahrzunehmen, um neben der Uni in Kontakt mit „Einheimischen“ zu kommen, das kulturelle sowie kulinarische Angebot auszukosten und mit Kommiliton:innen in Londoner Pubs und Clubs auszugehen.

Vor allem die gemeinsamen Erlebnisse außerhalb des Hörsaals sind die Grundlage für Freundschaften, die bis heute anhalten. Und ich bin nicht die Einzige, die heute sogar mit einem ehemaligen Mitstudenten vom LL.M. verheiratet ist.

Perspektive Jura

Aktuelle Ausgabe: Perspektive Jura 2023
ISBN (Print): 978-3-946706-87-8
ISBN (E-Book): 978-3-946706-88-5

Zielgruppe: Studierende, Doktorand:innen und Referendar:innen der Rechtswissenschaften
Inhalt: Das Buch bietet einen Überblick über Karrierewege für Jurist:innen in Justiz, Wirtschaft und (internationalen) Institutionen. Neben Expertentipps zu Bewerbung und Einstieg ermöglichen zahlreiche Erfahrungsberichte einen Einblick in interessante Berufsbilder. Namhafte Kanzleien und Unternehmen stellen sich als Arbeitgeber vor.
Nächster Erscheinungstermin: September 2023

Case Study Training

Aktuelle Ausgabe: Case Study Training
ISBN (Print): 978-3-941144-98-9
ISBN (E-Book): 978-3-941144-99-6

Zielgruppe: Studierende aller Fachrichtungen
Inhalt: Fallstudien sind nicht nur Teil von Bewerbungsgesprächen im Consulting – auch in anderen Branchen werden sie immer wichtiger. Das Arbeitsbuch enthält 40 ausgewählte Case Studies mit Lösungen zum Üben. Zudem erhalten Leser:innen wertvolle Tipps für die Vorbereitung auf und die Bewältigung von Case-Interviews.

Perspektive Unternehmensberatung

Aktuelle Ausgabe: Perspektive Unternehmensberatung 2023
ISBN (Print): 978-3-946706-81-6
ISBN (E-Book): 978-3-946706-82-3

Zielgruppe: Studierende aller Fachrichtungen
Inhalt: Das Expertenbuch liefert Antworten auf wichtige Fragen rund um den Beruf von Unternehmensberater:innen. Wie gestaltet sich die Work-Life-Balance, welche Arten von Beratungen gibt es, und vor allem: Wie absolviert man Bewerbungsgespräche und Fallstudien erfolgreich? Student:innen und Consultants berichten von ihren Erfahrungen, und Beratungen stellen sich als Arbeitgeber vor.
Nächster Erscheinungstermin: September 2023

Perspektive Patentanwalt

Aktuelle Ausgabe: Perspektive Patentanwalt
ISBN (Print): 978-3-941144-29-3
ISBN (E-Book): 978-3-941144-34-7

Zielgruppe: Naturwissenschaftler:innen und Ingenieur:innen
Inhalt: Was verbirgt sich hinter dem Beruf von Patentanwält:innen? Wer kann überhaupt Patentanwalt bwz. Patentanwältin werden, und wie läuft die Ausbildung ab? Das Buch liefert Antworten auf diese Fragen. (Werdende) Patentanwält:innen berichten von ihren Erfahrungen, und Patentanwaltskanzleien zeigen auf, welche Perspektiven sie Naturwissenschaftler:innen und Ingenieur:innen bieten.

Perspektive Investment Banking & Asset Management

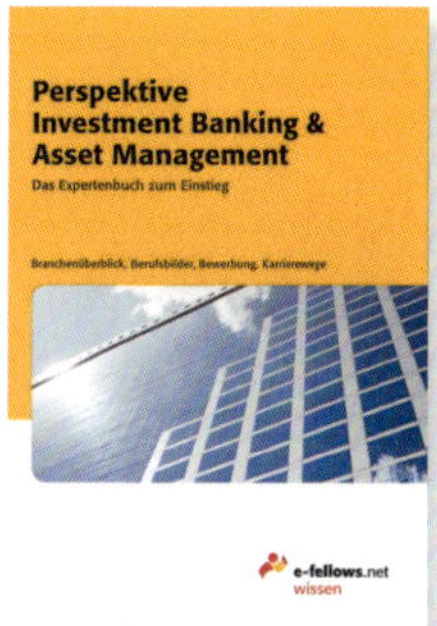

Aktuelle Ausgabe: Perspektive Investment Banking & Asset Management
ISBN (Print): 978-3-941144-20-0

Zielgruppe: Wirtschaftswissenschaftler:innen
Inhalt: Das Buch bietet umfassende Informationen zu Berufsbildern, Bewerbung und Karrierechancen im Investment Banking und im Asset Management. Stipendiat:innen und Alumni und Alumnae von e-fellows.net berichten von ihren Erfahrungen und geben Tipps für die erfolgreiche Bewerbung. Player aus beiden Branchen stellen ihre Praktikums- und Einstiegsprogramme vor.

Traumjob IT

Aktuelle Ausgabe: Traumjob IT 2021
ISBN (Print): 978-3-946706-64-9
ISBN (E-Book): 978-3-946706-65-6

Zielgruppe: Informatiker:innen, Mathematiker:innen und IT-Affine
Inhalt: Das IT-Studium ist abgeschlossen, die Jobmöglichkeiten sind nahezu unbegrenzt, doch wie geht es jetzt weiter? Dieses Buch liefert praxisnahe Antworten: Informatiker:innen aus verschiedenen Branchen schildern ihren Arbeitsalltag und stellen Projekte vor, die für ihren Beruf typisch sind. Alumni und Alumnae von e-fellows.net berichten von ihrem beruflichen Werdegang, und Expert:innen geben Tipps zu Einstieg und Bewerbung.